송병건

성균관대학교 경제학과 교수

늦더위가 한창이던 날 서울 한 귀퉁이에서 태어났다. 어려서는 이런저런 상상하기와 여기저기 낙서하기를 즐기며 자랐다. 청소년기에는 과외금지조치 덕분에 설렁설렁 지냈다. 대학에서는 전공인 경제학보다 역사책을 더 즐겨 읽었다. 관심사를 살려 옥스퍼드대학교에서 경제사로 박사 학위를 받았고 그 후 케임브리지대학교에서 관련 연구를 더 했다. 그때 경제학과 사회과학을 넓게 보는 데 관심이 커졌다. 또한 유럽의 박물관과 미술관 구경하는 재미에도 눈을 떴다. 아직도 전시관 입구에 서면 가슴이 콩닥거리는 증세를 보인다. 한국으로 돌아와 2000년부터 성균관대학교 교수로 재직하며 산업혁명의 역사, 직업의 역사, 세계인구사, 혁신의 역사, 서구 노동시장, 재난의 역사 등에 관심을 두고 연구해 왔다. 요즘 주목하는 주제는 동서양을 아우르는 세계화의 역사다. 학술 연구 외에도 저술과 강연, 방송 활동 등을 통해 대중과 소통하기 위해 꾸준히 노력을 기울여 왔다. 특히 비주얼 자료를 활용해 어려운 경제를 쉽게 스토리텔링 하는 방식을 좋아한다.
주요 저서로 『재난 인류』, 『세계사 추리반』, 『경제사: 세계화와 세계경제의 역사』, 『지식혁명으로 다시 읽는 산업혁명』, 『세계화의 단서들』, 『세계화의 풍경들』, 『비주얼경제사』 등이 있다.

매드푸딩

그림 작가

우리 마음을 움직이는 아름답고 재미있고 무섭고 신비로운 것 모두 그립니다. 일러스트레이터, 만화가, 컨셉 아티스트로 활동하고 있습니다. 여수엑스포 및 여러 박물관의 영상 컨셉 및 미술 기획에 다수 참여하였으며 웹툰, 출판, 미디어, 게임, 프로덕트 디자인 등에 활용되는 다양한 스타일의 일러스트 작업을 하고 있습니다.

인스타그램 @madpuddingstudio

난생 처음 한번 공부하는

경제 이야기

기본 편

난생 처음 한번 공부하는 경제 이야기 1 기본 편

경제와 친해지는 준비 운동

2022년 6월 21일 초판 1쇄 발행
2024년 2월 29일 초판 8쇄 발행

지은이 송병건
그림 조현상

단행본 총괄 이홍
구성·책임 편집 노현지 강민영
편집 이희원
마케팅 안은지
제작 나연희 주광근

디자인 말리북
교정 허지혜
인쇄 영신사

펴낸이 윤철호
펴낸곳 ㈜사회평론
등록번호 10-876호(1993년 10월 6일)
전화 02-326-1182(마케팅), 02-326-1543(편집)
이메일 editor@sapyoung.com

ISBN 979-11-6273-224-3 03320

난생 처음 한번 공부하는

경제 이야기 1

기본 편

경제와 친해지는 준비 운동

송병건 지음

사회평론

서문
경제 이야기를 시작하며

안녕하세요? 여러분과 경제 이야기를 나누고자 하는 송병건입니다.

이 세상에는 경제에 관한 책이 넘쳐납니다. 대형 서점에 가득한 책, 인터넷에서 검색되는 수많은 책에 짓눌리는 기분이 들기도 합니다. 이런 상황에서 도대체 저는 무슨 생각으로 새 책을 내기로 마음을 먹은 걸까요?

돌이켜보면 저는 경제학하고 딱히 어울리는 인간은 아니었습니다. 청소년 시절, 경제학이 뭔지 하나도 모르면서 그저 앞으로 공부해봐도 괜찮은 분야라고 막연히 생각했습니다. 자연스레 대학교에서 경제학을 전공했어요. 그런데 경제학 공부가 그다지 흥미

롭지 않았습니다. 그래프와 수식으로 무장한 경제학은 너무 딱딱해 유연성이라곤 느껴지지 않았습니다. 세상사를 이해하는 깊은 통찰을 줄 것 같지도 않았어요. 심지어 부자를 위한 방패막이 학문인 건 아닌가 의심이 들기도 했습니다.

그래서 역사 공부로 관심을 돌렸습니다. 경제학에서 채우지 못한 허전함을 역사학이 풀어줄 수 있으리라 생각했거든요. 그런데 예상치 못한 변화가 찾아왔어요. 역사를 보면 볼수록 경제의 중요성이 더 크게 다가오는 것이었습니다. 당나라와 이슬람 군대가 벌인 전쟁도, 탐험가들이 새 항로를 개척하러 나선 것도, 두 차례 발발한 세계대전도 모두 경제적 이유로 설명이 더 잘 된다고 느꼈습니다. 결국 저는 다시 경제학을 돌아보게 되었고, 경제사라는 분야에서 안식을 찾았습니다.

이제 와 생각해보면 과거에도 경제 그 자체가 딱히 싫었다기보다는 경제를 즐겁게 알아가는 방법을 몰랐던 것 같습니다. 그런 방법을 찾다가 사람들의 삶과 연결된 방식, 역사적 사례로 돌아보는 방식까지 도달한 거지요. 알고 보니 적절한 길이었습니다. 경제란 결국 사람들이 소망과 욕망을 달성하려고 쏟은 노력의 총합이니까요.

장황하게 제 이야기를 했습니다만, 제가 드리고 싶은 말씀은 이것입니다. 경제 이야기는 수리와 논리에 밝은 사람만의 전유물이 아닙니다. 큰 부를 쌓기 위해 배워야 하는 전문적 지식도 아닙니다. 그저 원리를 깨우치면 이 세상의 변화를 좀 더 잘 이해하게 되는 내용, 그래서 우리가 살아가면서 뭔가를 선택하고 판단하는 데 도움이 되는 그런 공부일 뿐입니다.

제가 경제 이야기 시리즈를 내는 이유가 바로 여기에 있습니다. 대학 교재처럼 진입장벽이 높지 않지만 동시에 경제학의 본질은 잘 전달하는 책이 과거의 저처럼 흥미를 못 느끼는 사람들에게는 꼭 필요하다고 생각했거든요.

게다가 의외로 경제학이란 학문은 재미도 있고 실생활에도 유용합니다. 알고 나면 보이지 않았던 것들이 새롭게 보이는 경험을 하게 됩니다. 이 책에서 나오는 과거와 현재의 생생한 사례를 통해서라면 그런 경제학의 가장 중요한 원리를 쉽고 즐겁게 알아갈 수 있으리라 확신합니다. 더 나은 생계를 꾸리기 위해 하루하루 노력하는 사회인부터 경제·경영 분야로 진출하기를 꿈꾸는 청소년들까지, 경제를 어렵게 여겨왔던 모든 사람이 이 책과 함께 경제의 문턱을 사뿐히 넘어서기를 바랍니다.

이 책을 준비하는 동안 많은 분이 도움을 주셨습니다. 대학의 동료 교수들과 다양한 경제활동을 하는 친구들의 이론적, 현실적 이야기가 큰 보탬이 되었습니다. 네이버TV에서 진행했던 다섯 차례의 강연과 네이버 프리미엄콘텐츠에 연재했던 내용이 책을 준비하는 데 소중한 마중물이 되어주었습니다. 김성무 님은 처음 이 시리즈를 기획하고 기본적인 틀을 잡는 데에 핵심적 역할을 해주었습니다. 깊은 감사를 드립니다. 조현상 일러스트레이터는 솜씨 좋은 그림으로 책을 훨씬 이해하기 쉽게 만들어주었습니다. 사회평론이 보여준 전폭적인 지원도 놀라웠습니다. 특히 김희연, 노현지, 강민영 세 분의 지칠 줄 모르는 열정과 노고에 뜨거운 찬사를 보냅니다. 마지막으로 잔잔히 도와준 가족들, 고맙습니다.

명륜동에서

송병건

차례

참고

온라인 퀴즈 QR코드 스캔 방법

(아래 방법은 스마트폰 기종에 따라 달라질 수 있습니다.)

❶ 포털 사이트 어플/앱 설치

❷ 네이버 검색 화면 하단 바의 중앙 녹색 원 클릭 ▶ QR 바코드
다음 카카오 검색창 옆의 아이콘 클릭 ▶ 코드 검색

❸ 스마트폰 화면의 안내에 따라 QR코드 스캔

!! 위 방법이 아닌 일반 카메라 어플/앱을 이용하실 수도 있습니다.

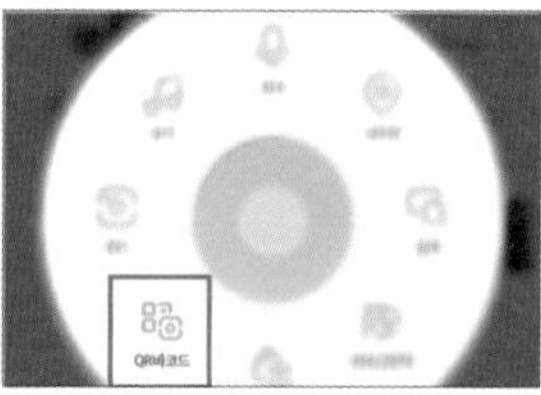

네이버: QR 바코드

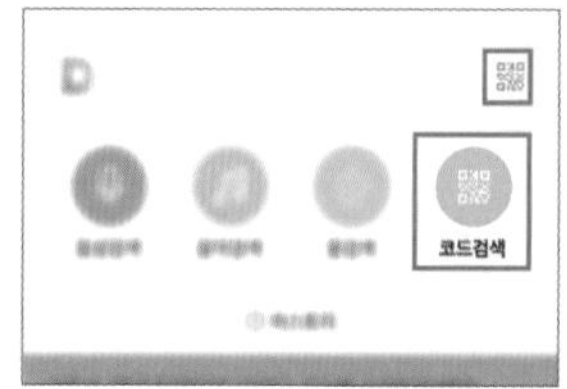

다음: 코드 검색

이야기를 읽기 전에

◇ 본문에는 내용 이해를 돕기 위한 가상의 청자가 등장합니다. 청자의 대사는 강의자와 구분하기 위해 색글씨로 표시했습니다.

◇ 외국의 인명 및 지명은 국립국어원 어문 규정의 외래어 표기법을 따랐습니다. 다만 관용적으로 굳어진 일부 이름은 예외를 두었습니다.

◇ 경제학적으로 중요한 맥락의 개념어는 굵은 글씨로 표시했습니다. 일부 중요한 용어는 찾아볼 수 있도록 책 뒤에 정리해 두었습니다.

◇ 단행본은 『』, 언론 매체는 《》, 논문과 기타 작품 이름은 「」로 표기했습니다.

경제는 이미 우리 곁에 있다

일상에 흐르는 경제 원리

경제 공부의 문턱 넘기

"난 경제 논리를 앞세우는 사람이 싫더라."
"경제학자들도 돈 못 번다던데?"
"경제의 '경' 자만 들어도 머리가 지끈지끈해."

난생처음 한번 경제를 공부해보고 싶은 사람은 많지만, 그 앞엔 만만치 않은 장벽이 가로놓여 있습니다. 경제 공부가 이기적이고 속물적이라는 시선, 공부해봐야 현실에 별 도움이 안 될 것 같다는 생각, 무엇보다도 공부하기 너무 어려울 것 같다는 걱정….
그게 그거 같은 전문 용어들, 알 듯 말 듯 한 그래프, 숫자들이 들어찬 표의 미로에서 길을 잃고 헤매다가 결국 출구 찾기를 포기한 분들이 참 많습니다.

경제가 꼭 어렵고 딱딱한 공부여야만 할까요? 수식과 그래프 대신 흥미진진한 사례와 이야기가 가득한 강의라면 어떨까요? 지난 역사와 오늘날의 시사를 오가며 경제와 내 삶의 연결점을 찾아보는 시간이라면 어떨까요?

경제 공부에 대한 선입견과 우려를 내려놓고 가벼운 마음으로 함께 첫 발을 내디뎌봅시다. 경제라는 독특한 렌즈를 통해 세상을 바라보는 즐거움을 함께 느껴보기로 해요.

욕망은 인간의 본질 그 자체다.

| 스피노자 |

01 욕망을 딛고 진화한 경제의 세계

#경제 #욕망 #사업 #번영

'경제를 알고 싶다'며 저를 찾아오는 분이 점점 많아집니다. 그 이유를 물어보면 여러 가지 대답이 돌아와요. 돈을 많이 벌어서 안정적인 미래를 설계하고 싶다는 이유가 가장 많고요. 경제를 모르면 혼자만 뒤처져서 손해 보지 않을까 불안해하는 분도 많습니다. 순수한 호기심으로 경제라는 렌즈를 통해 우리가 사는 세계 구석구석을 더 잘 이해하려는 분들도 계시고요.

그러게요. 제 주변에도 경제 공부를 해야겠다는 사람이 전보다 훨씬 많아졌어요.

하지만 경제라는 말에 거부감부터 느끼는 사람도 적지 않습니다. 더군다나 경제학이라면 막연히 '어렵고 복잡한 학문', '숫자와 수식, 그래프가 많은 학문', '어쩐지 이기적이고 속물적인 학문'으로 생각하곤 하죠.

솔직히 말씀드리면 저도 그래서 경제 공부에 선뜻 손이 가지 않았어요. 그러다 요즘 다들 경제를 알아야 한다고 하니까 나만 모르나 싶어 불안해졌고요….

어떤 마음인지 이해합니다. 다루는 영역이 워낙 넓고 용어도 낯설다 보니 진입장벽이 높다고 느끼실 수 있어요. 하지만 이 사실 하나만큼은 확실하게 보증할 수 있습니다. 경제만이 가르쳐줄 수 있는 세계가 있다는 것, 그래서 경제에 눈을 뜨면 우리가 살아가는 세상의 원리를 더 잘 알 수 있다는 사실 말입니다.

알면 재밌고 쓸모도 많은 경제, 제대로 이해해보려고 모인 여러분을 위해 제가 준비한 강의는 크게 다섯 가지입니다. 가장 기초 지식을 쌓을 수 있는 이번 강의를 시작으로, 시장과 교역, 금융, 기업과 혁신, 정부와 재정까지 경제 전반을 주제별로 차근차근 다뤄볼 예정이에요.

음… 생각보다 많은데요. 꼭 다 알아야 하나요?

저는 여러분께 '반드시 무엇을 알아야 한다'는 식의 의무감을 지우고 싶지 않습니다. 의무감만큼 공부를 재미없게 만드는 게 있겠어요? 다만, 이 다섯 주제는 모두 경제를 이해하게 해주는 중요한 토대입니다. 우리 강의가 그저 파편적인 지식이 아니라 경제의 흐름 전체를 넓은 시야로 조망하는 데 도움이 되기를 바라며 힘닿는 대로 다루려고 합니다.

그런 점에서 지금부터 해드릴 이야기는 시중에 많이 나와 있는 재테크 책처럼 '당장 큰돈을 벌게 해주겠다'는 내용이 아닙니다. 그런 종류의 경제 도서는 이미 많이 접해보셨을 거예요. 미래에 부를 가져다줄 확실한 비법을 알려준다거나, 모르면 투자에 실패할 수밖에 없는 정보를 가르쳐주겠다는 식의 이야기 말이에요. 근거 없이 겁을 주거나 자기 주장을 일방적으로 내세우는 내용이 상당수죠. 그런 방식으로 경제를 이해하는 데에는 한계가 있다고 생각해요.

무엇보다 경제적인 판단을 타인에게 맡기게 된다는 점에서 그렇죠. 저는 여러분 스스로 경제의 원리를 이해하고 자신만의 관점으로 미래를 통찰할 수 있도록 돕고 싶습니다. 특히 복잡한 전문 용어는 가능한 한 쉽게 풀고, 역사적 사례나 가까운 예시를 통해 경제가 어떻게 돌아가는지 자연스럽게 이해할 수 있도록 할 거예요. 그렇게 경제의 기본기를 확실히 다진다면 이후에 어려운 책이나 경제 뉴스를 보더라도 그 지식을 온전히 소화해 현명한 판단을 내릴 수 있을 겁니다.

하긴, 다른 유명한 사람들에게 기대지 않고 스스로 경제를 이해할 수 있다면 정말 좋겠죠.

좋습니다. 아직 경제가 멀게 느껴지실 테니 아주 익숙하고 쉬운 지점부터 이야기를 시작해볼게요.

우리가 돈을 버는 진짜 이유

먼저 간단한 질문을 드리죠. 도대체 우리는 왜 돈을 벌려고 할까요?

그야… 잘 살기 위해서죠. 돈이 없으면 아무것도 못 하잖아요. 당장 먹고사는 문제도 그렇지만 취미 생활도 마음대로 못 할 테고,

나중에 예상치 못한 문제가 생길 수도 있고요.

그렇습니다. 로빈슨 크루소처럼 무인도에서 혼자 자급자족하며 사는 사람이 아닌 이상 우리는 모두 돈을 필요로 합니다. 그렇다면 돈의 본질이 무엇인지부터 한번 생각해봅시다.
어떤 부자가 여러분에게 다음과 같은 제안을 했어요. 아무도 없는 섬에서 평생 혼자 살면 500억 원을 현금으로 준다고 합니다. 대신 이 무인도에는 아무도 출입할 수 없고, 돈을 섬 바깥으로 내보내거나 누군가에게 줄 수도 없어요. 여러분은 이 부자의 제안을 받아들일 건가요?

말도 안 되죠. 500억 원이 아니라 500조 원이 있어도 쓸 데가 없잖아요.

그럼 질문을 바꿔보죠. 500억 원 대신 1킬로그램짜리 골드바 100개라면요?

골드바 100개라니 마음이 혹 하지만… 마찬가지죠. 먹지도 입지도 못하는 걸 섬에서 혼자 끌어안고 있어봐야 뭐하겠어요?

아마 대부분의 사람이 같은 대답을 할 거예요. 우리 모두 돈이나 금을 원하지만, 경우에 따라 골드바 100개가 한낱 생선 한 마리나

밥 한 공기만 못하기도 합니다. 돈 그 자체로는 아무 쓸모가 없기 때문이에요.
질문을 바꿔서, 현재의 돈 500억 원을 가지고 무인도 대신 50년 전 한국 사회로 거슬러 올라간다고 생각해봅시다. 어떻게 될까요?

그건 정말 좋겠는데요. 옛날 물가는 지금보다 훨씬 저렴했으니까 엄청난 부자로 살게 되지 않을까요?

안타깝지만 틀렸습니다. 제가 '현재의 돈'이라고 했잖아요? 아마 여러분은 만 원짜리 한 장도 사용하지 못할 겁니다. 당시 사용하던 화폐와 지금 우리가 쓰는 화폐가 전혀 다르기 때문이죠. 돈을 쓰고 못 쓰고를 떠나서 '한국은행권'이라고 적힌 위조 지폐를 사용하려 한 죄로 무거운 처벌을 받게 될 가능성이 매우 큽니다.

만 원짜리 구권. 1983년부터 2007년까지 24년간 발행됐다.

아, 그렇네요. 당시 시점으로 보면 2000년대 이후의 화폐는 존재하지도 않을 테니까… 제가 500억 원을 가지고 있어봐야 아무 데도 쓸 수 없겠군요. 길거리에서 만 원을 주웠는데 장난감 지폐인 것 같은 기분이네요.

돈이라는 건 특정 시대와 특정 장소에서만 통용되는 일종의 약속이에요. 다양한 문양과 그림으로 장식된 이 종이 한 장을 이런저런 상품과 교환할 가치가 있다고 보기로 서로 약속한 겁니다. 물론 한 명 한 명한테 동의를 구하진 않았죠. 하지만 사회 구성원으로서 암묵적으로 이 약속에 동의하며 살고 있습니다. 그러니 그 약속이 통하지 않는 곳에서 돈이란 그저 종잇조각에 불과해요.

이성적으로는 그게 맞는데, 왠지 돈이라고 하면 그런 생각을 해보기도 전에 일단 갖고 싶다는 마음이 들어요.

우리가 처음으로 돈과 마주했던 순간을 한번 떠올려봅시다. 아마 여러분의 부모님이 손에 돈을 쥐여주며 슈퍼에 가서 과자 한 봉지를 사 오라고 심부름을 시켰을 거예요. 쭈뼛쭈뼛하면서 돈을 내밀었을 때, 자연스럽게 과자를 내주는 가게 주인을 보면서 처음으로 돈의 힘을 경험하게 됩니다. 돈이 있으면 어디를 가더라도 다른 물건과 바꿀 수 있다는 사실을 깨닫는 거죠.

생각해보니 그랬던 것 같네요. 돈만 있으면 만화책도, 과자도 전부 살 수 있다는 사실을 알게 되면서부터 돈이 욕심나기 시작했어요.

바로 그렇습니다. 종이돈과 과자를 맞바꾼 그 순간부터 우리는 자기도 모르게 '돈을 벌어야 하는 이유'를 학습한 거예요.
이제 결론을 내려볼까요? 우리가 돈을 버는 이유는 단순합니다. '쓰기 위해서'죠. 돈 자체가 보석처럼 빛이 난다거나 먹을 수 있어서가 아니에요. 어디까지나 자신에게 필요한 재화나 서비스로 바꾸기 위해서 돈을 모으는 겁니다. 심지어 돈을 쓰지 않고 금고 안에 모아두는 사람도 미래에 자기 자신이나 가족이 그 돈을 사용해주기를 바라면서 돈을 모으는 거고요.

쓰지 못할 돈이라면 의미가 없는 거네요. '쓰기 위해 번다'라고 하니 어쩐지 철학적인 느낌마저 드는데요. '먹기 위해 살고, 살기 위해 먹는다' 같은….

하하, 어쨌든 돈이 소유하기 위해서가 아니라 쓰기 위해 존재한다는 사실은 경제의 본질과도 맞닿아 있어요. 우리는 모두 돈을 욕망하는 것처럼 보이지만, 사실 '돈'이라는 약속된 매개체를 통해 얻을 수 있는 다른 무언가를 욕망하고 있다는 사실이죠. 안전하고 아늑한 삶을 보장해주는 집이나 허기진 배를 채워주는 따뜻한 음식이 될 수도 있고요. 즐거운 공연이나 게임 속 아이템, 병을 치료하기 위한 의료 서비스가 될 수도 있습니다. 가족이나 주변 사람의 행복과 안녕을 바라는 마음 역시 그런 욕망의 일종이지요.

우리는 이토록 다양한 욕망을 충족하기 위해 돈을 벌고 씁니다. 내 욕망을 위해 쓴 돈이 다른 누군가의 손에 들어가 그 사람의 욕망과 필요를 충족시키는 데 다시 사용되고, 그렇게 돈을 매개로 모두의 욕망이 끊임없이 연결되어 움직이는 게 바로 경제의 세계다, 이렇게 소개하고 싶습니다.

번영을 만든 건 '경제적 욕망'이다

그런데 욕망이란 어느 정도 충족되면 사라지는 게 아닙니다. 형태를 바꿔 계속 다시 생겨나죠.

불과 몇십 년 전까지만 해도 사람들은 '쌀밥 한 그릇만 배불리 먹고 살면 소원이 없겠다'고 생각했지만 지금 쌀밥만 먹고 살기를 원하는 사람은 거의 없어요. 과거에 비해 식량 생산량이 엄청나게 늘어났고, 식문화도 고급화되면서 사람들이 맛과 영양을 고루 갖춘 식사를 욕망하게 됐기 때문입니다.

식비보다 훨씬 더 큰돈을 문화생활비나 교육비로 쓰는 것도 우리의 욕망이 '생존을 위한 욕구'에 그치지 않고 확장된 증거라고 할 수 있죠.

진짜 그런 거 같아요. 저도 어떤 물건이 엄청나게 사고 싶어서 돈을 모아 사고 나면 며칠 안 가서 다른 물건이 더 좋아 보이고 그렇

더라고요.

'말 타면 종 부리고 싶다'는 옛말처럼 욕망은 끝없는 계단과 같습니다. 고통 없이 안전하게 살고 싶은 생존 욕구, 건강을 유지하기 위해 에너지를 얻으려는 식욕, 뭔가를 강렬히 소유하고자 하는 물욕, 쾌락을 추구하는 욕망까지….
하지만 욕망이 무한에 가까울 정도로 다양하다고 해서 무한정 달성될 수 있는 건 아닙니다. 그래서 우리는 욕망을 이루지 못할 때 좌절하고, 심하면 타인과 다투기도 하지요.

그렇게 말씀하시니 욕망 자체가 문제라는 생각도 들어요. 욕망이라는 게 계속 확장되는 거라면 어차피 이루지 못하고 좌절할 수밖에 없잖아요. 그냥 적당한 수준에서 만족하고 살 수 있다면 좋을 텐데요.

그럴 수만 있다면 좋겠지요. 하지만 욕망이 가져다주는 긍정적인 효과를 무시할 순 없어요. 인류가 자신에게 주어진 한계를 극복하고 오늘날과 같은 번영을 이룬 것도 경제적 욕망 덕분이라고 할 수 있으니까요.

경제적 욕망 덕분에 번영을 이루었다는 게 무슨 말씀인가요?

먼저 번영에 대해서 생각해봅시다. 번영이란 무엇이고, 그것을 가능하게 하는 요인이 뭘까요?

번영이요? 음… 분명히 뜻은 아는데 말로 설명하려니까 말문이 막히네요.

번영의 한자말을 그대로 풀면 '번성하고 영화로워지다'라는 뜻입니다. 문명이 양적, 질적으로 고루 성장하고 팽창하는 상황을 의미해요. 의학과 보건 위생이 개선돼서 기대수명이 늘어나고 인구가 많아지거나 기술과 생산성의 향상으로 식량을 비롯한 각종 물자가 풍부해지는 상황, 그로 인해 사회 구성원의 욕망이 다양하게 충족되는 상황이 곧 '번영'이라고 할 수 있겠지요. 그렇다면 사회를 번영하게 하는 가장 중요한 원동력은 무엇일까요?

글쎄요. 아무래도 사람들의 노력이 중요하지 않을까요?

노력이라면 어떤 형태의 노력인가 하는 문제가 있는데요. 가까운 우리 일상부터 한번 들여다보죠. 지금 여러분이 입고 있는 옷에 어떤 사람들의 노력이 들어가 있는지 알고 있나요?

옷이라면… 실 만드는 사람이랑 그걸 짜서 옷으로 만드는 사람 정도 아닐까요.

그보다 훨씬 더 많습니다. 일단 면섬유를 목화솜에서 뽑아내야 하니까 목화를 대량 재배할 토지와 자본, 노동력이 필요하고요. 솜을 채취한 후 실을 뽑아 다양한 종류의 원단을 만드는 공정도 들어갑니다. 거기에 원단을 가지고 옷을 디자인해서 만드는 사람, 옷을 포장하고 배송하는 사람, 옷을 매대에 진열해 판매하는 사람… 아, 깜빡하고 빠뜨렸는데 옷의 색을 내기 위해선 염료를 만드는 작업도 추가돼야겠죠. 염료는 원료에 따라 천연염료와 합성염료로 나뉘는데, 일단 천연염료는….

아, 네! 옷 한 벌에도 셀 수 없을 만큼 많은 사람의 노력이 들어가 있다는 말씀을 하고 싶으신 거죠?

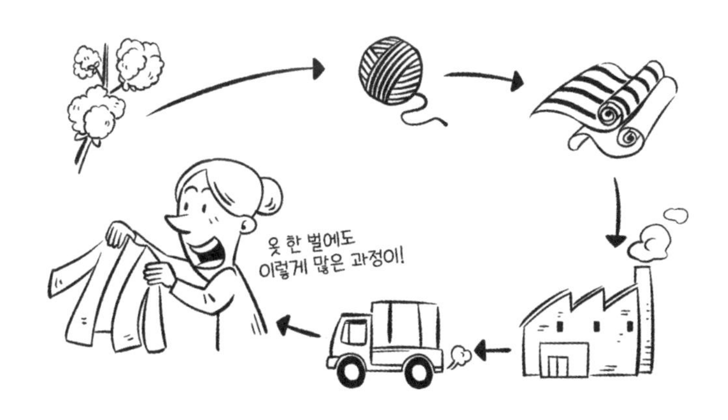

하하, 비슷합니다. 현대 사회에서 옷은 정말 흔한 제품일 뿐이죠. 하지만 한 사람더러 옷 한 벌을 처음부터 끝까지 다 만들어보라고 하면 몇 년을 끙끙대도 만들 수 없을 거예요. 옷뿐만이 아닙니다. 지금 우리가 당연하게 누리는 대부분의 상품은 이렇게 수많은 사람이 분업해서 만들어낸 결과물이에요. 그 복잡한 분업을 가능하게 해주는 게 바로 '사업', 영어로 '비즈니스business'라고 하죠.

비즈니스…. 이렇게 들으니까 사업이 좀 달리 보이네요.

사업이란 타인의 욕망을 채워주는 대가로 경제적 이익을 얻는 일이죠. 문명사회가 번영할 수 있었던 원동력 중 하나가 바로 이 사업입니다. 면화를 재배하는 인도의 사업가, 그 면화와 염료를 수입해서 각종 직물을 제조하는 중국의 사업가, 직물을 가지고 옷을 멋지게 디자인해서 시장에 출시하는 한국의 사업가까지….

이들이 경제활동을 하는 이유는 결국 자기의 이익을 얻기 위해서예요. 하지만 이런 활동이 하나둘 모여 만들어진 상품은 또 다른 사람들의 욕구를 충족시켜주고, 그렇게 사업이 커지는 과정에서 다양한 기술적 진보도 이루어지게 됩니다. 이런 일련의 과정이 켜켜이 쌓여 사회 전체의 번영으로까지 이어지죠.

인류의 운명을 바꾼 특별한 사치품

인류를 번영하게 한 사업의 예를 하나만 더 들어봅시다. 특유의 독특한 풍미가 육류의 누린내를 가리는 데 유용해 두루 쓰이는 후추가 바로 그 주인공입니다. 지금은 마트에 가서 후추 한 통을 어렵지 않게 구할 수 있잖아요. 찾아보니 작은 통 하나에 4,000원이면 살 수 있더군요.

그런데 800여 년 전 중세 유럽에서 후추는 왕가나 귀족 가문 아니면 구경도 못 하던 부의 상징이었어요. 당시만 해도 후추 같은 향신료가 대중화되지 않아서 향신료를 쓰는 건 그 자체로 고급스러운 취향과 부를 과시하는 최고의 수단이었습니다.

후추 열매가 초록색일 때 수확하여 데쳐 말리면 우리가 흔히 아는 검은색 후추가 된다.

오늘날 명품 같은 취급을 받았다고 해도 과언이 아니죠.

오스만제국의 7대 술탄 메흐메트 2세의 초상. 스물한 살에 콘스탄티노플을 함락했다.

지금 후추 한 박스만 사서 중세로 순간이동 하면 좋겠네요.

15세기 중반이 되면 그렇지 않아도 귀했던 향신료의 가격이 폭등하는 사건이 발생합니다. 이슬람 국가인 오스만제국이 향신료 무역의 중심지였던 콘스탄티노플을 함락한 겁니다. 유럽과 아시아를 잇는 교통의 요지가 이슬람 세력에게 완전히 장악됐죠.
이제 향신료를 얻으려면 오스만제국과 교역해야 했지만, 당시 기독교가 주류였던 유럽에서는 반反이슬람주의가 강했습니다. 유럽 상인들이 거래를 망설이는 틈을 타 이슬람에 비교적 중립적인 태도를 가지고 있었던 베네치아 상인들이 재빨리 이슬람 상인들과 독점 계약을 체결해버리죠. 그렇게 향신료 무역을 독점한 베네치아 상인들은 후추를 비롯해 희소해진 향신료의 가격을 크게 올렸습니다.

요즘에도 명품은 가격이 비쌀수록 더 잘 팔리기도 하더라고요. 돈이 많은 사람은 사 먹을 수 있었을 거고, 아니면 그냥 안 먹고 말아야죠, 뭐.

그런데 돈이 없다고 포기하기에는 후추를 향한 당시 유럽인들의 열망이 너무 뜨거웠던 모양입니다. 한쪽에서 귀한 금을 갖다 바치면서 비싼 가격에 후추를 사들이는 동안, 다른 쪽에서는 후추를 저렴하게 얻기 위한 각종 사업들이 탄생하고 있었어요. 오스만제국을 거치지 않고 후추를 얻을 방법을 궁리하기 시작한 거죠. 이 새로운 사업가들은 아프리카 남부 쪽으로 돌아가거나 아예 오스만제국 반대 방향으로 가면 후추를 구할 수 있을 거라 생각했습니다. 오늘날 우리가 '대항해시대'라고 부르는 혁명적 사건은 바로 이렇게 시작됐어요.

대항해시대? 들어보긴 했지만 정확히는 몰라요.

콜럼버스가 1492년 아메리카 대륙에 도착한 사건은 다들 아실 겁니다. 비슷한 시기에 바스쿠 다가마, 페르디난드 마젤란 등 유명한 탐험가들이 세계 이곳저곳을 탐험하면서 새 항로를 개척해 전 세계를 연결한 시대가 대항해시대예요.
콜럼버스가 처음부터 신대륙을 찾을 목적으로 항해를 떠난 게 아니라는 이야기도 들어보셨죠? 콜럼버스의 원래 목적은 어디까지나 '후추와 향신료가 넘치는 인도로 가는 새 항로를 개척하는 것'이었습니다. 오스만제국이 가로막고 있는 동쪽 무역로를 이용할 수 없으니, 서쪽 대서양을 건너 쭉 가다 보면 언젠가 인도에 도착할 수 있으리라 생각했던 거죠. 아메리카 대륙의 존재를 알지 못했기 때문에 가능했던, 실로 무모한 도전이었습니다.

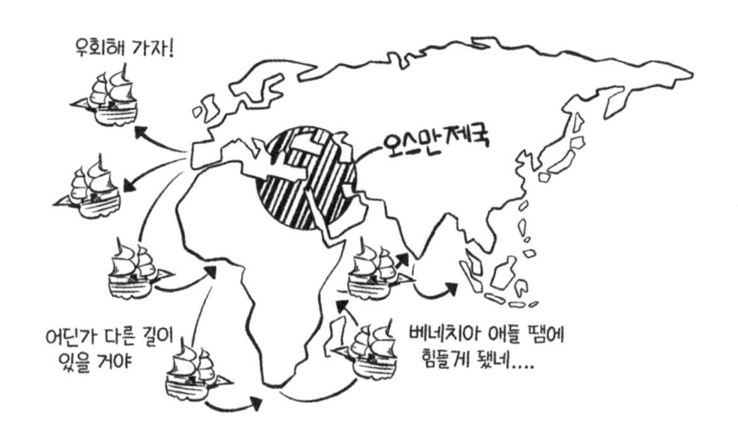

도전이 성공한 후 유럽인들의 욕망은 후추 같은 사치품을 넘어 아메리카 대륙의 저렴하고 값진 자원으로까지 확장됐습니다. 그 욕망에 호응해 대륙을 넘나드는 각종 사업이 탄생했고, 그 결과 인류는 서서히 번영의 시대를 맞이합니다.

후추에 대한 욕망으로 다양한 사업이 시작되었다는 건 이제 이해했는데, 그게 어떻게 인류의 번영으로까지 연결된다는 말씀인지

빈센트 반 고흐, 「감자 바구니」, 1885년. 하층민의 소박한 모습을 그림 안에 담았던 고흐는 같은 해 「감자 먹는 사람들」이라는 그림도 함께 그렸다. 19세기 네덜란드에서 감자는 농민들이 주로 먹는 흔한 식재료였다.

잘 모르겠어요.

간단한 예로 오늘날 우리가 먹는 식재료를 한번 떠올려보죠. 고추, 옥수수, 호박, 감자, 고구마, 토마토…. 이런 재료가 없는 식사를 상상할 수 있나요?
이 작물들은 원래 유럽이나 아시아 대륙에서는 자라지 않았습니다. 대항해시대에 탐험가들이 아메리카 대륙에서 유럽 대륙으로

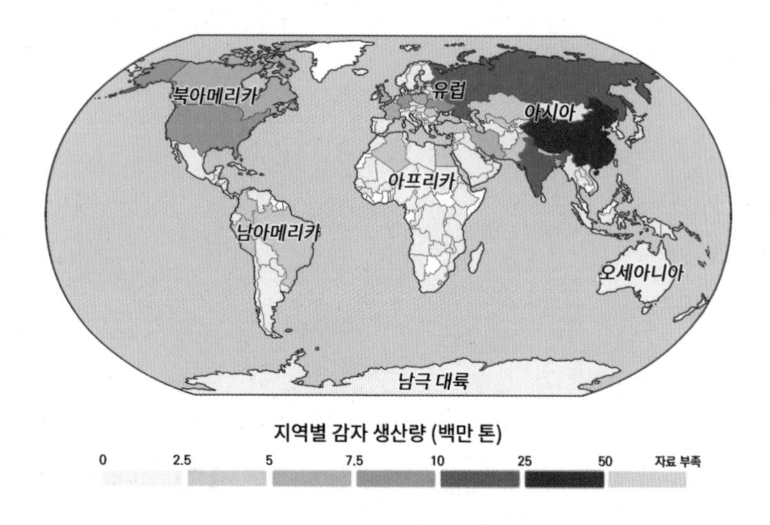

2015년 주요 감자 생산지 분포도. 원산지인 남아메리카보다 유럽, 인도 북부 또는 중국을 비롯한 동아시아 지역에서 훨씬 더 많이 생산된다.

처음 들여온 거죠. 특히 남아메리카 고산지대의 척박한 기후에서도 잘 자랐던 감자와 고구마는 유럽뿐 아니라 우리나라를 비롯한 동아시아에까지 빠르게 전파됐어요. 만약 대항해시대에 무역이라는 사업을 통해 다양한 물자가 오가지 않았다면, 지금처럼 풍요로운 식문화는 없었을 겁니다.

이런 걸 나비 효과라고 하잖아요. 후추 사업이 저한테까지 영향을 줬네요.

설명을 간단히 하기 위해 후추를 예로 들었지만 후추 말고도 당시 유럽 탐험가들의 도전정신을 자극한 상품은 다양했어요. 인도산 면직물, 중국산 비단과 도자기 등이 특히 인기였습니다. 금을 비롯한 귀금속은 물론이고요. 사람들의 욕망을 자극하고 인기를 끌 만한 상품이라면 무엇이든 사업가들의 주목을 받았죠.

진짜 욕망이 있는 곳마다 사업이 있었군요.

이렇듯 인류의 경제적 욕망은 시대마다 형태를 달리해가며 꾸준히 확장됐고, 그 욕구를 만족시키기 위한 사업들도 계속 새롭게 등장했습니다. 한번 등장한 사업은 같은 산업군 안에서 살아남기 위해 치열하게 경쟁했고 점점 더 복잡한 전문화, 고도화의 길을 걷기 마련이었죠. 그렇게 탄생과 소멸을 반복한 사업에 기술 혁신이 더해지면서 문명의 발전과 번영으로 이어지게 되었다, 이 정도로 정리할 수 있을 것 같습니다.

우리의 욕망이 문명의 발전으로

처음에 욕망이라고 했을 땐 어쩐지 부정적인 느낌이 들었는데 욕망이 부끄러워할 일만은 아닌 것 같네요.

바로 그게 욕망의 양면성이자 경제의 양면성이라고 할 수 있습니다. 이어질 다음 장에서는 경제학의 근원에 훌쩍 가닿을 수 있는 주제를 준비했습니다. 단순히 뭔가를 욕망하는 일을 넘어서 그 욕망을 현실로 만들어주는 '경제학적 사고'란 무엇인지 같이 고민해 보도록 하죠.

필기노트 욕망을 닮고 진화한 경제의 세계

어렵고 복잡할 거란 생각에 선뜻 경제 공부를 시작하지 못하고 압박감과 의무감만 느끼는 이들이 많다. 그러나 경제는 우리의 삶과 욕망에 맞닿아 있다. 문명의 번영을 만들어낸 건 다름 아닌 인간의 경제적 욕망이다.

돈이란?

돈은 쓰기 위한 것이자 사회적 약속.

→ 특정 시대와 장소에서만 쓸 수 있음. 교환이 불가능한 상황에서는 아무 쓸모없음.

예시 무인도, 40년 전 한국

인류의 번영을 가져온 경제적 욕망

인간의 욕망은 일시적으로 충족되지만 계속 다시 생김.

→ 욕망을 채워주는 대가로 경제적 이익을 얻는 게 사업, 사업은 분업의 결과물인 상품을 만듦.

예시 옷 한 벌을 만들기 위해서는 목화를 기르고, 실을 만들고, 천을 염색하는 등 다양한 작업이 필요.

예시 중세 유럽에서 사치품이었던 후추. 오스만제국과 독점 계약을 한 베네치아 상인이 후추 가격을 올리자 새로운 항로를 개척하는 사업이 등장. 이게 곧 대항해시대로 이어짐.

인간의 욕망을 만족시키기 위한 사업들이 전문화, 고도화하고 기술적인 혁신을 반복하면서 문명이 발전하고 번성하게 됨.

돈은 머리에 넣고 다녀라. 절대로 가슴에 품지 마라.

| 조너선 스위프트 |

02 누구나 양팔저울을 가지고 태어난다

#합리성 #기회비용 #효용 #한계편익 #한계비용

경제가 마냥 어렵게 느껴진다면 그건 어디까지나 그 문제가 내 삶과는 동떨어져 있다고 생각하기 때문입니다. 당장 경제 뉴스만 봐도 그렇죠. 배운 적도 없는 경제 용어와 현상을 일방적으로 전달받으니까 부담을 느낄 수밖에요. 그렇지만 정도의 차이는 있을지언정 우리는 이미 경제학적 사고를 하고 있습니다. 하루에도 수십 번씩 말이죠.

제가 수십 번씩이나 경제학적 사고를 했다니 어리둥절한데… 대체 무슨 말씀이세요?

간단한 사례로 머리를 좀 풀어보죠. 오늘 점심으로 뭘 먹었는지 한 번 떠올려볼까요?
어떤 분은 도시락을 먹었을 수도 있어요. 어젯밤에 먹은 야식이 남아서 그것도 처리할 겸 말이죠. 하지만 날마다 집에서 도시락을 싸 오는 사람은 많지 않을 겁니다.

맞아요. 그냥 사 먹는 게 편하더라고요. 재료 가격이 생각보다 비싸서 비용 면에서 큰 이득도 없고요. 그 시간에 잠이라도 더 자는 게 차라리 낫죠.

아주 좋은 대답을 해주셨습니다. 그런 게 바로 경제학적 사고예요.

아마존 CEO도, 나도 하는 것

경제학적 사고는 특별하거나 거창한 게 아닙니다. 여러 선택지가 주어졌을 때 자신에게 더 편리하거나 큰 만족을 가져다주는 쪽을 합리적으로 판단하는 사고방식이죠. 이런 **합리성**이 경제학에서 생각하는 올바른 선택의 기본 조건입니다.
다시 점심 도시락 문제로 돌아가 볼까요? 아마 처음에는 외식하는 데 드는 비용을 고려했을 겁니다. 돈을 아끼기 위해 자신의 노동과 시간을 투입해 재료를 사고 도시락을 만들어보려 했겠죠. 그렇게 해서 외식보다 훨씬 큰돈을 아낄 수 있었다면 계속 도시락을 싸서 다녔을 겁니다.

그랬을 것도 같아요. 한 달에 10만 원이라도 아껴진다면요.

하지만 몇 번 시도한 끝에 도시락 싸기를 그만두고 밖에서 사 먹는 걸 선택합니다. 생각했던 만큼 비용이 저렴하지 않다고 느꼈기 때문이죠. 여기서 비용은 돈 하나만 말하는 게 아닙니다. 원재료를 사기 위한 돈, 그걸 도시락으로 만들어서 가지고 다니는 노동, 그리고 거기에 들어가는 시간까지 모두 비용에 해당하죠. 한번 비교해볼까요?

너무 세세하게 따지는 거 같기도 한데요? 저는 이렇게 하나하나 따지면서 비교하진 않아요.

물론 의식적으로 판단하지는 않았을 겁니다. 그렇지만 앞에서 한 말을 다시 생각해보세요. '그 시간에 잠이라도 더 자는 게 낫다'고 했죠. 여기에는 분명 도시락을 싸는 노동 대신 잠을 통한 휴식을 택하는 게 낫다는 판단이 들어 있습니다. 외식에 드는 돈이 재료비보다 더 비싼데도 말이죠.

즉, 단순히 돈뿐만 아니라 다른 비용까지 종합적으로 계산해서 자신에게 더 이익이 되는 것을 판단하는 과정이 내포돼 있는 겁니다. 우리는 바로 이렇게 매일 경제학적 사고를 하고 있어요.

그러고 보니 무의식적으로 그런 판단을 하는 거 같기도 해요. 피곤할 때 돈을 조금 아끼느니 편하게 택시를 타는 것처럼요.

그런 게 다 경제학적 사고의 일환입니다. 물론 모두가 매번 합리적이고 이성적으로 판단하는 건 아니지요. 하지만 일반적인 상황이라면 누구나 자신의 기준에 맞는 합리적인 선택을 하려고 합니다.

극단적인 사례를 하나 들어보죠. 미국의 거대 유통기업 아마존을 창립한 제프 베이조스라는 사람이 있습니다. 이 사람의 재산이 2021년 기준으로 약 1,840억 달러, 우리 돈으로는 220조 원 정도였어요.

220조 원이면… 얼마나 큰 돈인지 실감이 안 나요.

이 사람의 재산이 많아진 건 아마존의 주식 가격이 수년간 꾸준히 올랐기 때문입니다. 매번 일정한 속도로 늘어난 건 아니지만, 계산상 편의를 위해 늘어난 재산을 시간으로 나눠서 재산이 늘어난 속도를 가늠해봤어요. 그랬더니 대략 1초당 50만 원이 나왔습니다. 여러분의 통장 잔고가 1초마다 50만 원씩 늘어난다고 생각해보세요. 어때요, 이제 실감이 좀 나나요?

상상만 해도 대박인데요. 1초에 50만 원이면 한 시간이면 얼마죠?

한 시간이 3,600초니까 18억 원 정도 됩니다. 대부분의 평범한 사람이 평생 일해도 모으기 힘든 수준의 재산을 한 시간마다 버는 셈이죠.

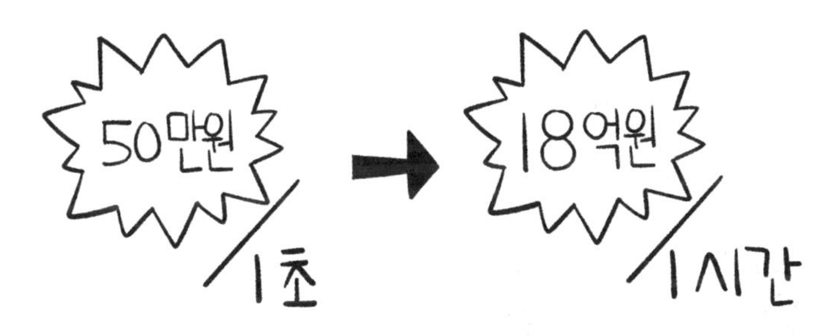

아무튼 이렇게 많은 재산을 가진 제프 베이조스가 모처럼 여가를 즐기려고 공원에서 산책 중이라 칩시다. 그러다가 땅에 떨어져 있는 100달러짜리 지폐를 발견했어요. 우리 돈으로 약 12만 원이죠.

과연 제프 베이조스가 이 지폐를 주울까요?

당연히 주워야 하는 거 아니에요? 그거 하나 줍는다고 산책에 크게 방해되는 것도 아니잖아요.

그럼 질문을 약간 바꿔보도록 하죠. 여러분이 200억 원의 재산을 가진 부자라고 가정해봅시다. 모처럼 화창한 날씨에 공원에서 달리기를 하고 있어요. 그런데 눈앞에 10원짜리 동전 하나가 놓여 있는 겁니다. 여러분이라면 달리기를 멈추고 10원짜리 동전을 줍겠어요?

발에 채이는 게 돈인데 뭐하러 10원을 줍겠어요? 아니, 설마?

제프 베이조스는 산책을 멈추고 100달러짜리 지폐를 주워야 할까?

제 질문의 의도를 알아차리신 모양이군요. 그렇습니다. 오늘날 10원짜리 동전 하나는 누구에게든 별로 유의미한 액수가 아니죠. 굳이 200억 원 자산가가 아니더라도 운동을 멈추면서까지 10원짜리 동전을 줍는 사람은 많지 않을 겁니다. 이때 우리는 무의식적으로 경제학적 사고를 거쳐 행동한 거예요. 10원짜리 동전과 달리기를 멈춤으로써 포기하는 가치를 양팔저울에 올려 비교해본 거죠.

아마존 창립자도 다르지 않습니다. 이 사람의 전 재산이 대략 220조 원 수준이고, 1초마다 50만 원씩 재산이 늘어나잖아요. 그런데 굳이 산책을 멈춰가면서 12만 원의 돈을 주울 필요가 있을까요? 수백조 원 규모의 재산에 더해지나 마나 별 의미가 없는 돈을 줍느니 차라리 휴식 시간에 더 집중하는 게 낫지 않을까요?

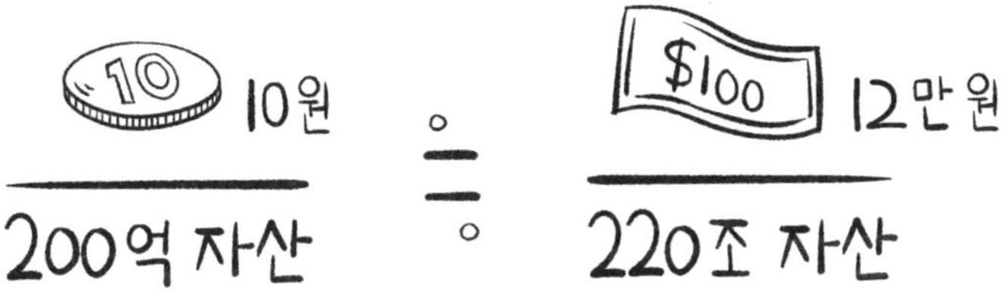

머리로는 이해가 가지만 그래도 줍지 않을까요? 잠깐 몸을 숙여서 돈을 줍는 게 어려운 일은 아니잖아요.

물론 실제로는 주울 수도 있고 줍지 않을 수도 있죠. 이 이야기는 경제학적 사고와 그 결론에 절대적 기준이 없다는 걸 보여주기 위해 만든 사례입니다. 주어진 자원과 조건에 따라 무엇이 합리적인 결정인지는 얼마든지 달라질 수 있어요.
돈을 좀 더 쓰더라도 대중교통 대신 택시를 탄다거나, 돈을 줍지 않고 여가 생활을 택하는 행동은 경제적 조건이 다른 누군가의 눈에는 상당히 사치스러운 행동으로 비칠 수 있을 겁니다. 하지만 말했다시피 이런 판단은 모두 각자의 입장에서 나름의 합리성을 가지고 있어요. 경제학적 사고를 이해한다면 다른 사람의 경제적 선택을 섣불리 비난하기보다 그 사람의 경제 환경과 판단 기준이 무엇일지 생각해볼 수 있겠죠.

선택하는 가치와 포기하는 가치

바로 이어서 소개하고 싶은 개념이 **기회비용**입니다. 누구나 한번쯤 들어봤을 말이지만 곱씹어 보면 낯선 용어일 텐데요. 영어 단어 'Opportunity Cost'를 일본 학자들이 한자어로 번역하면서 만들어진 말이에요. 이름 그대로 기회에 대한 비용, 그러니까 '어떤 선택을 함으로써 대신 포기한 효용 혹은 가치'를 의미합니다.

간단한 예를 들어볼게요. 회사에서 야근을 한 시간 하면 야근 수당으로 3만 원을 받는다고 가정해봅시다. 반대로 정시에 퇴근하면 그만큼 휴식을 취할 수 있죠.
여러분이 야근 수당을 포기하고 휴식을 택한다면 그 휴식의 기회비용은 얼마라고 할 수 있을까요?

글쎄요? 앞에서 포기한 것의 가치가 기회비용이라고 하셨으니까 야근했을 때 받게 될 돈 3만 원일까요?

그렇죠. '이 휴식을 돈으로 환산하면 얼마의 가치가 있다'는 표현이 조금 낯설게 느껴질 텐데요. 경제의 세계에서는 편의상 계산할 수밖에 없다는 사실을 이해해주시면 좋겠습니다.
제프 베이조스의 사례에도 똑같이 적용할 수 있어요. 제프 베이조스가 3초간 달리기를 멈추고 100달러를 줍는다면, '3초 달리기'가

'100달러 줍기'에 대한 기회비용이 되겠죠. 둘 중 무엇이 더 경제적인 선택인지 정확히 비교하려면 '3초 달리기'를 돈으로 환산했을 때 얼마의 가치를 지니는지 따져야 합니다.

휴식을 돈으로 환산하고, 3초 달리기를 돈으로 환산하고…. 너무 인간미가 없는데요.

경제학을 오해하지 않으려면

경제학은 본래 정신적이고 추상적인 문제를 다루기보다 현실적이고 물질적인 이득, 또는 만족에 관심을 두는 학문입니다. 우리가 느끼는 만족이나 이익을 경제학 용어로 **효용**이라고 하는데요. 한정된 자원과 조건 속에서 조금이라도 더 큰 효용을 가져다줄 수 있는 선택이 무엇인지 따지는 게 경제학의 특징입니다. 그러니 객관적인 비교가 가능하도록 효용을 수치화할 수밖에 없는 거죠.

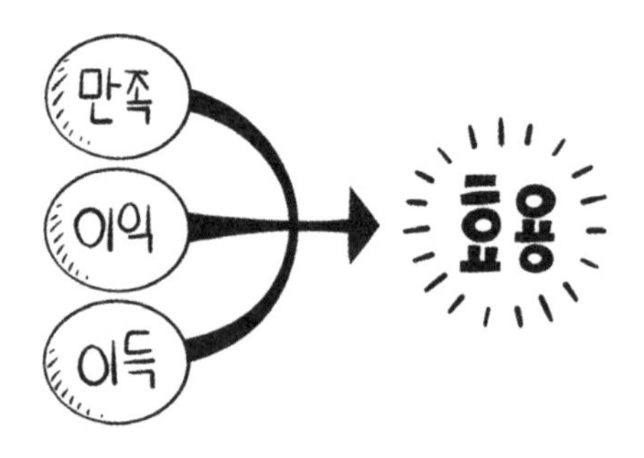

그렇지만 비교할 수 있는 면만 따지는 건 너무 단순한 것 같아요. 세상에는 비교 불가능한 일들도 많잖아요. 좋은 영화나 책에서 받는 감동, 깨달음을 얻었을 때 느끼는 기쁨을 어떻게 전부 숫자로 환산해서 비교할 수 있겠어요?

물론 그렇습니다. 모든 걸 경제학적인 기준에 따라 계산하려 드는 건 제가 가장 경계하는 일이기도 해요. 오해하는 분들이 많지만, 경제학자 대부분은 환산하기 어려운 정신적인, 혹은 질적인 효용까지 따지려 들지 않아요. 어디까지나 현실적이고 물질적인 문제들에 관심을 한정 짓습니다. 그럼에도 경제학의 언어로 이야기하면 '세속적이다', '속물적이다', 심하면 '비인간적이다'라는 이야기를 듣곤 해요. 경제학적 기준 자체에 대해 반감을 갖는 사람들도 많고요.

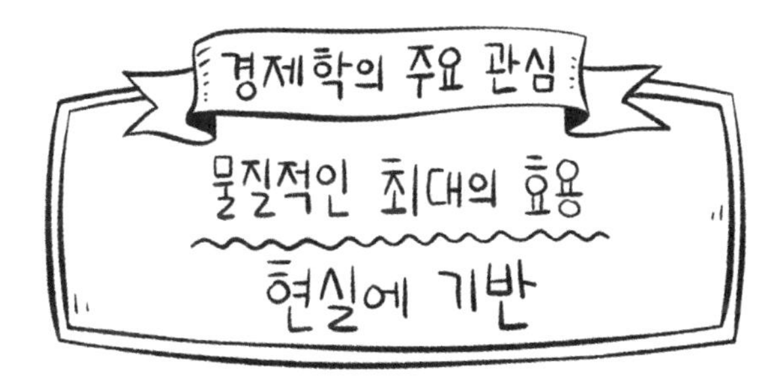

솔직히 저도 반감이 들긴 해요. 경제학적인 기준으로 따지면 무조건 많이 가진 사람이 행복하고 그렇지 않은 사람은 불행해야 하는데 꼭 그런 것만은 아니잖아요.

경제학에서는 단순히 물질적 효용이 행복과 비례한다고 말하지 않아요. 이 문제에 대한 경제학자들의 답변은 제한적이긴 하지만 다음과 같습니다. '일정한 소득이 없으면 행복도 얻기 어렵다'.
상식적인 이야기입니다. 만약 큰 병에 걸렸는데 치료비가 없다면 어떨까요. 혹은 더 나은 직업을 갖기 위해 공부를 하고 싶은데 교육받을 돈이 없다면요? 아무리 이전에는 가진 것에 만족하며 살았던 사람일지라도 행복을 유지할 수 있을까요?

그렇긴 하죠…. 저도 어떨 때는 '욕심부리지 말고 주어진 것에 만족하며 살아야지' 생각하다가도 어떨 땐 '돈이 얼마만 있으면 평생 소원이 없겠다'고 종종 생각했던 거 같아요.

그렇습니다. 물론 소득이나 재산이 늘어난다고 즉시 행복으로 연결되진 않죠. 돈으로 행복을 살 수 있다는 말도 현실과 맞지 않는 얘기고요. 하지만 돈이나 경제력이 원하는 바를 얻기 위한 밑거름이 된다는 사실도 부정할 수 없습니다.
앞에서 몇 가지 예시를 통해 살펴봤지만, 우리는 오늘도 끊임없이 경제학적 사고를 통해 기회비용을 계산하고, 매 순간 마음속 저울을 이용해 합리적인 판단을 내리며 살고 있습니다. 때로는 돈이나 시간 같은 자원이 무한하지 않다는 사실을 알면서도 갖기 힘든 것을 욕망하기도 하고, 계산이 맞지 않아 포기하기도 하죠. 아주 먼 옛날에 살았던 사람들도 마찬가지였을 거예요. 우리 마음속 양팔저울은 어느 날 갑자기 생겨난 게 아니라 처음부터 인류가 가지고 있던 생존 도구였습니다.

그리고 바로 그 저울에서부터 경제학이 시작됐어요. 결국 경제학이란 같은 조건에서 조금이라도 더 많은 사람의 행복, 더 풍족한 미래를 얻기 위해 치열하게 계산하고 고민한 시간이 모여 만들어진 학문이 아닐까 싶습니다. 인류가 주어진 현실에 안주하지 않고 끊임없이 더 나은 미래를 추구하는 이상, 경제학도 인류의 삶과 더불어 계속 진화하지 않을까요?

판단의 단서, 편익과 비용

이번엔 조금 발칙한 질문을 드려보겠습니다. 우리는 쓰레기를 치워야 하나요?

당황스러운데요. 무슨 쓰레기를 말씀하시는 건가요?

여러분이 사는 동네 길가에 떨어져 있는 작은 쓰레기입니다.

힘든 일도 아닌데 치워야죠.

쓰레기를 좋아하는 특이한 취향을 가지고 있지 않은 이상 대부분

설악산 공룡능선. 사람의 발길을 잘 허용하지 않는 험준한 지형이다.

같은 대답을 할 겁니다. 그렇다면 같은 쓰레기가 설악산 공룡능선 15번째 바위틈에 끼어 있다면 과연 치워야 할까요?

설악산이요? 그것도 치우긴 치워야죠….

그렇습니다. 일반적으로 쓰레기는 청소하는 게 맞죠. 그런데 문제가 있습니다. 동네 길가에 있는 쓰레기는 보는 사람도 많고 영향을 받는 사람도 많죠. 내버려두기에는 미관상으로도 그렇고 위생상으로도 좋지 않습니다. 그래서 일정 비용을 들여서라도 주기적으로 청소해야 한다는 데 사회 구성원 대부분이 동의해요.

그런데 험준하기로 유명한 설악산 공룡능선 15번째 바위틈에 끼어 있는 쓰레기는 잘 보이지도 않습니다. 암벽을 타고 올라가서 바위틈을 자세히 들여다봐야만 발견할 수 있죠. 그런데 매일 그곳의 쓰레기를 치워야 한다고 생각해보세요. 무엇보다 바위틈에 쓰레기가 있는지 확인하기 위해 설악산의 암벽을 오르내릴 수많은 청소 인력이 필요하겠죠. 같은 면적이라도 동네 길가를 청소하는 일과는 비교도 안 될 정도의 비용이 들어갈 겁니다.

그렇게 말씀하시니까 꼭 치워야 하나 의문이 드네요. 사람들은 거기에 쓰레기가 있는지도 모를 텐데….

산에 버려진 마스크. 치우는 데 드는 비용 대비 얻을 수 있는 효용은 상대적으로 작다.

그렇죠. 설악산 바위틈의 쓰레기를 치움으로써 얻을 수 있는 사회적 효용은 굉장히 낮습니다. 대부분이 거기에 쓰레기가 있는지도 모르기 때문에 치워지나 안 치워지나 달라질 게 별로 없죠. 그곳의 쓰레기를 치우는 데 연간 1억 원이 든다고 가정해봅시다. 만약 그 결정이 나면 설악산을 관리하는 국립공원공단에서는 1억 원을 마련하기 위해 다른 사업에서 예산을 삭감해야 할 거예요. 어쩌면 산불 감시나 산림 관리를 하는 인력을 줄여야 할 수도 있겠지요. 그걸로도 부족하면 예산 자체를 늘려야 할 거예요. 이렇게 국가 예산이 늘어나다 보면 시민들이 내는 세금도 늘어나겠지요.

역시 세상에 공짜는 없구나 싶네요.

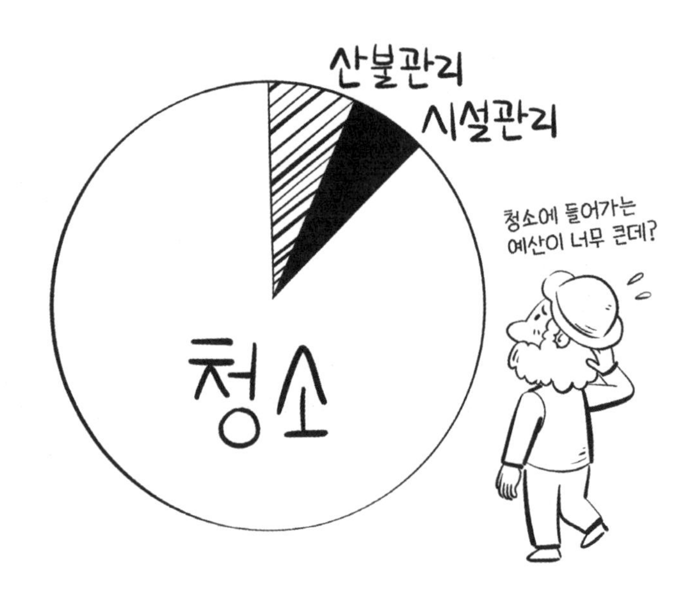

물론 정확하게 계산하려면 쓰레기를 방치했을 때 오염되는 설악산의 환경까지 고려해야 하지만 여기서는 이해하기 쉽도록 제외하고 설명했습니다. 자, 이쯤에서 **한계비용**, **한계편익** 개념을 알려드릴게요. 실생활에서 이 용어들을 직접 사용하는 일은 많지 않겠지만 상식처럼 알아둔다고 생각하시면 좋겠습니다.

한계는 뭔가 끝까지 다다른 상태를 말하는 거 아닌가요?

경제학에서 '한계'란 한 단위가 추가되는 상황을 의미합니다. 오래 굶주렸다가 허겁지겁 밥을 먹는 경우 밥을 한 술 뜰 때마다 만족감, 즉 효용이 증가하겠죠? 이렇게 한 단위가 추가될 때 늘어나는 효용을 **한계효용**이라고 부릅니다. 밥을 막 먹기 시작했을 때는 배가 많이 고프니까 밥 한 숟가락으로도 상당한 효용을 얻습니다. 한계효용이 큰 거죠. 그렇지만 밥을 먹으면 먹을수록 한 숟가락이 주는 효용은 줄어들어요. 한계효용이 점점 작아집니다. 이렇듯 더 많이 소비할수록 추가되는 만족의 크기가 줄어드는 현상을 '한계효용 체감의 법칙'이라고 불러요.

아, 어디선가 들어본 적 있는 거 같아요. 어디서 들었는지는 기억이 안 나지만….

용어를 정확히 기억할 필요는 없습니다. 한계효용이 점차 줄어드는 속성을 가진다는 점만 기억해주세요. 밥 먹을 때 포만감을 충분히 느끼는 순간을 넘어서 계속 먹으면 더 이상 먹는 게 괴로운 지경에 이르게 되죠? 한계효용이 마이너스가 된 겁니다. 그래서 우리는 한계효용이 마이너스가 되기 전에 적당한 지점에서 밥 먹기를 멈춥니다.

그렇게 설명하시니까 확 와닿네요. 많이 먹는다고 해서 마냥 좋은 게 아니니까요.

마찬가지로 한계비용은 어떤 재화나 서비스를 한 단계 추가할 때 늘어나는 비용이고, 한계편익은 그때 얻을 수 있는 편익, 즉 이익을 의미해요. 앞에서 말씀드린 쓰레기 사례를 가지고 정리해볼게요. 큰 길가에 버려진 쓰레기는 발견하기도 쉽고 누군가가 치우기도 쉽습니다. 청소의 한계비용은 작고 청소로 얻는 한계편익은 크기 때문에 가능하면 쓰레기를 치우는 게 이득이죠.

그런데 여기서 그치지 않고 좁은 골목의 잘 보이지 않는 쓰레기까지 청소하려고 하면 계산이 달라집니다. 대로변에 비해서 골목 청소로 얻을 수 있는 한계편익은 상당히 작고, 그에 반해 청소에 들어가는 한계비용은 커지니까요. 설악산 공룡능선 바위틈까지 확장되면 청소를 통해 얻는 한계편익은 거의 없는데 한계비용만 엄청나게 늘어나죠. 이해가 되나요?

그러니까 청소를 하면 할수록 한계비용은 늘어나는데 반대로 한계편익은 줄어든다, 이렇게 이해해도 되나요?

잘 이해했군요. 한계비용보다 한계편익이 크면 청소를 하고 그 반대라면 청소를 하지 않는 것이 합리적이겠죠? 한계비용과 한계편익이 일치하는 정도까지만 청소하는 게 합리적인 선택이 될 겁니다.

한계편익과 한계비용을 계산하는 문제는 일상 곳곳에 숨어 있어요. 버스 노선을 짜는 사람이 '사람이 거의 없는 지역에서는 하루에 몇 번 버스를 운행하면 좋은가'를 고민한다든가, 번화가에서 술집을 운영하는 사람이 '자정이 지난 후 몇 시까지 영업하는 게 효율적인가'를 고민하는 문제도 모두 한계편익과 한계비용을 계산하는 일에 해당하죠.

그렇게까지 확장되는군요. 사업하는 사람들은 특히 계산을 잘해야겠어요.

그렇죠. 비단 경제학자들만의 문제는 아닌 겁니다. 평범한 사람들도 장사를 시작할 때면 '사업성을 검토한다'는 말을 하죠. 사업으로 발생하는 비용과 편익을 이해하기 쉬운 숫자로 환산한 뒤, 한계비용과 한계편익을 따지는 과정을 뜻합니다. 그런 과정을 거쳐야만 어느 정도 규모의 투자가 최적인지를 합리적으로 결정할 수 있죠. 편익과 비용을 꼼꼼히 따져보지 않고 무작정 주먹구구식 투자나 사업을 하게 되면 실패할 가능성이 굉장히 높습니다. 물론 상황에 따라 딱 떨어지는 정답이 없을 때도 있지만, 상당히 중요하고 유용한 개념임은 분명하지요.

경제학적 사고로 사회를 읽다 : 저출생 문제

어때요, 경제학적 사고에 조금은 익숙해진 것 같나요?

우리가 매일 경제학적 사고를 하고 있다는 말씀이 무슨 뜻인지는 이제 알 것 같아요.

그 점을 이해했다면 이번 장의 목표를 다 이룬 거나 다름없습니다. 경제에 거부감을 느끼는 이유는 결국 '경제는 나와 상관없다'는 생각 때문이거든요. 여기까지 오는 동안 그렇지 않다는 걸 여러 번 느끼셨을 거예요. 기왕 경제의 세계를 맛보는 김에, 심화된 사례를 하나 보여드리겠습니다. 다음 기사를 보시죠.

작년 합계출산율 0.84명 '역대 최저'…20개월째 인구 자연감소

(…) 인구 1000명당 출생아 수를 의미하는 조(粗)출생률은 지난해 5.3명으로 역대 최저치를 기록했다. 여성 1명이 평생 낳을 것으로 예상되는 자녀의 수인 합계출산율은 0.84명으로 나타났다. 지난해보다 0.08명 감소한 것으로 통계 작성 이래 최저치다. 우리나라의 합계출산율은 2015년(1.24명) 이후 5년째 감소하고 있다. 2018년(0.98명), 2019년(0.92명)에 이어 3년 연속 1명 미만을 기록 중이다.

—《아주경제》 2021.8.25

지금으로부터 50여 년 전만 해도, 한 가정에서 평균 4명 내지 5명의 아이가 태어났습니다. 1955년에는 합계출산율이 무려 6.33명이었어요. 이후 수치가 꾸준히 줄어들다가 1980년대 중반에 오면 처음으로 2명 아래로 내려갔고, 2020년 즈음에는 세계 최초로 2년 연속 1명 이하를 기록했죠. 자, 이미 눈치채셨겠지만 우리 사회의 가장 심각한 문제 중 하나로 떠오른 저출생 상황을 경제학적 사고로 해석해볼까 합니다.

그러고 보니 예전에는 '딸 아들 구별 말고 둘만 낳아 잘 기르자'라는 표어가 있었더라고요? 요즘은 '아이 많이 낳으면 애국자'라고 말하는 사람이 있을 정도인데 말이에요.

그렇습니다. 합계출산율이 6명을 넘던 시절에는 '덮어놓고 낳다 보면 거지 꼴을 못 면한다' 같은 표어가 등장할 정도였어요. 전혀 이상한 일이 아니었습니다. 인구가 너무 많아지면 자원이 고갈되고 개인의 삶의 질이 떨어질 수 있으니까요.

그 시대를 살았던 어떤 분들은 요즘 사람들이 너무 이기적이라고 못마땅해하시더라고요. 사람이 가정도 꾸리고 자식도 낳고 그러면서 살아야 하는데, 너무 인생을 즐기려고만 한다고요….

사람은 누구나 자신의 경험에 따라 세상을 판단하기 마련이지요. 자식을 대여섯 명씩 낳아 대를 잇는 것을 미덕으로 여겼던 시대를 살아본 사람과 한 아이의 양육에도 온갖 현실적인 고민을 해야 하는 젊은 세대의 가치관이 다른 건 당연합니다. 중요한 건, 이들 두 집단의 판단이 모두 각자의 상황에 가장 합리적인, 경제학적 사고를 통해 나왔다는 점입니다.

양쪽이 다 경제학적 사고를 한 거라고요? 잘 이해가 가지 않는데요.

요즘엔 백세시대라고 해서 일흔 넘게 사는 걸 당연하게 생각하죠.

하지만 불과 200년 전까지만 해도 세계 어느 문명권에서도 평균 기대수명이 50세를 넘지 못했어요. 농업 사회였던 조선 역시 마찬가지였습니다. 아이가 다섯 있다면 둘이나 셋은 영양 부족이나 감염병 등으로 죽는 경우가 허다해서 무사히 성인으로 성장할 가능성은 절반이 채 되지 않았죠. 그렇다 보니 한 가정에서 아이를 대여섯 명은 출산해야 최소한 그 공동체의 인구 규모가 유지될 수 있었습니다.

게다가 그때까지만 해도 부모 입장에서 자식은 미래를 위한 일종의 '보험'이었습니다. 아이를 최대한 '일찍' '많이' 낳을수록 좋고, 그렇게 늘어난 노동력이 가정과 공동체의 생계를 책임지게 하는 게 최고의 미덕이었죠. 지금은 연금 제도나 사회복지 제도를 통해 노동을 못 하는 노인도 어느 정도 안정된 생활을 유지할 수 있지만 농업 사회에서는 거의 가계 내 생산에만 의존해야 했어요. 그러니 자기 노후를 보장해주는 유일한 희망이 노동할 수 있는 가구 구성원 숫자였습니다.

농업 사회에서 왜 그렇게 아이를 많이 낳았는지 이해가 되네요. 자식이 보험이라는 말에 거부감이 느껴지기도 하지만요.

힘들게 낳고 키운 자식을 향한 부모의 사랑이 과거라고 오늘날과 그렇게 달랐겠습니까? 당시의 생활환경과 기대수명, 그리고 산업구조에 비추어봤을 때 내린 경제적 판단이 가족을 구성하는 일에도 적용된 거죠. 우리나라는 농업 국가에서 벗어나기 시작한 1960년대까지도 대부분 사람이 이 같은 농업 사회의 경제적 사고에 영향을 받았기 때문에 출생률이 높았습니다.

게다가 오랜 식민통치에 이어 6·25전쟁까지 겪으며 대부분의 사람이 끼니조차 제대로 해결하지 못하는 열악한 환경에 있었습니다. 그러니 최대한 아이를 많이 낳고, 그중 살아남아 성공할 수 있는 소수의 자녀에게 기대를 걸었어요. 말하자면 아이 하나에게 기대할 수 있는 평균적인 수익이 굉장히 낮았기 때문에 일단 많이 낳고 봤던 겁니다. 여러 자식 중 다른 자식들을 희생시키고 장남만 집중적으로 밀어줬다든가 딸 낳기 싫은 마음에 딸은 마지막이라는 의미로 '말末자'나 '종終숙이' 같은 이름을 붙여줬다든가 하는 옛날이야기가 있잖아요. 그런 사례도 시대와 환경에 따라 나온 경제학적 사고에 영향을 받았다고 할 수 있습니다.

일단 수를 늘려놓고서 성공하는 자녀가 나오길 기대하는 방식이었군요. 그런데 지금은 시대가 바뀌었잖아요?

1960년대 한국의 모습. 이때까지도 대부분의 사람이 과거 농업 사회의 가치관에 영향을 받았다.

맞습니다. 그런 사고방식은 오늘날의 현실과 잘 부합하지 않죠. 일단 의학과 공중 보건이 비약적으로 발달하면서 사람들의 기대수명이 엄청나게 늘어났습니다. 너무 늘어나서 정부가 '야, 이거 큰일 났다. 이런 속도로 인구가 계속 불어나면 한정된 자원에 대한 인구 압박이 너무 심해지겠구나' 하고 생각할 정도로요. 그때부터 정부는 '둘만 낳아 잘 기르자'처럼 출생률을 낮추려는 다양한 캠페인을 펼치기 시작했습니다.

출생률이 낮아진 게 정부의 홍보 때문만은 아니지 않아요?

네, 출생률이 수십 년간 감소해온 데에는 다양한 이유가 있죠. 가장 핵심적인 이유는 급속도로 바뀐 환경에 적응하기 위해 사람들의 사고방식이 달라졌다는 거예요.
말씀드렸듯이 사람들의 수명이 크게 연장됐고, 사회적으로도 농업에서 경공업, 중공업, 서비스업 순으로 성별에 구애받지 않는 다양한 일자리가 만들어졌어요. 그러다 보니 굳이 아이를 많이 낳을 필요도, 꼭 남자 아이를 선호할 이유도 없어졌습니다.

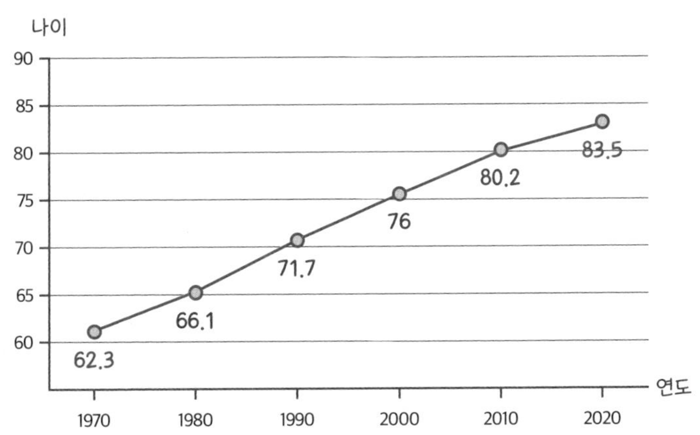

2020년의 기대수명은 1970년에 비해 20년 이상 증가했다.
출처: 통계청

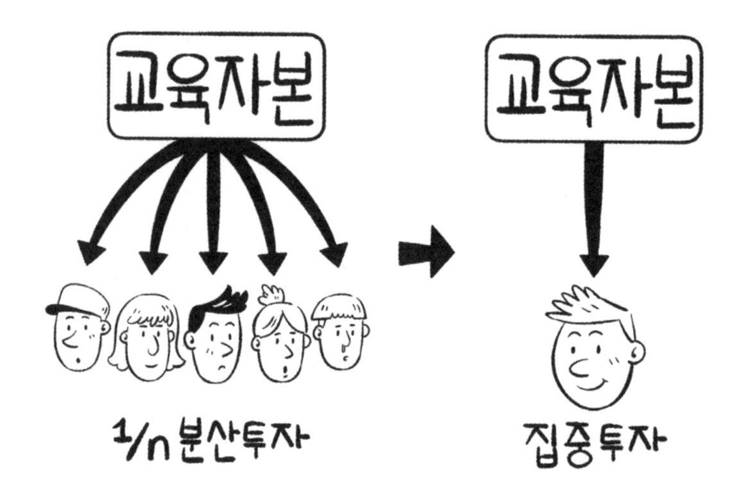

이제는 아이를 무작정 많이 낳는 것보다는 한두 명만 낳아 한정된 자원을 집중적으로 투자해서 높은 경쟁력을 가진 성인으로 키워야 한다는 게 더 일반적인 생각이죠.

여전히 아이를 투자의 관점에서 바라보는 게 조금 께름칙하긴 하지만 맞는 말씀 같아요.

최근 들어 출생률이 급격히 낮아지는 건 경제적 불평등의 탓도 큽니다. 아시다시피 부의 양극화가 점점 심해지면서 수많은 청년이 현재보다 더 나은 미래를 꿈꾸지 못하고 있어요. 부모 세대처럼 몇 살 때 취직을 하고, 집을 사고, 결혼해서 아이를 낳고 하는 식의 계획을 세우기가 굉장히 어려운 사회가 되어버렸죠. 그래서 애초에

혼인율 자체가 낮아지는 게 저출생의 원인으로 지목되고 있기도 합니다.

요즘엔 결혼 안 하는 사람도 꽤 많긴 하죠. 결혼은 했지만 아이는 안 갖겠다는 부부도 많고요.

경제학적 관점에서 보면, 현재 우리나라는 아이를 양육함으로써 기대할 수 있는 경제적인 편익이 낮은 상황이에요. 여기에 양육 비용마저 감당하기 어려우니까 어떤 사람들에게는 아이를 낳지 않는 편이 더 현명한 선택이 되어버린 겁니다. '어차피 아이를 낳아봐야 힘들게 살 텐데 뭐하러 낳아서 고생시키냐'는 생각은 지극히 합리적이고, 그래서 더 아프게 들리는 이야기예요.

각자에겐 각자의 합리성이

확실히 시대와 환경이 변하니까 사람들의 가치관이 바뀌네요. 저랑은 다른 처지에 있었던 사람들의 마음을 조금은 이해하게 된 것 같아요.

그렇게 생각한다면 굉장히 반가운 일입니다. 앞에서도 언급했지만 저는 경제를 알면 우리가 살아가는 세상의 이치를 더 잘 알 수 있다고 생각해요. 그 세상에는 나와 다르게 사고하는 타인도 포함됩니다. 타인이 처한 입장과 환경을 고려해서 그 사람이 가진 욕망의 합리성을 인정한다면, 이제껏 보지 못한 세계의 또 다른 모습을 발견하고 이해하는 일도 가능하지 않을까요?

필기노트 누구나 양팔저울을 가지고 태어난다 ○○

경제활동을 하는 사람이라면 누구나 기회비용을 따진다. 한정된 시간과 자원으로 최대한의 효용을 얻고자 하는 자연스러운 행동이다. 하지만 비용과 편익 계산은 단순하지 않으며, 상황에 따라 그 결과가 달라지기도 한다.

경제학적 사고

합리성 경제학에서 전제하는 가장 기본 조건. 자신의 상황에서 가장 높은 효용을 가진 선택지를 추구.

예시 대부분의 사람이 길에서 10원짜리 동전을 줍지 않음.

기회비용

기회비용 어떤 선택을 함으로써 대신 포기하게 되는 가치. 물질적인 이익이나 만족을 추구하는 경제학에서는 기회비용을 계산하여 판단을 내림.

효용 이익, 만족, 이득 등을 통칭하는 말.

한계비용과 한계편익

한계 한 단위가 추가되는 상황.

한계비용, 한계편익 어떤 재화나 서비스를 한 단위 더 추가해서 사용할 때 더해지는 비용이 한계비용, 이익이 한계편익.

주어진 선택지 사이의 차이를 파악해 더 나은 선택을 하려는 노력이 경제학의 뿌리.

서로 다른 경제학적 사고

경제학적 사고로 바라본 저출생 문제

전통적인 농업 사회의 사고	현대의 사고
유아 생존율과 기대수명 ↓ → 공동체 유지와 부모 노후를 위해 자식을 많이 낳음.	유아 생존율과 기대수명 ↑ → 아이를 적게 낳아 한정된 자원을 집중시킴.

→ 같은 문제에 대해서도 처한 상황에 따라 경제적 판단이 달라짐.

상식과 정직한 거래만큼 인간을 경탄케 하는 것은 없다.

| 랠프 월도 에머슨 |

03 현대 시장경제의 기초 알기

#경제주체 #시장경제 #수요와 공급

이번 강의에서는 경제학에서 다루는 기본 개념과 원리를 알려드리려 합니다. 그리고 배운 개념을 실제 경제 현상에 응용하는 데까지 나아가 보죠.

경제학에서 다루는 개념과 원리요? 전공자도 아닌 제가 굳이 그런 것까지 알아야 할까요?

왜 알아야 하는지 여행에 빗대어 설명해볼까요? 해외여행을 가본 분은 공감하시겠지만, 나와 전혀 다른 사람들이 사는 나라로 떠나는 여행은 그 자체로 흥분되는 일입니다. 아무 배경지식 없이 낯선 분위기를 만끽하는 것도 좋긴 하지만, 그 나라의 역사와 문화에 대한 간단한 지식을 갖고 여행한다면 훨씬 더 풍성한 경험을 할 수 있죠.

그건 그렇죠. 저도 여행 가기 전에 책이나 기사를 좀 읽고 가게 되더라고요. 인사말 같은 것도 연습하고요.

경제 공부도 마찬가지예요. 모르고 시작해도 큰 탈은 없지만 기초적인 지식을 쌓고 나서 보면 경제의 세계가 어떻게 생겼는지 더 선명하게 느낄 수 있습니다.
개념과 원리라는 말만 들으면 멀게 느껴지겠지만 경제학은 다른 어떤 학문보다 우리 삶에 아주 밀접한 학문이에요. 경제학의 기본 개념과 원리는 우리 삶과 결코 동떨어져 있지 않습니다. 그래서 경제학을 조금만 알고 나면 같은 뉴스나 사건도 전혀 다른 통찰력을 가지고 보게 됩니다. 경제학이 세상을 이해하는 또 하나의 창이 되어줄 테니까요.

경제의 삼총사 : 가계, 기업, 정부

주인공이 없는 이야기는 어쩐지 밋밋하고 재미가 없죠. 먼저 여러분께 경제의 세계를 이끌어가는 세 주인공을 소개하려고 합니다.

바로 가계, 기업, 정부예요.

가계, 기업, 정부요? 네에….

약간 실망한 듯한 반응인데, 기분 탓일까요?

경제의 주인공들을 소개하신다고 해서 누가 나올까 기대했는데 가계, 기업, 정부라고 하니까 별거 아니라서 김이 좀 새네요.

그럴 수도 있겠군요. 경제를 깊이 공부해보지 않았더라도 들어는 봤을 거예요. 수요 공급의 법칙과 함께 상식처럼 알려진 내용이기도 하죠. 그렇대도 복잡한 현대 경제의 작동 원리를 알려면 가장 먼저 이 세 **경제주체**에 대한 이해가 필요합니다. 그전에 많이들 의아해하는 부분을 설명하고 갈게요. 왜 개인이 아니라 가계가 경제주체일까요?

듣고 보니 이상하네요. 세 주체를 국민, 기업, 정부 이렇게 꼽을 수도 있잖아요.

경제주체란 전체 생산과 소비생활에 영향력을 끼치는 하나의 단위를 뜻합니다. 하지만 가족 구성원 중에서 어린아이나 노약자는 노동을 통한 생산에 참여할 수 없는 경우가 많죠? 그렇다고 그들을 위해 쓰이는 돈이 없는 건 아닙니다. 또한 소득이 없는 가족 구성원이 소득이 있는 다른 구성원을 다방면으로 지탱하기도 하고요. 그렇기 때문에 개인이 아니라 생활 공동체인 가계를 하나의 주체로 설정합니다.

조그마한 식당이나 공장처럼 가족이 운영하는 가족 기업 같은 것도 있잖아요. 그런 건 가계로 보나요, 아니면 기업으로 보나요?

그런 경우는 기업으로 봐야 합니다. 여기서 중요한 건 혈연관계나 규모가 아니라 경제주체로서 어떤 역할을 하고 있는가예요. 아무리 작은 기업이라도 그 안에 고용자와 피고용자가 존재하고, 이들이 모여 상품의 공급자 역할을 한다면 기업으로 이해해야 합니다.

작은 가게도 다 기업으로 봐야 하는군요.

말 나온 김에 이번에는 기업을 한번 살펴볼게요. 현대 경제에서 기업과 가계는 서로가 서로를 꼭 필요로 하는 관계입니다. 먼저 가계는 어떻게 돈을 벌죠?

그야… 일을 해서 벌죠. 회사에서 일하면서 월급을 받는 사람도 있을 거고, 직접 가게를 차려서 자영업으로 돈을 버는 사람도 있을 거고요.

네, 그런 활동을 전부 '노동'이라고 하죠. 상품을 생산하기 위해 기업에 일손을 제공하고 그 대가로 임금이나 소득을 얻는 활동입니다. 노동과 더불어 상품 생산에 필요한 자본, 토지 등을 합쳐 생산요소로 분류하는데, 생산요소가 거래되는 시장에서 가계는 기업에 노동을 공급하고 기업으로부터 임금을 받습니다.
한 가지만 더 물어볼게요. 가계는 그렇게 번 돈을 어디에 쓸까요?

질문이 너무 쉬우니까 오히려 대답하기가 곤란한데요. 생활비로 쓰거나 뭔가를 사는 데 쓰죠. 음식, 옷, 전기료, 책, 학원비, 핸드폰 등등….

맞습니다. 그런 소비는 상품이 판매되는 상품시장에서 이루어져요. 그러니까 가계는 생산요소시장에서 기업에 노동을 판매해 소득을 얻고, 그 소득으로 상품시장에서 기업이 만든 제품을 구입합니다. 거꾸로 기업은 생산요소시장에서 노동을 구입하고, 그 노동을 이용해 만든 상품을 상품시장에서 가계에 판매합니다. 이렇게 기업과 가계가 돈을 벌고 쓰는 원리를 정리하면 다음과 같아요.

	생산요소시장	상품시장
가계	노동 공급 임금 획득	상품 구입 비용 지출
기업	노동 구입 임금 지출	상품 판매 수익 획득

뭔가 묘하게 반복되는 느낌인데요.

그렇습니다. 생산의 주체인 기업과 노동의 주체인 가계가 생산요소시장과 상품시장에서 서로 임금과 상품을 주고받으며 경제활동을 하는 거죠. 자급자족 상태가 아닌 이상 우리는 늘 이렇게 다른 경제주체와 상호작용합니다.

근데 기업 말고 개인도 스스로 상품을 만들어 팔 수 있지 않나요? 왜 요즘에는 SNS에서 개인적으로 만든 물건을 팔기도 하잖아요.

좋은 질문입니다. 말씀하신 대로 개인도 물론 생산자가 될 수 있어요. 하지만 기업에 비할 수는 없습니다. 예컨대 가구를 하나 산다고 생각해보죠. 개인 제조업자를 찾아갈 수도 있고 대형 가구사 제품을 살 수도 있습니다. 가구를 사는 소비자 입장에서 개인과 기업 중 누가 더 안정적인 거래 상대일까요?
장기적으로 보면 개인 제조업자와는 오래 거래하기가 힘듭니다. 그 사람이 갑자기 병이 들거나 죽을 수도 있고, 예기치 못한 사고가 생길 수도 있으니까요. 이런 경우, 가구가 낡으면 추가로 부품을 구입하거나 사후 관리를 받아야 할 텐데 모두 어려워질 수 있죠.
반면 기업은 구성원 몇 명이 바뀐다고 해서 영업을 중단하지 않으니 거래가 안정적으로 이어질 수 있습니다. 게다가 보통 상품을 대량으로 만들기 때문에 생산비용과 유통비용을 절감할 수 있어 상품의 가격이 저렴해지죠. 이처럼 기업의 생산 조건이 압도적으로 유리하기 때문에 보통은 기업을 생산 주체로 봅니다.

개인이 뭘 생산할 수 있다고 해도 기업이랑 비교하면 미미한 수준이라는 거군요.

그렇죠. 마지막 경제주체인 정부는 가계와 기업의 '중간 조정자' 역할을 한다고 볼 수 있어요. 일단 정부의 중요한 수입원은 세금입니다. 기업과 가계로부터 세금을 거두고 그 세금으로 치안이나 국방 같은 꼭 필요한 공공 정책을 시행하죠. 직접적으로 상품 생산에 참여하지는 않지만 기업과 가계의 경제활동을 지원하고 부를 재분배합니다. 경제의 세계에서 가계나 기업에 뒤지지 않는 영향력이 있는 경제주체죠.

세금이 정부의 수입이라는 말이 어색하게 들리는데, 정부는 돈을 마음대로 만들고 쓸 수 있는데 왜 세금을 걷는 건가요?

정부라고 해서 돈을 마음대로 할 수 있는 건 아니에요. 그리스나 아르헨티나 같은 국가가 모라토리움 혹은 디폴트 사태에 직면했다는 뉴스를 본 적이 있나요? **모라토리움**moratorium은 쉽게 말해 빚을 갚을 의지는 있으나 능력이 없으니 상환 날짜를 늦춰달라고 요청하는 일이에요. 지불 유예를 신청하는 거죠. 반대로 **디폴트**default는 채무 불이행, 즉 빚을 못 갚는다고 파산 선언하는 겁니다. 정부가 나라 살림을 위해 여기저기서 돈을 빌려 놓고 그 빚을 제때 갚지 못할 때 벌어지는 비극적인 사태예요.

정부도 빚을 지기도 하고 못 갚기도 하는군요. 정부도 제 처지랑 똑같네요.

그럼요. 지금까지의 이야기를 정리하면 가계와 기업이 서로 생산과 소비를 주고받으면서 경제활동을 하고, 그 사이에서 정부가 세금 징수와 지출을 통해 중간 조정자 역할을 한다, 이 정도가 되겠죠. 이 내용을 도표로 그리면 다음 페이지에 나오는 '경제 순환 모델'이 됩니다.
이 순환 모델은 역사의 결과물이기도 해요. 사람들이 자급자족하던 먼 옛날에는 파편화된 '가계'만 존재했겠지요? 그러다 점차 인구가 증가하면서 도시가 형성됐고, 이들의 필요를 충족시키기 위해 상품을 대량 생산하는 '기업'이 탄생했죠.

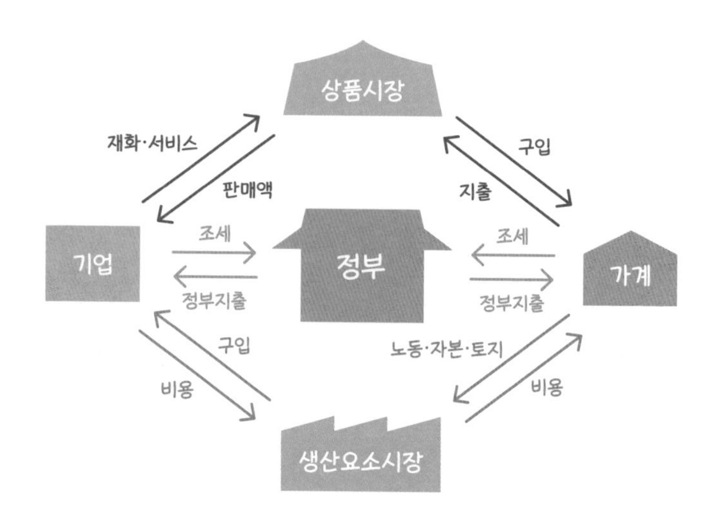

하지만 시간이 지날수록 가계와 기업의 상호작용만으로는 경제가 원활하게 돌아갈 수 없다는 걸 모두가 깨달았을 겁니다. 자원을 독점하고 자신의 이익만 추구하는 거대 기업이 생긴다거나 화폐가 원활하게 돌지 않아 경제위기가 발생하는 일이 비일비재했으니까요. 도시의 규모가 커진 만큼 누군가는 반드시 제공해야 하는 국방, 치안 같은 공공재의 필요성도 커졌고요. 그 역할을 담당할 새로운 경제주체로서 정부가 등장한 겁니다.

최초의 근대 경제학자로 알려진 영국의 애덤 스미스도 그의 대표 저서인 『국부론』에서 기업과 가계가 국가 경제의 핵심이라고 강조했습니다.

가계, 기업, 정부가 동시에 등장한 건 아니군요.

경제학이라는 학문이 처음 생겼을 때만 해도 정부의 역할은 굉장히 미미했어요. 당시 정부는 통치에 필요한 군사력을 유지하기 위해 권위를 앞세워 세금을 거둬가는 존재에 지나지 않았거든요.

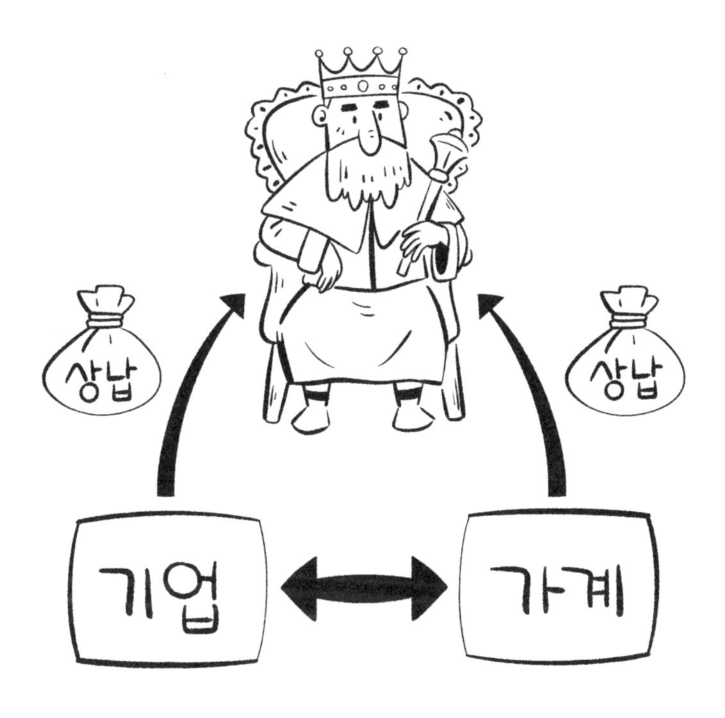

하지만 오늘날 정부는 엄연한 경제주체로서 기업과 가계 양쪽 모두에 강력한 영향력을 행사하고 있습니다. 경제주체로 누굴 꼽을지의 문제도 시대와 상황에 맞게 바뀌어온 거죠.

역사적으로 경제주체가 바뀌어왔던 거라면 또 바뀔 가능성도 있겠네요?

그렇습니다. 앞서 보여드린 순환 모델은 오늘날의 모습을 설명할 뿐이고, 미래의 경제 모델은 또 어떻게 바뀔지 알 수 없죠. 예컨대 가까운 미래에 기술이 크게 발전해 높은 지능을 갖춘 기계가 인간이 하나도 돕지 않아도 스스로 상품을 생산하게 됐다고 가정해봅시다. 즉, 생산 과정에서 가계가 제공하는 노동이 필요 없게 된 거예요. 그러면 당장 기업에 노동을 제공하고 수입을 얻었던 가계 구성원들은 수입원을 잃게 되니 문제 상황이죠. 한편 기업에서도 재화와 서비스를 구매해줄 가계의 구매력이 없어지니 역시 문제 상황입니다.

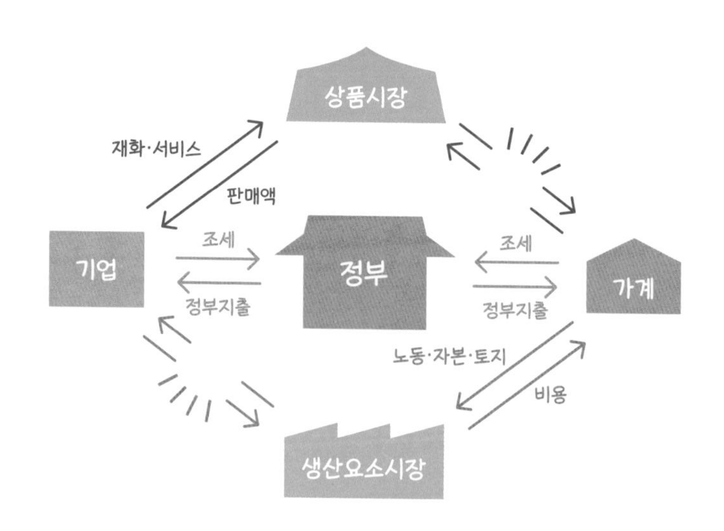

이거 완전 큰일 아닌가요…? 그러면 가계만 망하는 게 아니라 기업도 무너지는 거잖아요. 아, 세금이 줄어들 테니까 정부도 어려워지겠군요.

너무 걱정하지는 마세요. 이 순환 구조의 어디 하나라도 막히면 경제 전체가 마비되기 때문에 해결책이 등장하지 않을 수 없으니까요. 예컨대 소비와 소득의 사슬을 다시 연결하기 위해 국가의 재분배 기능을 크게 강화시킬 수 있겠죠. 국민이라면 무조건 '기본소득'을 지급하자는 아이디어는 그런 차원에서 나오는 이야기입니다. 기본소득으로 쓰일 자금을 어떻게 마련할지가 문제인데, 합의가 이뤄진다면 인간의 일자리를 대체하는 기계에 세금을 매겨 충당할 수도 있고, 그 외에 여러 방법을 찾을 수 있겠죠.
물론 이건 정해진 미래가 아니라 앞으로 더 활발하게 논의되어야 할 사안입니다. 다만, 세 경제주체가 서로 긴밀하게 연결되어 영향을 주고받는다는 사실은 꼭 기억해두세요. 가계, 기업, 정부 이들 중 누구도 혼자서 경제활동을 할 수는 없어요. 모두가 운명을 함께하는 경제 공동체죠. 우리가 한 개인으로서의 삶에 머무르지 않고 나를 둘러싼 경제의 세계를 폭넓게 알아야 하는 이유도 거기에 있습니다.

자유로운 의사가 모이면

지금부터 소개해드릴 **수요**와 **공급** 이야기는 앞선 내용과 마찬가지로 어느 정도 들어본 내용일 것 같은데요. 시장의 기초 원리니 만큼 곧장 본론으로 들어가기에 앞서 **시장**이 무엇인지부터 짚고 넘어갈게요.

시장, 영어로 마켓market이라고 부르는 바로 그 시장입니다. 슈퍼마켓, 편의점, 대형마트, 전통시장 등 다양한 시장을 익히 알고 있을 거예요. 그런데 혹시 최초의 시장이 어떻게 출현했을지 상상해본 적 있나요?

글쎄요. 사람들이 서로 필요한 물건을 교환하면서 만들어진 게 아닐까요?

맞습니다. 인류의 원시적인 물물교환을 떠올려보세요. 돈이라는 매개 없이 각자 생산한 물건들을 일대일로 교환했던 시대 말입니다. 우리 부족이 기른 가축을 다른 농작물로 교환하고 싶어졌다고 칩시다. 그래서 옆 부족한테 찾아갔더니 모피가 아니면 바꿔줄 수 없다고 해요. 우연히 두 부족이 필요로 하는 물자가 맞아떨어져서 교환이 이루어지는 일도 있겠지만, 둘 중 한쪽만 거부해도 거래가 실패하고 맙니다.

돈을 주고받으면 간단히 해결될 문제인데….

하지만 지금 같은 형태의 돈이 등장한 건 한참 뒤의 일이에요. 돈이라는 중간 매개가 없는 상태에서 자신의 생산물을 다른 생산물로 교환하려고 한다면, 교환할 수 있는 생산물의 종류가 많을수록 좋겠지요. 최대한 많은 참여자가 모여 다양한 품목을 거래할 때 개인의 필요가 충족될 가능성도 커집니다.

그러다 만약 같은 품목을 취급하는 부족이 여럿이기라도 하면 가격 경쟁이 벌어질 수도 있을 거예요. '옆 부족이 쌀 한 포대에 모피 한 장을 교환해준다고? 그렇다면 우리는 거기에 모피 반 장을 더 얹어주겠다' 하는 식으로 말입니다. 태초의 시장은 이런 과정이 반복되며 탄생했을 거예요.

많은 사람이 필요에 따라 참여하고 때로는 경쟁하면서 자연스럽게 시장이 만들어진 거군요.

바로 그런 개방성이 시장의 본질과 연결된 부분입니다. 시장이란 단순히 물건을 사고파는 장소일 뿐만 아니라 거래를 원하는 사람들이 '자유롭게' 참여할 수 있는 공간을 뜻합니다. 참여자들이 스스로 거래 조건이나 가격을 결정하는 '자율성'이 곧 시장의 기본 전제이자 핵심이라고 할 수 있어요. 종합하자면, 수요와 공급이 있고 그들 사이의 자유로운 거래가 일어나는 공간을 모두 시장이라고 부릅니다.

그러고 보니 금융시장, 주식시장, 심지어 취업시장이라는 단어에도 다 시장이라는 말이 들어가는군요. 그럼 거래가 자율적으로 이루어지지 않으면 시장으로 볼 수 없는 건가요?

그렇습니다. 모피 한 장과 쌀 한 포대를 맞바꾸기로 했는데 모피 판매자가 일방적으로 쌀을 전부 강탈하고 모피는 손바닥만한 크기로 잘라줬다고 생각해보세요. 이 다음에도 쌀 생산자가 모피 생산자와 거래를 계속하려 할까요? 참여자들이 서로를 믿고 지속적으로 거래에 참여하는 일 자체가 불가능해지겠지요.
당연한 말이지만 가격이 비싸다면 소비자가 사지 않을 권리, 가격이 너무 저렴하다면 생산자가 팔지 않을 권리가 똑같이 보장되어야 시장이 정상적으로 작동하고 가격도 제대로 책정될 수 있습니다. 이렇게 시장의 수요와 공급으로 결정되는 **가격**이 시장 참여자들에게 경제활동을 할 유인, 즉 동기를 제공합니다.

시장 참여자들에게 경제활동의 유인을 제공한다…? 무슨 의미인지 잘 모르겠어요.

수요와 공급, 시장경제의 가나다

좀 전에 취업시장 이야기를 했으니까 취업시장을 예로 들어보지요. 취업시장에도 수요자와 공급자가 있습니다. 이 경우 노동을 필요로 하는 '기업'이 수요자이고 노동을 제공할 수 있는 '구직자'가 공급자죠.
IT 기술 발전에 힘입어 관련 분야 중 하나가 유망 직종으로 떠올랐다고 가정해봅시다. 이 직종은 이제 막 탄생한 분야라 경쟁자도 적고, 전망도 밝아서 기대할 수 있는 연봉이나 대우가 상당히 좋습니다. 다음 기사에 나오는 개발자 직종처럼요.

개발자 수요 대비 공급은 낮아…기업들, 인력 모시기 '붐'

산업 전반에서 디지털 혁신이 필수 요소가 되자 IT업계뿐 아니라 금융, 제조 등 전 분야에서 IT 개발자 인력을 필요로 하고 있다. 수요가 높아짐에 따라 개발자 모시기 경쟁에 불이 붙은 셈이다. (…) 한 업계 관계자는 "카카오의 한 계열사는 개발 인재를 추천한 직원에게 최대 1,000만 원 수준의 보상금을 지원할 정도로 대부분의 기업들이 개발 인재 수급에 목말라 있다"면서, "실제 1억 연봉을 받는 사람은 일부겠지만, 최근 전반적으로 개발자 연봉 수준이 올라갔다"고 전했다. (…)

—《아이뉴스24》 2021.7.19

이 경우 거래 조건이 수요자인 기업보다 공급자인 구직자에게 유리하다고 볼 수 있어요. 즉, 노동력을 판매하는 사람에게 더 유리하게 가격이 책정된 거죠. 그럼 이후에는 어떤 현상이 일어날까요?

대우도 좋고 취직도 잘 된다고 하니까… 좋은 인력이 개발 직종으로 많이 가겠네요. 대학교에서도 관련 학과를 전공하려는 사람이 많아질 수 있겠고요.

맞습니다. 시장 상황에 맞춰 구직자의 공급이 늘어나는 거예요. 그 밖에도 취업시장에는 다양한 이유로 변동 상황이 발생합니다. 사회가 불안해지면 안정적인 직장을 갖기 위해 공무원 시험을 치르는 이가 많아진다거나, 회사에 다니면서 추가 일자리를 찾는 'N잡러'가 대세가 된다거나 하는 경우 말입니다. 모두 구직자가 '취업시장에서 특정 노동이 어떤 가격으로 거래되고 있는가'를 고려해 공급이 느는 과정입니다. 즉, 시장 가격이 참여자들에게 경제활동의 유인을 제공한 거지요.

무슨 물건이 '핫'하다는 소문이 퍼지면 갑자기 찾는 사람이 몰리는 거랑 비슷하군요. 취업시장이 왜 '시장'으로 분류되는지 이해가 되네요.

노동의 수요와 공급이 만나 '급여'라는 시장 가격을 결정하고, 그렇게 결정된 시장 가격이 다시 미래의 수요와 공급에 영향을 끼치는 과정이에요. 이처럼 수요와 공급에 따른 가격의 결정과 변화를 설명하는 이론이 그 유명한 **수요 공급의 법칙**입니다. 자연스러운 시장 원리인 수요 공급의 법칙에 따라 운영되는 경제체제가 우리에게 익숙한 **시장경제**고요.
수요 공급의 법칙이라는 이름보다 더 익숙한 건 **수요곡선**, **공급곡선**이죠. 말 그대로 가격에 따라 수요량과 공급량이 어떻게 변하는지 보여주는 곡선이에요. 대부분 상품이 만드는 수요곡선과 공급곡선은 다음과 같습니다.

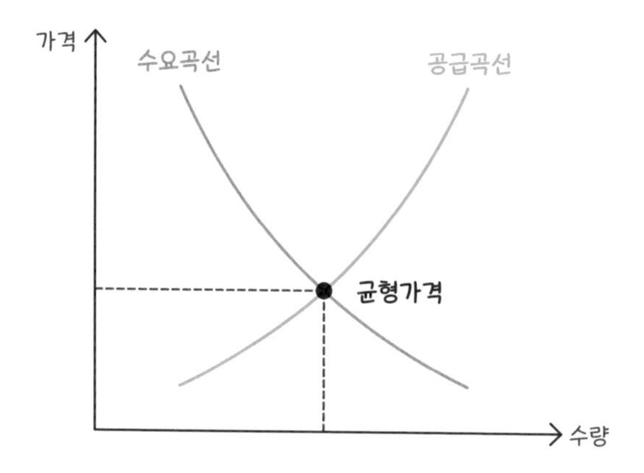

예전에 분명히 배운 것 같은데 그래프를 보니까 또 힘들어지려고 해요.

하하, 두 곡선이 겹쳐 있어서 바로 해석이 안 될 수 있어요. 수요곡선부터 하나씩 살펴보도록 하죠.

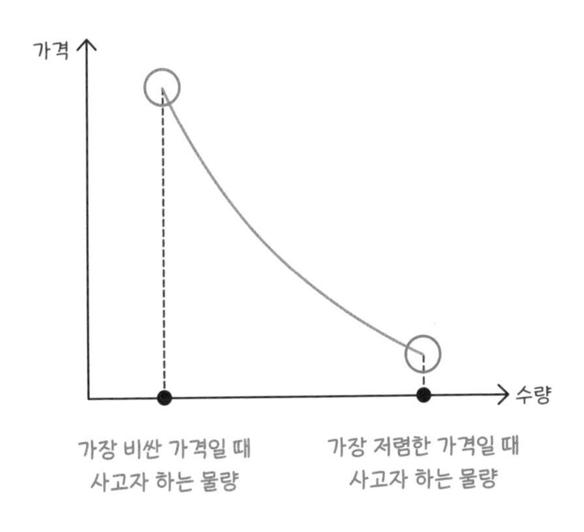

위 그래프에서 세로축은 가격을 나타내고, 가로축은 수요량, 즉 필요로 하는 물량이 얼마인지를 나타냅니다. 가격과 수요량 외의 다른 조건은 일정하다고 가정할 때, 보다시피 가격이 비쌀수록 수요량이 적어지죠. 곡선이 시작되는 빨간색 원 부분, 즉 상품 가격이 아주 비쌀 때는 수요량이 무척 적습니다. 아주 부유한 사람, 또는 그 물건을 반드시 사겠다는 사람만 구매를 하려고 할 테니까요.

그러다가 상품의 값이 저렴해질수록 물건을 사겠다는 사람이 하나둘 늘어나겠지요? 그래서 결과적으로 그래프가 파란색 원이 있는 오른쪽 아래를 향하는 모습이 됩니다.

가격에 따라서 수요량이 바뀌는군요?

맞습니다. 자, 이번에는 공급곡선도 살펴볼게요.

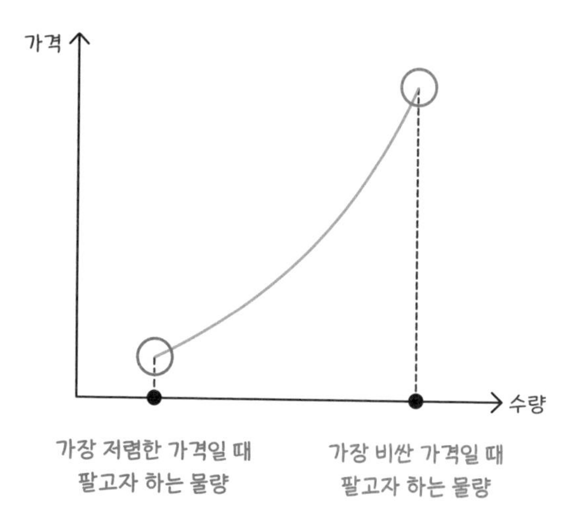

세로축은 역시나 가격, 가로축은 공급량을 보여줘요. 공급곡선은 수요곡선과 달리 오른쪽 위를 향합니다. 낮은 가격에서는 상품을 판매하고자 하는 공급자가 적지만, 가격이 올라갈수록 공급량이 늘어나기 때문이에요.

이제 가격 결정이 어떻게 이루어지는지 수요곡선과 공급곡선을 한 좌표평면 위에 겹쳐 그려볼게요. 아래 보이는 것처럼 수요곡선과 공급곡선이 **균형가격**에서 만나는 모양입니다.

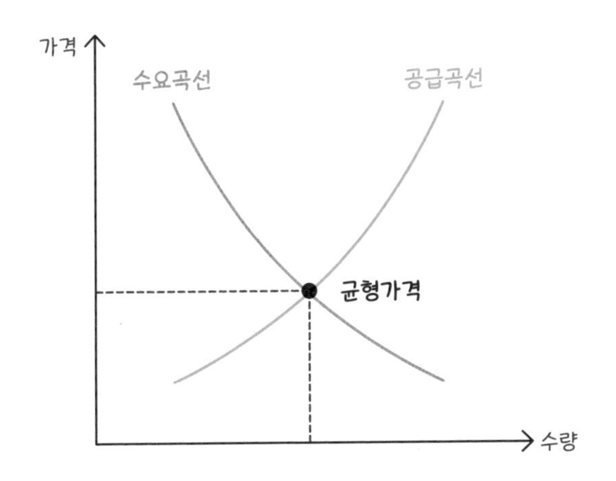

아, 그래서 이런 모양의 그래프가 나온 거군요. 예전에 배웠던 내용이 이제 좀 생각나요.

수요곡선은 가격 변화에 따라 수요자가 상품을 얼마만큼 사고자 하는지 보여주고요. 반대로 공급곡선은 가격 변화에 따라 공급자가 상품을 얼마만큼 팔고자 하는지 보여줍니다.
말하자면 수요곡선과 공급곡선은 각각 수요자와 공급자의 경제적 욕망을 그려낸 곡선인 셈입니다. 두 곡선이 만나는 균형점, 즉 두 입장의 욕구가 맞아떨어지는 지점에서 거래가 성사될 수 있죠.

질문이 있는데요. 수요곡선과 공급곡선이 사람들의 욕망을 그려낸 거라면 사람들의 입장이 바뀌면 그래프 모양도 변할 수 있지 않나요?

그렇습니다. 수요자와 공급자가 처한 상황이 변한다면 곡선도 변할 수밖에 없겠지요. 이를테면 농업 기술이 획기적으로 발달해서 쌀 생산량이 급증했다고 가정해봅시다. 같은 양의 쌀을 과거보다 저렴한 가격에 생산할 수 있게 됐어요. 쌀의 시장 가격이 전반적으로 낮아지면서 공급곡선도 아래 그래프처럼 이동하게 됩니다.

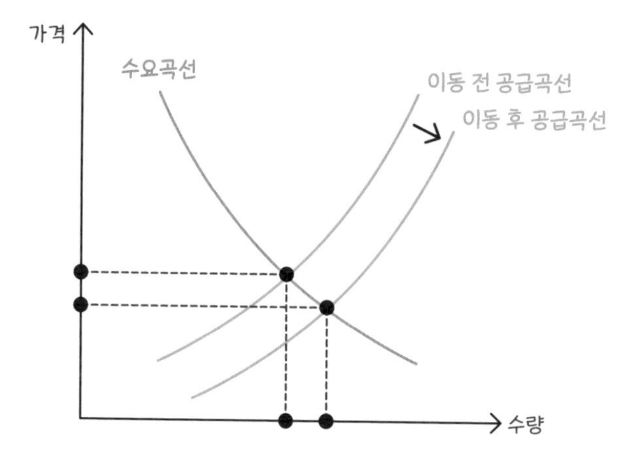

두 곡선이 만나는 점이 바뀌네요. 좀 더 낮은 가격대로, 그리고 수량은 더 많아졌어요.

그렇습니다. 덕분에 소비자는 예전보다 저렴한 가격으로 쌀을 구입할 수 있게 되겠죠.

고전 속에 숨겨진 경제 원리

물론 이런 그래프로는 충분히 설명할 수 없는 사례도 존재합니다. 소수의 생산자가 공급량 대부분을 차지하는 **독과점**의 경우가 그렇죠. 우리에게도 익숙한 조선 후기 소설 『허생전』에는 독과점 상황에서 수요와 공급이 생생히 묘사돼 있습니다.

> 허생은 만 냥을 입수하자, 다시 자기 집에 들르지도 않고 바로 안성으로 내려갔다. 안성은 경기도, 충청도 사람들이 마주치는 곳이요, 삼남(충청, 경상, 전라)의 길목이기 때문이다. 거기서 대추, 밤, 감, 배며 석류, 귤, 유자 등속의 과일을 모조리 두 배의 값으로 사들였다.
> 허생이 과일을 몽땅 쓸었기 때문에 온 나라가 잔치나 제사를 못 지낼 형편에 이르렀다. 얼마 안 가서, 허생에게 두 배의 값으로 과일을 팔았던 상인들이 도리어 열 배의 값을 주고 사 가게 되었다. 허생은 길게 한숨을 내쉬었다.

"만 냥으로 온갖 과일의 값을 좌우했으니, 우리나라의 형편을 알 만하구나."

— 박지원, 『허생전』 중에서

조선 시대에 과일은 양반들이 제사상에 올리는 특별한 상품이었습니다. 일반적인 상품이라면 가격이 비쌀수록 수요량이 줄고, 저렴할수록 수요량이 많아져야 하죠. 그런데 허례허식을 중요시하는 양반 사회에서 과일은 꼭 소비해야만 하는 '필수재'처럼 여겨졌습니다. 양반이라면 꼭 사야만 하는 과일의 수요곡선을 그려보면 다음과 같을 거예요.

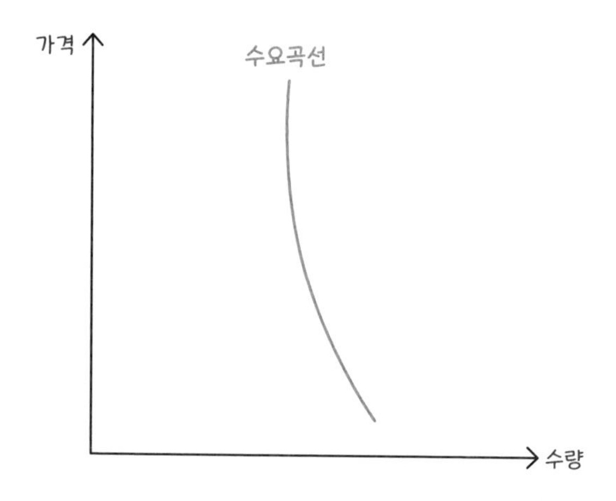

아니, 그래프가 거의 수직이 됐네요?

『허생전』 속 양반들은 제사상에 과일을 올려야만 제대로 된 양반 노릇을 할 수 있다고 생각했습니다. 가격이 얼마가 되더라도 과일을 사겠다는 사람이 충분히 많았던 만큼, 가격과 상관없이 수요량이 거의 일정했던 거죠. 당시 양반 사회의 문화 특성이 만들어놓은 독특한 수요곡선인 셈입니다.
이번에는 허생이 택한 전략에 따른 공급곡선을 한번 그려볼까요?

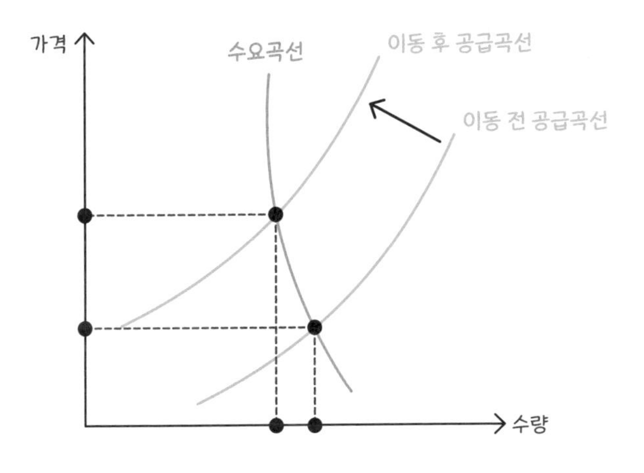

와, 확실히 가격이 엄청 높아지네요.

그렇습니다. 공급을 줄여 공급곡선이 위로 이동했더니 공급곡선과 수요곡선이 전보다 훨씬 비싼 가격에서 만나게 됐습니다. 가격을 올려도 양반들이 과일을 포기하지 않을 것이기 때문에 택할 수 있는 판매전략이지요.

『허생전』은 본래 양반 사회의 허례허식을 비판할 목적으로 쓰인 글이니 당시 독자들은 이 대목에서 통쾌함을 느꼈을 겁니다. 하지만 실제 현실에서 독과점은 사회 구성원들의 삶에 굉장히 부정적인 영향을 끼칩니다. 우리가 날마다 소비하는 쌀이나 라면 등 식료품, 인터넷에 접속할 수 있는 통신 서비스, 혹은 자동차에 들어가는 휘발유 등을 특정 기업이 독점하고 가격을 마음대로 결정한다고 생각해보세요. 돈이 부족해서 필수재를 구하지 못하게 된 많은 사람의 삶은 상상하지 못할 정도로 처참해질 겁니다.

더 심각한 문제는, 이런 독과점 행위조차도 시장경제라는 이름으로 정당화될 수 있다는 거예요. 시장경제는 판매자와 소비자의 자율성을 전제하고 있잖아요. 허생은 자신이 원하는 가격에 재화를 공급했고, 이유야 어찌 됐든 양반들도 그 가격에 동의해 자발적으로 재화를 구입했다고 볼 수 있습니다. 그렇게 되면 독과점 거래 역시 시장경제 원리에 부합한다는 주장이 말이 되는 거지요.

제 눈엔 불합리해 보이기만 한데….

이런 점이 시장경제의 한계라고 볼 수 있겠죠. 일반적으로 시장경제는 자원을 필요한 만큼 생산하고 적정한 가격으로 배분하는 데 유리해요. 하지만 방금 살펴봤듯이 그 방식이 사회 구성원들의 삶에 항상 바람직한 건 아니죠.

그렇기 때문에 오늘날 완전히 자유방임적인 시장경제로 운영되는 국가는 없다고 봐도 무방합니다. 나라마다 정도의 차이는 있지만, 대부분의 국가가 시장경제를 표방하되 동시에 정부의 시장 개입을 용인하는 **혼합경제**를 운영하고 있죠.

물론 이 체제가 영원할 거라는 보장은 없어요. 아마도 미래에는 더 많은 사람이 만족할 만한 방향으로 보완되고 진화해 나갈 겁니다. 하지만 인간이 욕망을 달성하는 수단으로 교환을 택하고, 수요와 공급이 만나는 시장을 만든 게 경제의 시작점이자 핵심이라는 것만은 분명합니다.

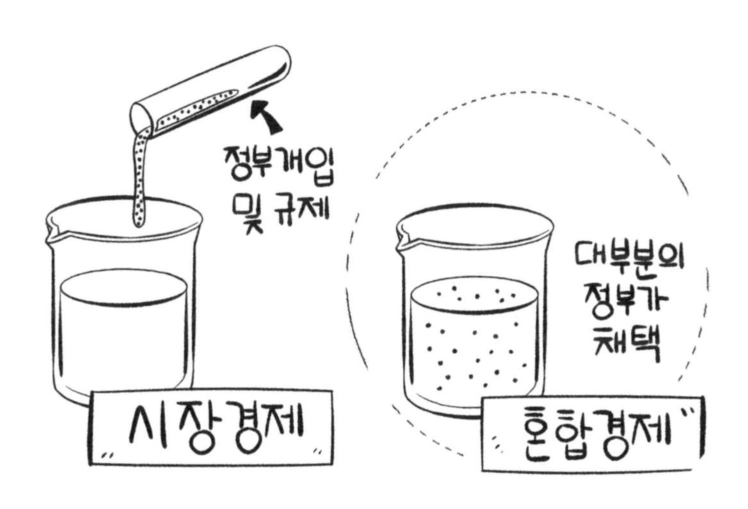

경제학으로 구제역 사태를 읽다

이론 설명은 이쯤 해두고 이제 뉴스 기사를 통해 좀 더 심화된 생활 속 경제를 살펴봅시다. 다음 신문기사를 한번 봐주세요.

'구제역 사태' 한 달째…전국 확산 태세

(…) 지난달 말 경북 안동에서 시작된 구제역 사태가 한 달째를 맞은 가운데 27일 인천 서구와 경북 청송, 경기 양평 지역에서도 구제역이 발생한 것으로 확인됐다. (…) 이번 구제역으로 이날까지 2,059호 농가의 44만 3,442마리가 살처분·매몰되는 등 피해도 눈덩이처럼 불어나고 있다.

—《연합뉴스》 2010.12.27

2010년 말에 발생했던 구제역 사태를 다룬 기사입니다. 구제역은 소, 돼지처럼 발굽이 갈라진 동물들에게만 퍼지는 병인데요. 이 시기에 구제역이 엄청나게 퍼지는 바람에 수십만 마리의 돼지가 살처분을 당했습니다. 이 사태가 우리 일상에 어떤 경제적인 영향을 끼칠지 한번 상상해볼까요?

돼지를 수십만 마리씩 살처분했으니… 돼지를 키우는 농가들이 정말 힘들어지겠는데요.

맞는 말입니다. 좀 더 나아가 앞에서 배운 경제학 이론을 배경 삼아 생각해볼게요. 돼지는 보통 식용 목적으로 길러지는 동물입니다. 돼지를 키우는 축산 농가는 돼지고기를 사 먹는 사람들에게 팔기 위해 돼지를 사육하죠. 돼지고기를 사려는 소비자들의 수요와 팔려는 축산 농가의 공급이 있는 겁니다.
참고로 한국은 1인당 연평균 약 40킬로그램의 돼지고기를 소비할 정도로 돼지고기가 인기인 나라인데요. 정부가 초기 방역에 실패해서 전국적으로 구제역이 발생하고 있다는 뉴스가 나왔을 때, 구제역 발생 전과 비교해서 돼지고기라는 상품의 수요와 공급에 어떤 변화가 생겼을까요?

돼지가 많이 살처분됐으니까 돼지고기 공급이 줄어들지 않을까요? 알려주신 대로 공급이 줄어든 만큼 가격이 올라갈 것 같고요.

일반적으로는 맞는 말이에요. 그런데 단기적으로는 정반대 상황이 벌어지기도 합니다. 돼지고기의 공급이 늘어나고 소비는 위축되면서 오히려 가격이 떨어지는 현상이 나타나는 거죠.

잘 이해가 안 가는데요. 그렇게 많이 살처분했는데 어떻게 돼지고기 공급이 늘어요?

일단 소비자들의 심리를 생각해볼 필요가 있어요. 구제역은 사람에게는 옮지 않는 병으로 알려져 있지만, 질병에 걸린 돼지고기를 먹으면서 찜찜함을 느끼지 않는 사람은 없을 겁니다. 유통 과정이 비교적 투명하게 공개되었다고는 해도 찜찜함이 완전히 해소되기는 어렵죠. 이런 소비자들의 심리 때문에 사회 전체의 돼지고기 수요가 일시적으로나마 그래프처럼 위축됩니다.

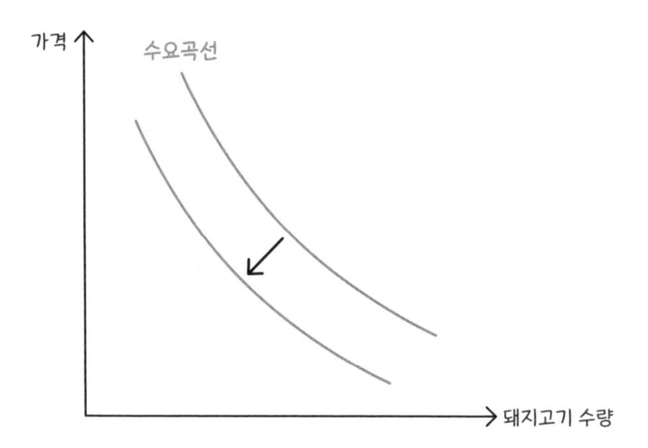

한편 공급자인 축산 농가의 입장은 어떨까요? 소비자들이 돼지고기 소비를 꺼리는 탓에 안 그래도 가격이 떨어지고 있는데 돼지들이 구제역에 걸리기라도 하면 아예 살처분해야 합니다. 정부가 제공하는 보상은 시세의 약 80%밖에 되지 않는 데다가 전염병으로 오염된 축사를 회복하는 데 상당한 시간과 비용이 들어가죠. 돼지고기 가격이 더 떨어지거나 구제역이 더 번지기 전에 하루라도 빨리 돼지를 시장에 내다 파는 게 농가 주인들에게는 더 나은 선택지가 된 거예요. 즉 감염병의 빠른 확산세가 오히려 돼지고기의 시장 공급을 일시적으로 증가시킨 거죠.

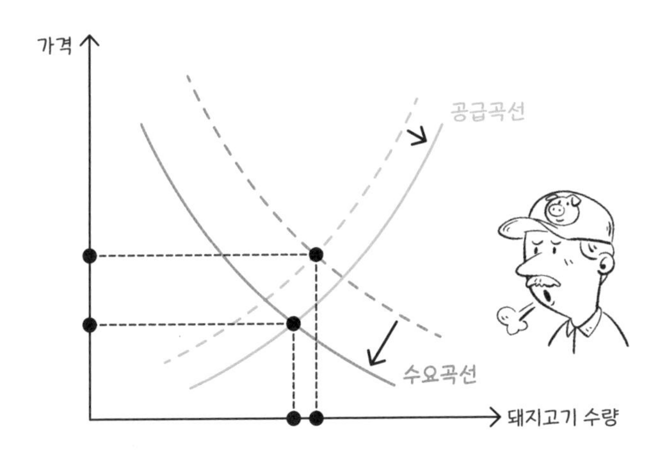

양쪽 다 그럴만한 이유가 있었군요. 돼지고기 공급이 줄었으니까 무조건 가격이 오르겠구나, 하는 것도 좀 단순한 생각이었네요.

물론 상황이 장기화되면 돼지고기 수요는 다시 정상화될 겁니다. 구제역이라는 질병이 찜찜하긴 해도 돼지고기를 먹는다고 전염되는 질병은 아니니까요. 반면에 살처분으로 인한 돼지고기의 공급 감소는 바뀌지 않는 현실이잖아요. 수요가 예전만큼 회복되었는데 공급이 급감했다, 그러면 자연스럽게 가격이 올라가겠지요. 실제로 2010년 말에 구제역이 전국적으로 확산되고 약 두 달이 지난 뒤, 돼지고기 가격은 이전 가격의 60% 이상 올랐다고 합니다.

단순히 수요와 공급의 변화뿐 아니라 돼지고기를 공급하고 소비하는 사람들의 복잡한 심리까지 가격 변동에 반영되는군요.

네, 경제의 세계를 단순히 숫자와 그래프만으로 해석할 수 없다는 게 바로 이런 면 때문이에요. 여기서 조금만 더 생각을 확장해봅시다. 구제역으로 돼지고기 공급이 줄어들면서 가격이 급등했잖아

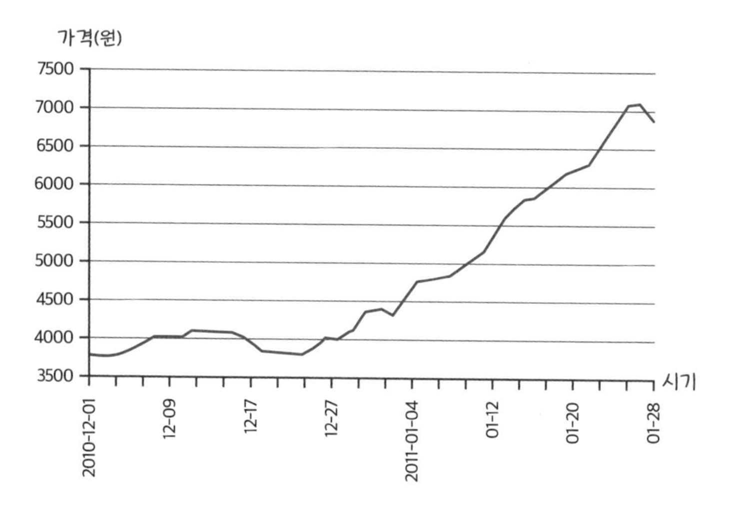

요. 가격이 막 떨어지던 초기에 버티지 못하고 망해버린 축산 농가는 피해가 막심했겠지만, 그 시기를 잘 버티고 살아남은 농가도 있을 겁니다. 시장에서 경쟁하던 공급자가 줄어든 상황에서 이들의 입장은 어떻게 변할까요?

경쟁자가 줄어들었으니 돼지고기를 더 비싼 값에 팔 수 있었으려나요.

그렇습니다. 돼지 한 마리를 키우는 데 들어가는 비용이 그대로라면 시장 전체의 돼지고기 공급이 줄어든 만큼 비싼 값으로 돼지고기를 팔 수 있겠죠. 실제로 2010년 구제역 사태에서 살아남은 양돈 기업 중 일부는 훌쩍 뛰어버린 돼지고기 가격 덕분에 큰돈을 벌었습니다. 물론 관련된 주식 가격도 덩달아 상승했고요.

돼지고기 가격 상승, 관련주 '함박웃음'

(…) 돼지고기 가격의 꾸준한 강세에 관련주들에 대한 관심도 높아지고 있다. ○○○는 최근 9거래일 중 2거래일을 제외하면 꾸준히 상승했다. 3월 초 2,000원대였던 주가는 세 달 만에 3,580원까지 상승했다. (…) 모 연구원은 "○○○의 13개 보유농장 중 3개

농장이 살처분 대상이 됐지만 나머지 10개 농장이 돼지고기 가격 상승의 수혜를 누리게 됐다"며 "올해 1분기에만 작년 연간을 상회하는 호실적을 기록했다"고 설명했다.

—《머니투데이》 2011.5.29

정말 단순하지 않네요. 구제역이나 조류독감 같은 뉴스를 보면 그저 축산 농가들이 참 힘들겠다는 생각만 했는데, 경제적인 관점으로 보니까 새로운 상황들이 보여요.

같은 사건도 경제의 눈으로 바라보면 전혀 다르게 보이죠? 물론 2010년의 경우를 일반화시킬 순 없어요. 구제역이 초기에 잘 수습될 수도 있고, 정부가 비축했던 돼지고기를 풀거나 돼지고기 수입을 장려해서 물가를 잘 조절할 수도 있으니까요. 한 사건이 우리의 일상에 어떤 경제적인 영향을 미치고 또 중장기적으로 어떤 결과로까지 이어지는지 살펴볼 수 있는 하나의 사례로 받아들이시면 됩니다.

우리 일상에 가장 큰 관심이 있는 경제학

영국의 유명한 경제학자 앨프리드 마셜은 다음과 같은 말을 남겼습니다. "경제학은 인간의 일상생활을 연구하는 학문이다". 제 강의가 향하는 방향도 같아요. 한 사람의 평범한 일상에도, 그와 촘촘하게 연결된 사회 전체에도 경제가 깃들어 있어요. 우리가 경제학의 시선에서 사회를 바라보려는 이유는 서로 복잡하게 연결된 세계를 분석하고 연구함으로써 인간과 세계를 보다 객관적으로 이해하기 위해서라고 말씀드리고 싶어요.
일단 여기까지 경제학에서 다루는 기본 개념들과 그 개념들을 우리 생활에 어떻게 응용할 수 있는지 간단하게나마 살펴봤는데요. 어떤가요? 경제와 어느 정도 가까워진 것 같나요?

솔직히 말씀드리면, 아직 잘 모르겠어요. 경제가 제 삶과 동떨어진 게 아니라는 건 느꼈지만, 그렇다고 가깝다고 말하기는 아직 어려운 것 같아요.

그렇군요. 왜 멀다고 느꼈나요? 최대한 자세히 알려주세요.

아직 가장 답답하던 부분이 해소되지 않아서인 것 같아요. 요새 너도나도 주식 투자하잖아요. 저는 제대로 해보지도 못했어요. 여전히 주식이니, 금리니, 환율이니 하는 용어만 들으면 남의 나라 얘기처럼 느껴지거든요. 잘 알지도 못하는데 남들 따라서 덥석 해도 되나 싶고, 그러면서도 한편으로는 나만 시대에 뒤처지는 거 아닌가 하는 생각도 들고요.

앞에서 했던 이야기들은 경제, 그리고 경제학이 우리 삶과 연결돼 있다는 사실을 알려주려는 목적이 가장 컸습니다. 그런데 여러분이 경제 뉴스를 들으면서, 혹은 정부의 경제 정책 발표를 보면서 답답함을 느꼈던 부분은 따로 있을 거예요. 누구도 내게 친절하게 가르쳐준 적은 없지만, 모르고 살면 안 될 것 같은 그런 경제의 세계 말입니다. 어떻게 하면 이 부분을 쉽고 재밌게 설명할 수 있을까 고민하다가, 우리와 가까운 시절을 배경으로 하는 이야기를 들려드리면 좀 더 쉽지 않을까 싶었어요. 그래서 다음 강의에서는 한국 경제의 마지막 호황기라고 불리는, 그리고 누군가에게는 여전히 치유되지 않는 상처로 남아 있는 그런 서글픈 시대의 이야기를 여러분에게 들려드리려 합니다.

필기노트 현대 시장경제의 기초 알기

경제를 이끌어 가는 가계, 기업, 정부는 시장에서 소비와 지출을 통해 서로 영향을 주고받는다. 시장은 수요와 공급에 따라 가격을 결정하고 자원을 배분한다. 이런 경제학 개념과 이론을 알고 나면 일상 속에서 보이지 않던 원리가 보이기 시작한다.

경제주체

가계, 기업, 정부는 현대 경제에 영향을 미치는 세 주체.

과거에는 가계와 기업만 주로 활동. → 오늘날에는 정부가 적극적으로 경제활동에 개입.

시장

시장 자유로운 교환이 이루어지는 장소. 수요와 공급이 만나는 균형점에서 가격이 결정.

수요와 공급 가격이 낮아지면 수요는 증가, 공급은 감소. 수요 공급 곡선은 거래 참여자의 욕망이 반영된 결과로 변화 가능.
① 농업 기술이 발달해 공급량이 늘어나면 공급곡선이 우하향.
→ 쌀값 하락.
② 허생의 과일 독과점으로 공급량이 감소하면 공급곡선이 좌상향.
→ 과일 가격이 급격히 상승. 당시 과일은 필수재라 가격이 변화해도 수요량이 일정했기 때문.

시장경제의 한계 독과점으로 인한 가격 변동도 정당화. 대부분의 국가는 시장의 한계를 보완하기 위해 혼합경제 채택.

구제역 사태

구제역 확산으로 수많은 돼지 살처분 → 공급 감소.
그러나 단기적으로 가격이 감소함. 왜?
① 소비자의 심리 변화. 돼지고기 수요가 줄어듦.
② 축산 농가들의 판단. 살처분보다 판매가 이득이므로 공급이 오히려 증가.
→ 중장기적으로는 가격 상승. 후에 관련 주가도 높아짐.

경제학은 어디에나 깃들어 있음.
앨프리드 마셜, "경제학은 인간의 일상생활을 연구하는 학문이다."

"한손잡이one-handed 경제학자는 없나요?"

미국 대통령이었던 해리 트루먼은 참모들에게 농담 삼아 이렇게 말했다고 합니다. "한손잡이 경제학자를 데려와 주세요. 경제학자들은 모두 '한편으로는(one the one hand)'이라고 말하고서는 곧바로 '다른 한편으로는(on the other hand)'이라고 하잖아요."

트루먼을 답답하게 만든 건 경제학자들의 사고방식이었습니다. "쓰레기를 치워야 하는가?"라고 대통령이 질문하면 "네" 혹은 "아니오"로 간단히 대답하는 대신에 이렇게 말하는 거죠.
"한편으로는 쓰레기를 치우면 시민들의 효용이 증가하지만 다른 한편으로는 청소에 드는 비용 증가를 고려해야 합니다…. 결론적으로 쓰레기를 청소하되 한계효용과 한계비용이 일치하는 수준까지만 해야 합니다."

해리 트루먼과 그의 참모들, 1948년.

어떤가요? 대통령이 듣기에는 답답했겠지만, 경제학적 사고를 알게 된 이제는 양손잡이 경제학자들의 주장이 더 타당하게 들리지 않습니까?

QR코드를 인식시키면 퀴즈를 풀 수 있어요.
여기까지 배운 내용을 점검해보세요!

자본주의 경제, 개인의 선택을 좌우하다

1990년대 어느 사업가의 이야기

그림에서 읽는 채권의 유래

아래 포스터는 1차 세계대전이 한창이던 1917년에 미국의《뉴욕 이브닝포스트》에 실린 광고입니다. 포스터 속 인물은 미국을 의인화한 엉클 샘인데요, 한 손에는 '전시 채권(Liberty Bond)'을 쥐고 있고 다른 손에는 '프러시아(Prussia)'라고 새겨진 족쇄를 들고 있습니다. 이 포스터가 전하는 메시지는 무엇일까요?

미국 신문에 실린 전시 채권 광고, 1917년.

포스터 아래쪽에 '본드? 어떤 것?(Bonds-Which?)'이라고 적혀 있죠? 이게 힌트입니다. 본드에는 두 의미가 있어요. 하나는 '구속'이고 다른 하나는 '채권'입니다.

포스터에서 엉클 샘은 어느 쪽을 선택할 건지 묻고 있어요. 미국 정부가 전쟁 비용을 마련하기 위해 발행한 채권을 구입해 달라고 청하면서, 그렇지 않으면 미국이 프러시아(오늘날의 독일)에 예속될 거라고 말하는 거죠.

채권을 뜻하는 영어단어 'bond'는 '묶는다'는 뜻의 'bind'에서 파생되었다고 합니다. '빚'의 기본 속성이 무엇인지, 과거 사람들이 빚지는 상황을 어떻게 생각했는지 짐작할 수 있겠죠?
이번 강의에서는 채권을 비롯해 주식, 이자, 물가 등 경제의 기본 주제들에 대해 함께 이야기해보기로 해요.

10월은 주식 투자에 특히 위험한 달 중 하나다.
다른 위험한 달로는 7월, 1월, 9월, 4월, 11월, 5월,
3월, 6월, 12월, 8월 그리고 2월이 있다.

| 마크 트웨인 |

01 자본주의의 꽃, 주식에 대하여

#주식 #주식시장 #주주 #배당 #시가총액

우리는 모두 끊임없이 경제활동을 하고, 하루에도 수십 번씩 경제적 사고를 통해 선택을 내립니다. 그럼에도 많은 사람이 경제를 불편해하고 어려워하는 이유는 경제 용어 자체가 난해하고 현실과 괴리가 있기 때문이에요. 일상에서 자주 듣는 용어인데도 그 의미가 바로 와닿지 않는 경우가 많죠. 주식도 그런 예 중 하나입니다. 우리나라에서 개설된 주식 계좌는 2020년에 이미 3,000만 개가 넘었지만 주식이 뭐냐고 물었을 때, 선뜻 대답할 수 있는 사람은 그리 많지 않을 겁니다.

듣고 보니 그러네요. 주식 이야기는 많이 들어봤지만, 그 단어가

정확히 무슨 뜻인지는 모르겠어요.

주식은 한자어로 그루 주株 자와 법 식式 자를 씁니다. 무슨 조합인지 바로 이해가 되질 않죠? 그게 당연합니다. 이 표현은 주식을 뜻하는 영어 단어 '스톡stock'을 일본어로

번역하는 과정에서 만들어졌거든요. 'stock'에는 여러 의미가 있는데, 그중에는 그루터기와 저장품이라는 뜻도 있습니다. 그루터기가 뭔지 다들 아시죠? 나무나 곡식을 베고 남은 밑동을 가리키는 말입니다. 그루터기에서 자라난 가지를 베어다가 겨울을 보낼 땔감으로 저장했기 때문에 저장품이라는 의미까지 생겼고요. 거기서 확장해 주식이라는 의미를 갖게 되었다고 합니다.
19세기 후반, 서구 문물을 열성적으로 흡수하던 일본 학자들이 그루터기라는 뜻을 반영해 그루 주 자가 들어간 주식株式이라는 단어를 만들어냈습니다. 복잡한 여정을 거쳐 만들어진 단어인 만큼 의미가 바로 와닿지 않는 게 당연하지요.

그런데 교수님, 그래서 도대체 주식이 뭔가요?

사전적으로는 '기업 투자에 따른 권리이자 지분'이라고 합니다만,

무슨 뜻인지 모호하죠. 이 말뜻을 이해하려면 먼저 주식회사라는 개념을 설명해야 할 것 같은데요. 그냥 설명하면 딱딱하니 가상으로 만든 1994년 김중산 씨의 이야기를 들려드리겠습니다. 철저히 허구의 이야기로, 실제 지명이나 인명과는 아무런 관계가 없다는 걸 미리 알려드릴게요.

호황 속에서 출발한 어느 주식회사

이야기의 배경인 1990년대 초반은 한국 경제의 마지막 호황기라고도 불리는 시기입니다. 호황이란 문자 그대로 상황이 좋다, 즉 경기가 좋다는 뜻이에요. 가계와 기업에 돈이 활발하게 돌고 사회 곳곳에서 다양한 투자가 이루어지면서 구인난이 당연할 만큼 일자리가 넘쳐나는 상태, 동시에 사람들의 소득수준과 소비 욕구가 높아지면서 물건이 없어서 못 파는 상황을 종합해 '경기가 좋다'고 표현하죠.

일자리가 넘쳐난다니… 요즘 같아선 좀처럼 믿기지 않는 말씀이네요.

당시 서울 강남 지역에 아파트를 가지고 있던 김중산 씨 역시 큰 부자는 아니어도 여유로운 삶을 누리고 있었습니다. 지금 강남에

1980년대 한국의 거리 풍경. 1980년대 후반부터 1990년대 중반까지 한국은 연평균 8~10%의 높은 성장률을 기록하는 호황기였다.

아파트를 가지고 있다고 하면 부자라고 보지만, 중산 씨는 그렇진 않았어요. 당시만 해도 강남에는 신흥 중산층도 밀집해서 살고 있었으니까요. 수십 년간 보험회사를 성실하게 다니며 아파트 대출금을 다 갚은 중산 씨는 인생의 마지막 도전에 나서기로 합니다. 바로 자신의 사업을 하는 거였죠.

직장인이던 시절, 바쁜 일상 때문에 밥보다 빵을 즐겨 먹던 중산 씨는 자신뿐 아니라 한국인의 식문화 자체가 점점 서구식으로 변해갈 거라고 늘 생각해왔어요. 그렇게 보다 맛있는 빵을 만들어 팔면 인기를 끌 거라는 확신을 갖고 차린 기업이 바로 '중산 베이커리'입니다.

중산 베이커리요? 어쩐지 이름부터 끌리지 않네요.

하하, 만들어낸 이야기니까 너그럽게 이해 부탁드립니다. 어쨌든 사업을 꾸리려면 돈 들어갈 곳이 많았겠죠. 일할 사람도 뽑아야 하고, 제빵 설비도 구입해야 하고, 매장도 갖춰야 하니까요. 이 돈은 다 어디서 나올까요?

그야… 창업자인 중산 씨가 냈겠지요?

맞습니다. 중산 씨는 자신의 아파트를 담보로 은행에서 2억 원을 대출받아 사업에 투자했어요. 이때 2억은 '김중산'이라는 개인에게서 '중산 베이커리'라는 기업의 소유로 넘어가게 됩니다. 이 돈을 밑천 삼아 직원도 채용하고 사무실 월세도 내며 한동안 기업을 운영할 거예요. 그렇다면 중산 씨가 기업에 돈을 투자한 대가로 갖는 건 무엇일까요?

글쎄요. 빵을 팔아 나오는 이익을 가져가지 않을까요?

맞습니다. '투자'란 결국 미래의 이익을 획득하기 위해 현재 가진 자원을 투입하는 행위를 의미하니까요. 하지만 돈의 소유권이 회사로 넘어간 만큼, 이익을 돌려받을 권리가 있음을 증명할 수단이 필요합니다. 투자금을 보전해야 하니 회사가 잘 운영되는지 관리·감독할 권한도 있어야 하고요. 이렇게 자신이 투자한 회사의 운영 방향을 결정하거나 사업으로 발생한 이익을 분배받을 수 있는 권리이자 그 증서를 주식이라고 합니다.

그러면 제가 삼성전자 주식을 한 주만 사도 삼성전자에 대한 권리를 휘두를 수 있게 되나요? 삼성전자의 운영 방향도 결정할 수 있고요?

맞습니다. 다만 삼성전자 주식은 2022년 기준으로 총 60억 주 정도가 발행돼 있으니까 삼성전자 주식 한 주를 사면 지분도 60억분의 1 정도만 갖게 되는 거예요. 그 정도로는 회사의 의사결정에 유의미한 정도로 영향력을 끼치기 어렵겠지요.

역시 그렇군요. 그래도 이제 주식이라는 게 뭔지 조금 알 것 같아요.

좋습니다. 중산 씨는 중산 베이커리에 2억 원을 투자하고 대가로 주식 2억 원어치를 받았습니다. 이해가 편하도록 아래와 같은 중산 베이커리에서 발행한 액면가 1만 원짜리 주식 2만 주를 받았다고 칩시다. 참고로 여기서 **액면가**란 주식 같은 증권이 발행될 때, 발행하는 그 시점에 표시된 발행가격을 의미해요.

이게 중산 베이커리의 주식이군요. 중산 씨가 액면가 1만 원짜리 주식을 2만 주 가지고 있는 거면… 딱 투자한 금액 2억 원어치가 되네요.

네, 중산 베이커리처럼 주식 발행을 통해 자금을 마련하는 기업을 **주식회사**라고 합니다. 주식회사는 투자자에게 투자를 받은 대가로 주식을 발행해요. 현재 주식시장에서 거래되는 주식은 모두 이런 과정을 거쳐 발행됐죠. 이렇게 발행된 주식을 소유한 사람이 주식의 주인, 즉 **주주**입니다.

그럼 중산 씨가 중산 베이커리의 주주가 된 거군요. 그런데 시대가 달라서 가늠이 잘 안 되지만, 2억 원이면 사업을 하기에 그리 넉넉한 금액은 아닌 거 같은데요?

맞습니다. 사무실도 마련하고 직원도 고용하다 보니 돈이 금방 바닥나고 말았죠. 셈이 약한 중산 씨가 주먹구구로 대충 계산해 마련한 자본금이니 어쩌면 당연한 일이었습니다. 사업이 이어지려면 추가로 큰돈이 필요한 상황이었어요. 고민 끝에 중산 씨는 제삼자에게 기업의 지분을 주고 투자를 받기로 합니다.

기업의 지분을 주고 투자를 받는다…? 그럼 주식이 더 필요하겠네요.

주식회사의 개념을 확실히 이해하신 모양이네요. 맞습니다. 중산 씨는 자신과 같은 아파트에 살던 재력가 '박돈만' 씨를 찾아가는데요. 돈만 씨에게 자신의 창업 아이템을 열심히 설명하면서 2억 원의 투자를 요청했죠. 그렇잖아도 돈은 많은데 마땅한 투자처를 찾지 못해 고심하던 돈만 씨는 중산 씨의 비전과 열정에 매력을 느껴 투자를 결심합니다. 그럼 여기서 질문해볼게요. 돈만 씨가 중산 씨와 같은 조건으로 회사에 2억 원을 투자한다면 돈만 씨는 주식 몇 주를 가지게 될까요?

똑같이 2억 원을 투자했고 1만 원짜리 주식이니 2만 주 아닌가요?

그렇죠. 중산 베이커리는 중산 씨에게 발행했던 것처럼 액면가 1만 원짜리 주식 2만 주를 돈만 씨에게 발행해줬습니다. 돈만 씨의 투자금 2억 원은 중산 베이커리의 운영 자금이 되었고요. 이제 중산 씨와 돈만 씨가 가진 주식 수는 각각 2만 주로 서로 같아졌어요. 지분율을 따지면 50 대 50으로, 두 사람이 중산 베이커리 지분을 절반씩 보유한 공동 주주가 되었습니다.

고생하며 회사를 차린 사람은 중산 씨인데 뒤늦게 투자한 돈만 씨가 중산 씨랑 똑같은 권리를 갖나요? 불합리한데요.

그렇게 느낄 수도 있습니다. 만일 사업이 오랜 기간 이어져 왔거나 중산 베이커리가 충분한 이익을 내고 있었다면 더 비싼 값에 주식을 발행했겠죠. 2억 원을 투자받고 주식은 1만 주만 발행해준달지, 4억 원을 투자받고 2만 주를 발행해준달지 그건 협의하기 나름일 테니까요.
그러나 사업에 당장 추가 자금이 필요했으므로 주주이자 회사 대표인 중산 씨는 자신에게 유리한 조건으로 지분 비율을 협상할 여유가 없었죠. 그렇게 필요한 자금을 확보한 중산 베이커리는 서울 압구정동에 첫 가게를 내고 본격적으로 영업을 시작합니다.

새로 확보한 자본으로 비싼 곳에 터를 잡았군요.

1990년대가 한국 경제의 호황기였다고 앞에서 말했었죠? 당시 시대상을 잘 보여주는 단어 중 하나가 '오렌지족'인데요. 강남에 사는 부자 부모를 두고 화려한 소비생활을 하는 20대 청년들을 일컫는 신조어였습니다. 이들이 활동하는 주 무대가 바로 압구정동이었지요.

어쩐지 사업이 잘될 것 같은 느낌이네요.

맞습니다. 중산 베이커리의 대표 상품은 소보로빵이었는데 사람들에게 익숙한 일반 소보로빵이 아니라 고물이 아낌없이 묻어있는 상당히 고급스러운 빵이었어요. 유행에 민감한 20대 소비자들 사이에서 입소문이 빠르게 퍼진 덕에 중산 베이커리는 몇 달 만에 압구정동의 '핫플레이스'가 되었습니다. 빵이 만드는 족족 팔려나간 건 물론, 빵을 사려고 한 시간씩 줄을 서서 기다리는 사람들도 생겨났어요.

너무 다행이에요! 중산 씨의 도전이 성공했군요.

성장하는 회사와 그 주주가 얻는 이익

사업 수완이 좋았던 돈만 씨는 '물 들어올 때 노 저어야 한다'며 공격적으로 사업을 확장하도록 중산 씨를 설득했습니다. 머지않아 명동, 신촌, 여의도 등 서울 번화가마다 중산 베이커리 직영점이 우후죽순 생겨났죠.

어, 전개가 너무 빠른데요. 이렇게 너무 잘 풀리면 뭔가 불안한 느낌이 드는데….

경제 이야기니까 경제 용어로 설명해볼게요. 중산 베이커리는 빵을 팔아야 돈을 벌 수 있잖아요? 이렇게 기업이 사업으로 거둬들이는 돈을 **매출**이라고 합니다. 공격적인 사업 확장 덕에 2년 뒤 중산 베이커리의 연간 매출액은 30억 원이 됐죠.

30억 원이요? 세상에, 그럼 중산 씨는 엄청난 부자가 됐겠네요?

매출만 보고 단언할 수는 없습니다. 사업을 하는 데는 다양한 비용이 들어가니까요. 매달 지출해야 하는 월세, 전기료와 수도료, 빵을 만들기 위한 재료비, 매장 직원들의 월급으로 나갈 인건비도 필요하고요. 매출에서 그런 생산비를 다 제하고 나면 진짜 이익이라고 부를 수 있는 **영업이익**이 남아요. 단순하게 표현하면 '영업이익=매출-생산비'라고 할 수 있습니다. 연간 매출액이 30억 원이어도 생산비가 크면 영업이익은 1원도 못 내고 매달 적자만 날 수도 있다는 거죠. 그러면 그 사업이 잘되고 있다고 할 수 있을까요?

아, 매출액이 크다고 해서 꼭 탄탄한 사업인 건 아니죠.

상장사 1000곳 중 19% "매출 늘었지만 적자·영업이익은 감소"

—《KBS NEWS》 2019.6.26

그래서 이런 기사가 나는 거죠. 다행히 중산 베이커리의 상황은 상당히 괜찮은 편이었습니다. 연매출 30억 원에서 모든 비용과 세금까지 다 빼고 남은 순이익이 5억 원에 달했으니까요. 이렇게 남은 이익금은 사업에 다시 활용할 수도 있고, 주식을 가진 주주들에게 지분대로 나눠줄 수도 있습니다. 그중에서 이익금을 주주에게 나눠주는 걸 **배당**이라고 하지요. 중산 베이커리가 한 해 동안 벌어들인 이익금 5억 원을 전부 배당한다고 가정해봅시다. 중산 씨와 돈만 씨가 배당받는 돈은 각각 얼마가 될까요?

지분이 50 대 50이라고 하셨으니까… 2억 5,000만 원씩 가져가

나요?

맞습니다. 배당금은 법적으로 금융 소득에 해당하기 때문에 실제로는 세금이 상당히 부과되지만 여기서는 일단 무시하고 설명하겠습니다. 중산 씨와 돈만 씨가 2억 원씩 투자하여 얻은 중산 베이커리 주식 2만 주가, 당장 한 해에만 2억 5,000만 원의 이익을 주는 주식이 됐어요. 누구라도 이 주식 2만 주를 가지고 있으면, 그리고 중산 베이커리의 사업이 지금처럼만 유지된다면, 해마다 2억 5,000만 원의 이익금을 배당받을 수 있다는 겁니다.

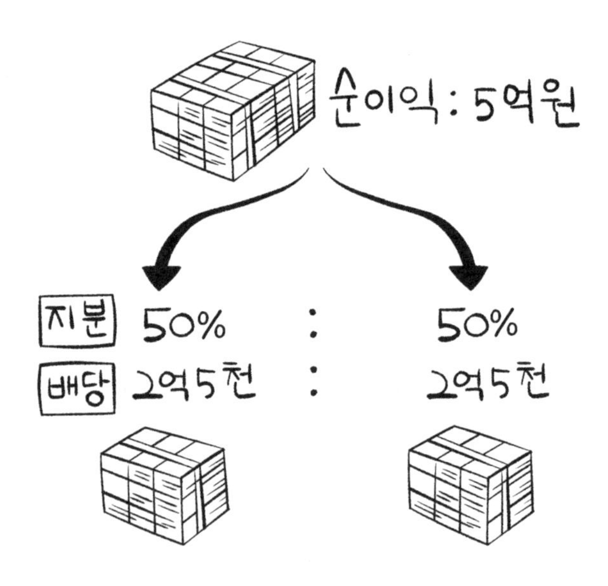

너무 부럽네요. 완전히 대박이 났어요.

1년에 2억 5,000만 원이니까 10년만 있으면 25억 원이라는 돈을 손에 넣을 수 있겠죠. 이런 계산을 내세워 돈만 씨는 자신이 가진 중산 베이커리 주식 전부를 모 투자회사에 25억 원에 팔았습니다. 중산 베이커리 주식 2만 주의 소유권이 돈만 씨에서 해당 투자회사로 넘어간 거죠.

돈만 씨가 처음에 2억 원을 투자했다고 하셨잖아요. 그걸 25억 원에 팔았다고요? 세상에…. 그 가격에 산 회사가 이상하네요. 무슨 생각이었을까요?

잘못된 결정이라고 볼 수는 없습니다. 중산 베이커리는 굉장히 빠르게 성장하는 기업이고, 해마다 5억 원의 영업이익이 발생하는 알짜 회사죠. 만일 승승장구해서 지금보다 더 많은 이익을 낸다면 10년에 25억 원이 아니라 수백억 원을 회수하는 훌륭한 투자가 될 수도 있어요.

주식회사의 규모를 보여주는 시가총액

이쯤에서 **시가총액**이 뭔지 설명해야겠네요. 시가총액이란 회사의 현재 가치가 얼마인지 보여주는 '시가'를 뜻합니다. 횟집에 가서 메뉴판을 보면 해산물의 가격이 시가로 표기된 경우를 종종 볼 수

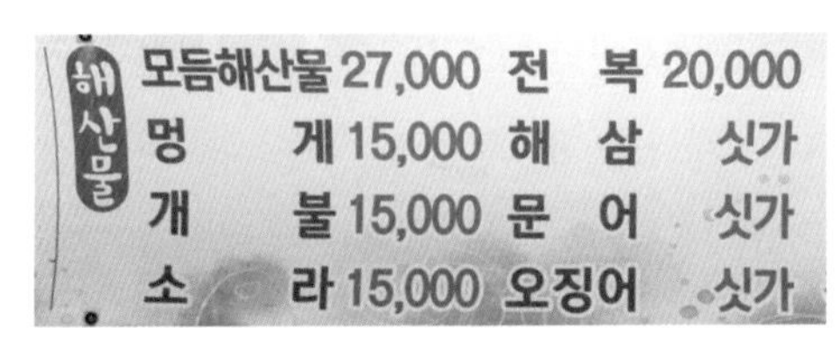

'시가'가 표시된 메뉴판

있잖아요. 날마다 잡히는 어획량에 따라 해산물의 가격이 예민하게 변하니까요.

시가총액 역시 마찬가지 개념이에요. '주식 1주당 거래 가격×총 발행 주식 수'로 시가총액을 계산하는데, 1주당 거래 가격이 시시각각 변하므로 시가총액도 계속 변하죠.

기업의 총 주식가치인 시가총액이 클수록 주식시장에서 평가하는 그 회사의 가치 역시 크다고 할 수 있습니다. 예컨대 제가 강의를 하는 시점에 삼성전자의 시가총액은 400조 원, 미국 애플의 시가총액은 3,400조 원 정도예요. 물론 이 액수도 날마다 조 단위로 변하고 있습니다.

시가총액이 수백, 수천 조… 거기에 날마다 조 단위로 변하고 있다니 정말 실감이 나지 않네요.

이제 중산 베이커리의 시가총액을 한번 계산해볼까요? 돈만 씨가 처음 중산 베이커리에 투자했을 때를 떠올려 봅시다. 2억 원을 투자하고 주식 2만 주를 받았으니, 주식 1주당 거래 가격이 1만 원인 셈이죠. 그리고 발행된 주식 수는 중산 씨와 돈만 씨의 것을 합쳐서 총 4만 주였습니다. 이걸 계산해보면 '1만 원×4만 주=4억 원'이 당시 중산 베이커리의 시가총액이었어요. 그럼 돈만 씨가 자신의 지분을 매각한 시점에 시가총액은 얼마가 되었을까요?

음, 총 발행 주식의 절반인 2만 주가 25억 원에 거래된 거니까… 4만 주면 50억 원인가요?

그렇습니다. 4억 원이던 시가총액이 50억 원까지 뛴 거죠. 중산 씨는 아직까지 회사 지분의 절반인 2만 주를 갖고 있으니 25억 원 상당의 주식을 보유한 셈이 됐습니다. 사업이 잘되고 기업이 성장하면서 기업의 시가총액과 주식가치가 훌쩍 뛰어오른 거예요. 주식시장에서는 이런 일이 비일비재하게 일어납니다. 예를 하나 들어볼게요.

'방탄'으로 대박 친 ○○인베스트먼트, 내달 코스닥 상장

(…) ○○인베스트먼트는 방탄소년단이 연습생이던 2011년 3개 펀드에 걸쳐 40억 원을 빅히트 엔터테인먼트에 투자했으며, 7년

만인 올해 4월에는 보유 지분을 모두 넷마블에 넘기면서 1,080억 원을 받았다. (…)

—《연합뉴스》 2018.6.22

이 기사를 보면 방탄소년단이 아직 연습생이던 2011년에 한 투자 회사가 '빅히트 엔터테인먼트'에 40억 원을 투자하고, 그 대가로 받은 지분을 7년 뒤 게임 기업인 '넷마블'에 1,080억 원을 받고 팔았다고 쓰여 있습니다.

와, 40억 원어치 주식이 7년 만에 1,080억 원이 된 거예요? 돈만 씨가 번 돈은 아무것도 아니었네요.

7년 만에 투자한 원금의 27배를 벌어들인 셈이죠. 7년 동안 방탄소년단이 세계에서 활약하며 어마어마한 이익을 벌어들였기 때문에 가능한 일이었어요. 만일 방탄소년단이 실패했다면, 그래서 빅히트 엔터테인먼트가 망해버렸다면 이익은커녕 원금 40억 원조차 회수하지 못하고 날려버렸을지도 모릅니다.

방탄소년단이 아직 데뷔도 하지 않은 2011년에 40억 원이라는 거금을 투자했다니 놀랍기도 하네요.

아직 놀라기는 이릅니다. 이 거래는 2018년에 빅히트 엔터테인먼트의 시가총액을 8,000억 원으로 책정해 이루어진 거였는데요. 2020년 10월, 빅히트 엔터테인먼트가 주식시장에 상장됐을 때 시가총액은 무려 4조 8,000억 원이었습니다. 넷마블이 빅히트 주식을 사들인 후에도 기업가치가 무려 6배가량 올랐다는 뜻이죠. 1,080억 원에 빅히트 엔터테인먼트 주식을 팔았던 투자회사는 오히려 쓴웃음을 짓고 있을지도 모를 일입니다.

신기하네요. 저도 갑자기 막 투자하고 싶어졌어요.

제가 너무 성공 사례만 보여준 게 아닌가 싶어지네요. 물론 기업이 잘돼서 주식이 오르기만 하면 좋겠지만, 사업이 실패하거나 회사가 망하면 투자 원금조차 잃어버리는 경우가 허다합니다. 최악의

성공적 투자의 대표 사례인 방탄소년단

경우 아무런 가치도 없는 휴지 조각이 될 수도 있어요. 그래서 주식이 고위험 투자 상품으로 분류되는 거죠.

그렇게 말씀하시니까 역시 잘 모르는 걸 사면 안 되겠다는 생각도 들고….

주식 가격, 그러니까 주가는 기업에 대한 평가에 따라 시시각각 변합니다. 어떤 기업이 성장해 장차 이익이 커질 거라고 판단되면 그 회사의 주식을 사들이려는 매수세가 늘어나죠. 시장 참여자들이 웃돈을 주며 경쟁적으로 거래하다 보면 주가도 자연스럽게 오릅니다. 반면 회사의 전망이 밝지 않을 때는 현재보다 떨어지기 전에 주식을 팔아버리려는 매도세가 커집니다. 그 결과는 급격한 주가 하락일 거고요.
여기에 시장 참여자들의 다양한 심리 변화까지 작용하면서 주식 가격에 심한 거품이 끼거나 비정상적으로 폭락하는 일도 일어날 수 있는 겁니다.

무섭네요. 도박판 같기도 하고.

도박처럼 무작위까진 아니죠. 주가는 기본적으로 기업가치를 반영하여 움직이니까요. 수시로 변하는 주가를 보면 기업의 운명과 산업 전반의 전망을 가늠해볼 수 있기 때문에 주가는 오늘날 금융

시장의 주요 지표로 활용되고 있습니다. 민감하게 변동하는 게 꼭 나쁘다고 볼 수만도 없는 거죠.

주식의 뿌리는 안정을 향한 욕망

반드시 주식 투자를 하라거나 하지 말라는 조언보다는 주식의 의미를 고민해보는 시간으로 이번 주제를 마무리할까 해요. 오른쪽에 보이는 물건이 뭔지 알겠나요?

토기 아닌가요? 박물관에서 봤던 거 같은데요.

맞습니다. 앞서 주식을 뜻하는 영어 단어 'stock'에는 저장품, 비축품이라는 의미가 있다고 했죠. 잠시 원시시대의 삶을 떠올려 봅시다. 안정적인 거주지나 집도 없이 떠돌아다니며 모든 식량을 사냥과 채취로만 획득했던 그런 삶 말입니다. 어느 날 운 좋게 큰 매머드 한 마리를 잡았는데, 모두가 배 터지도록 먹고도 고기가 많이 남았어요. 남은 고기를 어떻게 해야 할까요?

그야… 남겨뒀다가 나중에 먹어야 하지 않을까요?

네, 너무 당연한 정답입니다. 하지만 토기가 등장하기 전까지 사람들은 그 당연한 일조차 할 수 없었어요. 음식을 방치해두면 들짐승의 끊임없는 공격 대상이 될 뿐이었죠. 음식이 상해버리는 경우도 많았을 거고요. 그때까지도 인류는 당장 오늘 먹을 식량만 구하고 나머지는 버리는 비효율적인 생활을 해야 했습니다. 여유로울 때 저장하고, 부족할 때 저장했던 것을 활용한다는 개념이 아예 없었던 거죠.

너무 불안했을 것 같아요. 매일 사냥에 성공한다는 보장도 없었을 텐데….

하지만 토기의 등장으로 인류의 위험하고 불확실한 삶이 획기적으로 바뀌었어요. 토기에 저장된 식량을 이용하면 먹을 게 부족한 시기를 한결 유연하게 넘길 수 있었습니다. 그래도 남는 식량은 다른 종족과 교환하거나 필요한 이들에게 빌려줄 수도 있었고요. 토기 덕분에 인류는 불규칙한 자연환경과 그로 인한 삶의 불안정성에서 상당히 자유로워졌습니다.

토기가 그렇게 중요한 거였군요. 근데 이게 주식이랑 무슨 상관이죠?

주식도 마찬가지거든요. 원시인들이 토기 안에 현재의 식량을 넣어 미래의 식량을 기약했던 것처럼, 현대인들은 주식을 통해 현재의 투자로 미래의 수익을 기대한다고 볼 수 있습니다. 단기 시세차익이나 일확천금을 노리는 투기 때문에 본질을 오해하는 경우가 많지만 주식이라는 용어 자체에 미래를 대비한다는 맥락이 이미 담겨 있는 겁니다.

그렇게 말씀하시니까 수천 년 전의 경제활동과 현재의 경제활동이 다를 게 없다는 생각이 드네요. 같은 뿌리에서 시작된 다른 행동일 뿐이니까요.

맞습니다. 불규칙하고 불안정한 환경 속에서 보다 나은 삶과 행복을 쫓아온 인류의 욕망, 거기에서부터 모든 경제활동이 출발했죠.

자본주의의 꽃이라고 불리는 주식도 위험을 줄이고 안정을 추구해온 인류 역사의 발전 과정에서 탄생한 수단임을 기억해두시면 좋겠습니다.

필기노트 자본주의의 꽃, 주식에 대하여

주식은 투자자가 기업에 대해 갖는 권리. 기업가치가 오르내리면 주식 가격도 크게 변동할 수 있다. 주식은 원래 삶의 불안정성을 줄이려는 욕망에서 비롯되었다.

중산 베이커리의 탄생

① 1990년대 경제 호황기, 김중산 씨가 제빵 회사를 창업. 회사는 2억 원어치 주식(액면가 1만 원×2만 주) 발행.

주식 자신이 투자한 회사에 대해 의사결정을 하거나 사업으로 발생한 이익을 분배받을 수 있는 권리이자 그 증서.

액면가 발행되는 시점에 증권에 표시된 가격.

주주 투자나 거래를 통해 주식을 소유한 사람.

② 중산 씨는 돈만 씨에게 추가로 2억 원의 투자 유치. 매출 30억 원, 영업이익 5억 원 달성.

매출 기업이 사업을 해서 벌어들이는 돈.

영업이익 총매출에서 기타 비용들을 제하고 남는 이익.

③ 5억 원을 돈만 씨와 중산 씨 두 사람이 반씩 배당.

배당 회사의 이익금을 주주에게 나눠주는 일.

④ 돈만 씨는 자신이 가진 주식을 25억 원에 투자회사에 팖.

기업의 가치, 시가총액

시가총액 주식 1주당 거래 가격×총 발행 주식 수로 주식시장에서 평가하는 회사의 가치. 기업이 성장하면 시가총액도 커짐.

주식의 본질

주식=stock, stock=그루터기, 저장품.
과거 인류가 토기에 식량을 저장해 생활의 불안정성을 줄였듯, 주식도 안정을 추구하기 위해 만들어진 발명품임.

한 사람의 부채는 곧 다른 사람의 자산이다.

| 폴 크루그먼 |

02 경제,
빚과 이자의 세계

#빚 #금리 #채권 #기대수익률 #국채

다시 중산 씨의 이야기로 돌아오도록 합시다. 중산 베이커리가 공격적으로 사업을 확장하면서 승승장구하던 시점까지 얘기했죠?

그리고 돈만 씨가 자기 지분을 투자회사에 팔았다는 얘기까지 했었어요.

네, 이번에는 많은 분이 주식만큼 궁금해하면서도 어렵게 느끼는 '채권'을 설명해드리려고 합니다. 먼저 돈만 씨에게서 중산 베이커리 지분을 사들인 투자회사의 상황을 살펴보죠.
이 회사는 거액을 들여 주식을 사들인 만큼 최대한 빨리 투자한 돈보다 많은 이익을 거두고 싶어 했습니다. 회사는 중산 씨에게 대형 제빵 공장을 만들어서 빵을 전국에 판매할 것을 제안했어요. 중산 씨 역시 사업이 잘 돌아가는 상황이라 그 제안을 마다할 이유가 없었습니다. 그래서 공장을 세울 돈 10억 원을 마련하기 위해 채권을 발행하기로 합니다.

채권을 발행한다는 게 무슨 뜻인가요?

채권이라 쓰고 빚이라 읽는다

일상에서 사용하는 말이 아니기 때문에 조금 낯설게 느끼실 수 있는데, 한마디로 '돈을 빌린다'는 의미입니다. **채권**을 한자로 풀면 빚 채債와 문서 권券으로, '빚이 기록된 문서나 계약서'라는 뜻인데요. 누가 '채권을 발행했다'고 하면, '빌리는 돈에 대해 언제, 얼마의 이자를 더해 갚겠다' 하는 내용의 문서를 작성해 돈을 빌려준 곳에 건네는 모습을 상상하시면 됩니다.

채권이 문서를 의미하는 거였군요. 권리나 권한의 권인 줄 알았어요.

한자어에는 동음이의어가 많아서 혼동할 수 있습니다. 채권자나 채권 추심 같은 단어를 쓸 때는 권리나 권한에 쓰는 권리 권權 자를 쓰기도 하니까요. 그러나 채권이라는 독립적인 단어로 사용하는 경우에는 대부분 문서 권 자를 씁니다. 이 문서의 소유권은 시장에서 자유롭게 거래될 수 있죠.

문서의 소유권이 거래된다? 이해가 잘 안 되는데 조금만 풀어서 말씀해주세요.

A라는 기업이 발행한 채권을 B라는 사람이 샀다고 가정해봅시다. 바꿔 말하면 B가 A기업에 돈을 빌려주고 그 대가로 A기업이 발행한 채권을 받은 상황이죠. 채권을 가지고 있는 한 B는 채권에 기록된 대로 A기업에서 원금과 이자를 받을 수 있습니다.
그러던 어느 날, 급전이 필요해진 B가 이 채권을 C라는 사람에게 팔아버렸어요. 그러면 이제 채권의 소유권이 C에게 넘어간 거예요. A기업은 B가 아니라 채권의 소유자인 C에게 약속된 이자와 원금을 갚아야 합니다.

그러면 C는 다른 D라는 사람에게 팔 수도 있겠네요.

그렇습니다. 일반적인 대출 계약서와 달리 채권은 채권시장에서 거래 가능한 자산이에요. 빚의 내용을 기록한 증서의 소유권이 시장에서 자유롭게 거래되는 거죠. 실물 채권 없이 설명하기는 쉽지 않으니 과거 근로복지공단에서 발행했던 채권을 예로 들어서 설명하겠습니다.

수표 비슷하게 생겼네요.

근로복지공단에서 발행한 고용안정채권

수표건 채권이건 모두 증거가 되는 문서, 그러니까 증권의 일종이라 생긴 게 비슷합니다. 일단 채권에 나온 내용을 보면서 설명해드릴게요. 제일 큰 글씨로 '금 일십억 원'이라고 써 있죠? 채권 한 장당 10억 원을 받고 발행되었다는 뜻입니다. 그러니까 액면가 10억 원짜리 채권인 거죠. 발행자가 근로복지공단이니 처음에 이 채권을 구입한 사람은 돈 10억 원을 공단에 지불했을 겁니다. 채권의 왼쪽 위를 보면 작은 글씨로 발행일과 상환일, 이자율이 나와 있죠? 한번 읽어 보시겠어요?

발행일은 1998년 6월 29일이고 상환일은 2003년 6월 29일이네요. 이자율은 연 7.5%고요.

발행일과 상환일이 5년 차이니까 발행 후 5년 안에 원금까지 전부 갚아야 하는 5년 만기 채권이군요. 거기에 이자율이 7.5%라고 나와 있지요? 이건 1년마다 원금 10억 원에 이자 7.5%가 붙는다는 말입니다.

그럼 오른쪽에 찍힌 도장은 무슨 의미인가요?

'지불 됨(PAID)'이라는 붉은색 글씨가 찍혀 있죠. 처음 약속한

원금과 이자가 다 지급돼서 채권의 권리가 완전히 소멸했다는 표시입니다. 저렇게 표시해두지 않으면 부당한 거래에 악용될 수도 있을 테니까요. 물론 요즘에는 실물 증서보다 조작이 어려운 전자증서로 발행되는 경우가 대부분입니다. 주식도 마찬가지고요.

채권을 발행한다는 게 무슨 뜻인지 이제 좀 알 것 같아요. 단순히 빚 문서를 쓰는 게 아니라 빌려준 돈을 받을 권리 자체를 증서로 만드는 거군요.

거기까지 이해했다면 거의 다 온 셈입니다. 중산 베이커리가 공장을 설립하기 위해 발행했던 채권을 다시 봅시다. 이제 이 채권의 발행 조건을 설명해볼 수 있겠죠?

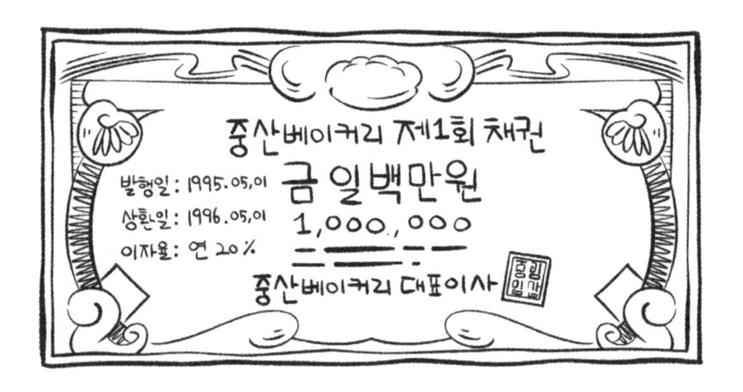

일단 액면가가 금 일백만 원이니까, 한 장을 100만 원에 판매했네

요. 발행일과 상환일이 1년 차이니까 1년이 만기인 채권이고요. 이자율이 연 20%니까, 1년 뒤에 원금과 이자까지 해서 총 120만 원을 갚아야 하는 거 같아요.

정답입니다. 하나만 더 질문하죠. 중산 베이커리는 그 원금과 이자를 누구에게 갚아야 한다고 했죠?

예? 그야 돈을 빌려준 사람이죠.

아쉽지만 틀렸습니다. 정확히는 돈을 빌려준 사람이 아니라, '해당 채권의 소유자'라고 해야 합니다.

참, 채권의 소유권도 거래될 수 있다고 했었죠.

그 사실을 잊어서는 안 됩니다. 아무튼 이렇게 발행된 채권 10억 원어치는 여러 투자자에게 인기리에 판매되었고, 중산 베이커리는 공장 건설에 필요한 자금을 무사히 조달할 수 있었습니다.

채권이 잘 팔렸다니 다행이긴 한데 연 20%면 이자율이 너무 높은 거 아닌가요?

어쩔 수 없었을 겁니다. 1990년대 중반까지만 해도 한국의 기준금리가 10~12%에 육박했거든요. 기준금리가 그보다 한참 낮은 요즘 같으면 연이율 5% 정도의 채권만 발행해도 충분했겠지만, 당시는 우리나라 경제가 호황기였습니다. 경제성장률이 연평균 8~10%를 오가던 시절이었으니 은행 금리보다 낮은 이율의 채권을 발행하는 건 의미가 없었죠. 안전하게 은행에만 저축해도 연간 12%의 이자를 얻을 수 있는데, 뭣하러 불안정하고 위험한 중소기업의 채권을 구매하려 하겠어요. 당연히 은행보다 높은 이자율을 보장해줘야 그 채권을 구매할 이유가 생기겠지요?

그래서 중산 베이커리 채권이 그렇게 높은 이율로 발행된 거군요! 근데 기준금리가 뭔가요? 얼렁뚱땅 알아듣긴 했지만 제대로 몰라서요.

이자의 세계에는 하나의 확실한 기준이 있다

여기서 **기준금리**가 뭔지 간단히 설명하고 넘어갈게요. 금리는 곧 이자율을 뜻합니다. 금리, 이자율, 이율 다 같은 말이에요. 그리고 기준금리란 각 나라의 최고 금융기관인 **중앙은행**에서 결정한 금리를 말합니다. 국가 정책을 실현하려는 목적으로 결정되기 때문에 정책금리라고도 하죠.

우리나라의 경우 중앙은행인 한국은행에서 **금융통화위원회** 회의를 거쳐 기준금리를 결정하고요, 미국은 중앙은행 역할을 하는 **연방준비제도**(Fed)에서 연 8회 개최되는 **연방공개시장위원회**(FOMC) 회의를 통해 기준금리를 결정합니다. 그래서 매번 금리를 정하는 시기가 다가오면 다음과 같은 기사들이 쏟아지죠.

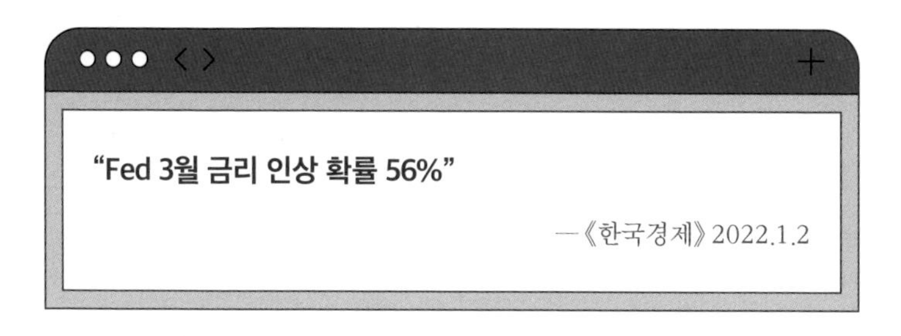
"Fed 3월 금리 인상 확률 56%"

—《한국경제》 2022.1.2

美 FOMC 눈앞…'금리 인상 시기'에 세계증시 촉각

—《문화일보》 2021.12.13

복잡해요. 금융통화위원회니 연방준비 어쩌고 등등….

이런 내용에 억지로 익숙해질 필요는 없어요. 나중에 다룰 테니 차근차근 알아가면 됩니다. 기준금리에 대해서도 그때 자세히 이야기하겠지만, 간단하게 정리하면 각 나라의 정부가 자국의 상황에 맞게 안정적으로 경제 정책을 추진하기 위해 결정한 정책적인 금리라고 이해하시면 됩니다.

제발 더 쉽게 설명해주세요….

이름 그대로 기준이 되는 금리입니다. 우리가 은행에서 돈을 빌리거나 맡길 때 적용받는 금리는 모두 기준금리를 따라 움직여요. 예를 들어 지금 한국은행이 정한 기준금리가 0%대라고 해보죠. 기준금리가 낮기 때문에 시중은행들도 민간에 굉장히 낮은 금리로 빌려줄 수 있습니다. 이렇게 금리가 낮은 상황에서 저축해봤자 이자가 낮을 테니, 사람들은 저축보다는 낮은 이자로 돈을 빌려서 주식 투자를 하든 창업을 하든 뭔가 하려고 할 겁니다. 소비를 늘리려는 사람도 있을 거고요. 이해가 되나요?

네, 이자율이 낮을수록 사람들이 돈을 더 쉽게, 많이 빌린다는 얘기잖아요.

맞습니다. 그렇게 시중에 돈이 많이 풀리고, 투자나 소비 같은 경제활동이 활발해지면 경기가 좋아질 수 있어요. 돈에 '빚'이라고 쓰여 있는 게 아니니, 누군가가 빌려서 쓴 돈은 누군가에겐 재산이 될 수도 있고 아니면 투자 자금이 되어 주식시장이나 부동산 시장에 다시 투입될 수도 있죠. 하지만 유통되는 돈의 양이 늘어나는 일과 별개로 자산이나 상품은 한정돼 있으니 자연스럽게 물가가 오릅니다.
정리할까요? 금리를 낮추면 사람들이 돈을 쉽게 빌릴 수 있고, 이렇게 풀린 돈이 물가 상승으로 이어져요.

대충 무슨 얘긴지 알 것 같아요.

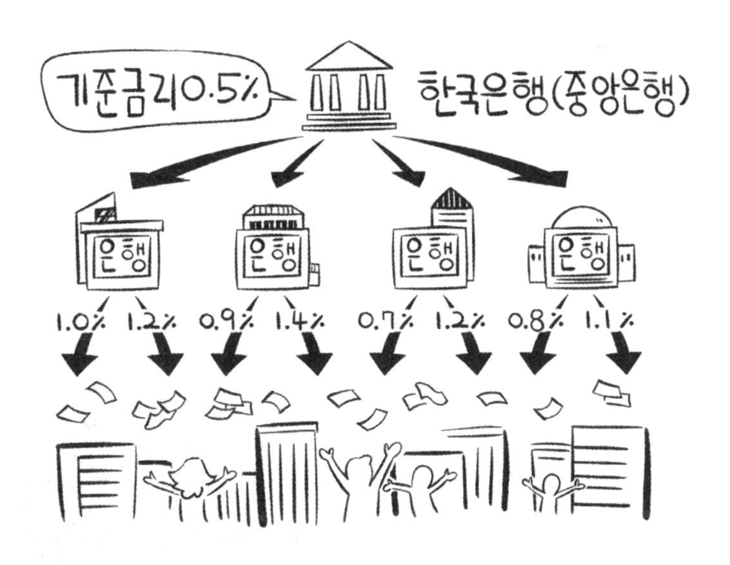

그렇다면 조금 더 나아가 볼게요. 물가가 마구 오르고 있잖아요? 시중에 돈이 너무 많이 풀린 거예요. 물가가 오른다는 건 돈의 가치가 떨어진다는 얘기라서 수입이 일정한 사람들의 주머니 사정이 나빠집니다. 월급은 그대로인데 상품 가격이 비싸진다는 뜻이니까요.

많은 사람의 삶이 어려워질수록 사회질서도 어지러워지겠지요? 불만이나 갈등이 자주 발생하고 정치적인 불안정성도 커지는 게 당연합니다. 그러면 정부는 자연스럽게 물가 상승을 저지할 필요를 느끼게 되고, 물가 상승을 억제할 수단 중 하나로 기준금리를 올립니다.

이번에는 반대로 금리를 올리네요. 그럼 어떻게 되는데요?

기준금리가 0%대였던 시절 시중은행에서 돈 1억 원을 연이율 2%로 대출했던 사람의 입장에서 한번 생각해봅시다. 대출금 1억 원에 대한 이자는 1년에 200만 원, 한 달에 약 17만 원 정도였어요. 그러니까 이자만 갚으면서 사업하는 게 그렇게 힘들지는 않았을 겁니다.

그런데 금융통화위원회에서 기준금리를 올리기로 했어요. 처음에 1%, 또 2%, 그다음에 3%… 이런 식으로 금리가 높아지더니 1년 뒤에 기준금리가 연 8%가 됐어요. 중앙은행을 따라 시

연 8회 한국의 기준금리를 결정하는 금융통화위원회. 2016년 금융통화위원회에 참석한 한국은행 총재가 개회를 알리고 있다.

중은행의 금리도 엄청나게 올랐겠지요? 그렇게 시중은행 금리가 10%가 됐다고 칩시다.
이제 어떤 일이 벌어지냐면, 연 200만 원이던 이자가 갑자기 연 1,000만 원까지 올라버립니다. 한 달에 83만 원이 넘는 돈을 이자로만 갚아야 하죠. 이 사람은 오른 이자를 내려고 할까요, 아니면 처음에 대출했던 1억 원을 갚으려고 할까요?

갚을 수 있으면 무조건 갚아야죠. 상상만 해도 오싹하네요.

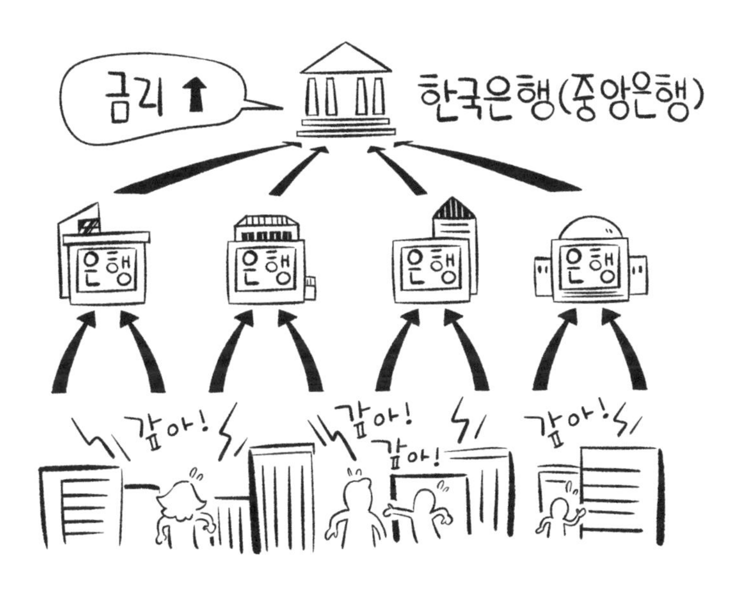

그렇습니다. 사람들은 금리가 오르면 이자 부담이 커져서 빚을 갚으려고 해요. 시중에 풀려 있던 돈이 은행으로, 또 중앙은행으로 돌아가는 효과가 나타나는 거죠. 시중에 유통되는 화폐량이 줄어드니 자연스럽게 물가가 안정됩니다.

아, 정부는 물가를 통제하기 위해 기준금리를 조절한다, 그렇게 이해하면 되나요?

네, 경기침체가 우려될 때는 기준금리를 낮춰서 경기가 활기를 띠게 하고, 물가가 너무 높아진다 싶으면 기준금리를 높여 물가 상승률을 낮추고요.
물론 실제 기준금리가 결정되는 원리는 지금 설명드린 것보다 훨씬 복잡합니다. 대출이 너무 빨리 증가해서 속도를 조절하려 금리를 올릴 수도 있고, 해외로 빠져나가는 자본을 붙잡아두기 위해 금리를 올리는 경우도 있죠. 여기서는 어쨌든 각 정부가 자국의 안정적인 경제 운영을 위해 조절하는 금리가 곧 기준금리라는 점을 이해하면 됩니다.

채권을 사고파는 원리

다시 채권 이야기로 돌아가죠. 앞서 중산 베이커리에서 발행한 100만 원짜리 채권 기억나죠? 이 채권 100장을 A라는 사람이 처음 구입했다고 가정해봅시다. 총 1억 원어치 산 거죠. 근데 중산 베이커리의 사업이 잘되면서 돈을 쓸어 담는다는 소문이 퍼지니까, 이 채권을 웃돈 주고 사겠다는 사람이 등장해요. 이 사람을 B라고 합시다. B는 1억 500만 원을 주고 A에게서 중산 베이커리의 채권 100장을 전부 구입하죠.

그럼 A는 500만 원을 번 셈이네요? B는 왜 웃돈을 주면서까지 중산 베이커리 채권을 산 걸까요?

가능하면 어려운 표현을 안 쓰려고 하는데 정확한 설명을 위해 간단한 용어만 최소한으로 쓸게요. 우선 **기대수익률**이라는 개념을 이해할 필요가 있습니다. 말 그대로 투자를 했을 때 기대할 수 있는 수익률을 의미하는데요. 다음과 같은 식을 계산해 구할 수 있습니다.

$$\frac{(\text{투자 결과로 얻게 되는 돈}-\text{투자한 돈})}{\text{투자한 돈}}\times 100$$

그럼 처음 1억 원에 채권을 구매했던 A의 기대수익률을 계산해볼까요?

$$\frac{120{,}000{,}000-100{,}000{,}000}{100{,}000{,}000}\times 100=20(\%)$$

간단하네요. 20%가 나오는데요?

채권 발행 당시 약속된 연이율과 같죠. A는 바로 이 20%의 수익률을 기대하면서 채권을 구입했던 겁니다.
이제 B의 입장에서 생각해봅시다. B는 1억 500만 원에 채권을 구입했지만 채권에서 약속한 내용은 안 바뀝니다. 그러니까 B는 1년 뒤 만기일에 중산 베이커리에서 1억 2,000만 원을 받을 수 있죠. 1억 500만 원을 투자해서 1억 2,000만 원을 받는 거니까, B의 기대수익률을 계산해보면 다음과 같습니다.

$$\frac{120,000,000-105,000,000}{105,000,000}\times100=14.2857\dots(\%)$$

대략 14.3%가 나오네요?

맞습니다. 처음 A가 채권을 구입했을 때 기대수익률 20%에서 약 14.3%로 낮아진 거죠. 채권이 실제 보장하는 이자율이 낮아진 게 아니라 채권의 거래 가격이 비싸져서 나타난 결과입니다. 그럼 여기서 질문, B는 왜 이 채권을 웃돈까지 주면서 구입한 걸까요?

잘 모르겠어요. 굳이 왜 그랬을까요?

간단합니다. 14.3%라는 기대수익률도 은행에 저금했을 때 기대할 수 있는 12%대 이자율보다 높기 때문이에요. 500만 원 정도의 웃돈을 주더라도 수익률을 고려하면 채권을 사는 게 낫다고 판단한 겁니다. 물론 A도 불확실한 미래에 받을 수 있는 2,000만 원의 이자보다 당장 손에 쥘 수 있는 500만 원의 이익이 낫다고 생각해 B에게 팔았던 거고요.

그럼 B보다 많은 웃돈을 주고 중산 베이커리 채권을 사려는 사람도 있을까요?

기준금리가 더 내려가서 은행 이자가 12%보다 낮아지거나 하면 모르겠지만, 그게 아니라면 14.3%보다 낮은 수익률을 기대하면서 굳이 웃돈을 주고 이 채권을 사려는 사람은 많지 않겠죠. 안전한 은행에 넣어두는 데 비해 기대할 수 있는 차익이 그렇게 크지 않으니까요.

자, 중산 베이커리는 채권을 발행해서 확보한 자금으로 과감하게 사업을 확장했습니다. 부산과 대구, 광주까지 전국 대도시에 중산 베이커리 지점들이 세워졌고, 공장에서 대량생산된 빵들은 매대에 놓이기가 무섭게 팔려 나갔어요. 중산 씨는 이제 해외 수출까지 결심하고 추가로 필요한 자금을 조달하기 위해 또다시 채권을 발행합니다. 이번 채권의 이율은 연 15%였죠.

예? 먼저 발행했던 채권은 20%였잖아요? 그렇게 이자율을 낮추면 안 팔리는 거 아닌가요?

그렇게 생각할 수도 있습니다. 하지만 채권은 이번에도 '완판'됐어요. 이유는 간단합니다. 먼저 발행된 채권의 기대수익률이 14.3%로 낮아졌기 때문이지요. B가 웃돈까지 주면서 중산 베이커리 채권을 구입했던 것처럼 다른 사람들도 채권을 사려고 경쟁했고, 그 결과 채권 가격이 오르고 기대수익률은 떨어진 겁니다. 발행 당시 이자율만 놓고 보면 20%에서 15%로 낮아진 거 같지만, 실제로는 기존 채권이 채권시장에서 14.3%의 이율로 거래되고 있었기 때문에 이보다 살짝 높은 15%의 수익을 약속하는 채권을 추가 발행해도 수요가 있었던 겁니다. 은행 이자보다 더 나은 투자 대상을 찾는 이들에게 15% 이율의 새로운 채권은 여전히 매력적이었고요.

처음 채권을 발행했을 때 이자율만 곧이곧대로 보면 안 되는군요.

네, 중산 베이커리 입장에서는 쓸데없이 더 많은 이자를 약속해가며 채권을 발행할 이유가 없습니다. 14.3% 이상 이율만 보장해주면 채권을 살 사람은 얼마든지 있다는 게 시장에서 밝혀졌으니까요. 그렇게 중산 베이커리는 15% 이율로 채권을 발행해 충분한 자금을 손에 넣었습니다.

20%라는 높은 이자율이 시장 거래를 거치며 자연스럽게 낮아진 셈이군요. 그게 다음번 발행한 채권의 이자율에까지 영향을 줬고요….

채권의 사례를 들어서 그렇지 우리 일상에서도 거래를 통해 가격이 조정되는 일이 비일비재합니다. 예를 들어 하루에 열 켤레의 구두를 만드는 기술자가 있는데, 이 기술자가 만드는 구두가 훌륭한 품질에 비해 너무 저렴하게 판매되고 있다고 가정해보죠. 구두의 생산량은 한정돼 있는데 구두를 탐내는 사람이 너무 많다면 누군가는 웃돈 주고서라도 사려고 할 겁니다.

아, 인기 브랜드의 한정판 제품도 10만 원에 출시됐다가 인터넷에서 20만 원, 30만 원에 거래되기도 하잖아요.

같은 현상이지요. 너무 저렴하게 책정된 가격을 시장을 통해 소비자 스스로 조정하는 겁니다. 10만 원에 출시된 구두인 줄 뻔히 알

나이키와 패션 브랜드 오프 화이트가 합작해 만든 한정판 조던 운동화. 출시 가격의 100배가 넘는 2,000만 원 정도에 거래되기도 한다.

지만 30만 원을 내더라도 그 구두를 가지고 싶은 거지요. 그런 모습을 보면서 구두 기술자는 이렇게 생각할 수도 있습니다. '아, 내일부터는 구두를 30만 원에 팔아도 되겠구나.' 그렇게 구두의 가격이 오르는 겁니다.

중산 베이커리 채권의 이율이 15%로 내려간 것도 같은 원리예요. 다른 점이라면 가격을 올린 게 아니라 시장에서 거래되는 실질적인 수익률에 맞게 연이율을 낮춰서 발행했다는 것뿐이고요.

채권 이율을 낮춘 게 구두 가격을 올리는 것과 같은 거군요?

그렇습니다. 그럼 반대로 채권의 인기가 떨어지는 경우도 생각해 보죠. 이제부터는 조금 어두운 얘기를 하게 될 것 같네요.

중산 베이커리가 계속 승승장구했다면 좋았겠지만 안타깝게도 현실은 그렇지 못했습니다. 중산 베이커리가 사업을 확장해나가는 동안 다른 사람들도 비슷한 생각을 했죠. 곧 중산 베이커리의 소보로빵과 비슷한 고급 빵 제품을 경쟁적으로 출시했고, 경쟁이 심해지자 고급 빵 공급량은 늘어났는데 판매량은 예전만 못한 상황이 벌어졌습니다.

어쩐지 너무 잘 풀리기만 한다 싶었는데….

빵을 만들어도 팔리지 않으니 점점 재고가 쌓여갔어요. 상해서 버리느니 가격을 낮추더라도 판매하는 게 낫겠죠? 중산 베이커리는 위기에서 벗어나기 위해 소보로빵을 비롯한 모든 빵의 가격을 10%씩 할인하는 파격적인 판매 전략을 펼쳤습니다.
그런데 이게 잘못된 판단이었어요. 중산 베이커리뿐 아니라 경쟁업체들이 전부 비슷한 방식으로 대응한 거죠. 너도나도 손님을 빼앗기지 않겠다며 경쟁적으로 할인한 결과, 빵 가격이 전체적으로 크게 떨어졌습니다.

그렇게라도 팔리면 다행이죠. 빵이 상해서 버리는 것보다 조금이라도 돈을 받고 파는 게 낫지 않나요.

보통은 그렇죠. 하지만 중산 베이커리는 좀 달랐어요. 처음부터 번화가에서 한 시간씩 줄을 서야 사 먹을 수 있는 고급스러운 빵으로 유명해진 건데, 공격적으로 할인 정책을 펼치자 흔하고 저렴한 빵을 파는 브랜드라는 인식이 생겨버린 거예요. 어제까지만 해도 중산 베이커리에 열광하던 소비자들은 언제 그랬냐는 듯 무서운 속도로 중산 베이커리를 외면하며 하루아침에 발길을 뚝 끊어버렸습니다.

아, 너무 안타깝네요. 사업을 확장한 게 독이 되어버렸군요.

안 좋은 소문은 빨리 퍼진다는 옛말이 있지요. 중산 베이커리의 재정이 예전 같지 않다는 소문이 퍼지면서, 외부 투자자들의 시선도

싸늘하게 식어갔습니다. 특히 1년 뒤에 원금과 이자를 받아야 할 채권자들, 예를 들어 A로부터 채권을 구입한 B 같은 경우 걱정이 날로 커져만 갔습니다.

아, 그러고 보니 B는 웃돈을 주고 채권을 구입했잖아요?

그렇습니다. 중산 베이커리가 망할지도 모른다는 소문이 돌자 B는 이자는커녕 원금까지 통째로 날릴 수 있다는 생각에 잠을 이루지 못했습니다. 고민 끝에 1,000만 원 손해 보더라도 채권을 9,500만 원에 팔아버리자고 결심합니다.

안타깝네요. 돈 좀 벌려고 했다가 큰 손해를 보게 생겼네요.

더 안타까운 건 그렇게 생각한 사람이 B만이 아니었다는 거예요. 중산 베이커리 채권은 시장에서 이미 장당 90만 원 이하의 가격으로 거래되고 있었습니다. 게다가 하루가 다르게 무서운 속도로 가격이 떨어졌어요. 다음 페이지 그래프를 보세요.

저렇게까지 급격하게 떨어진다고요? 왜요?

채권 소유자들이 불안을 넘어 공포를 느꼈기 때문이죠. 나날이 떨어지는 가격을 보면 당연한 일이었을 거예요. '내일은 더 낮은 가격이 될 테니 오늘 당장 팔아버리자', '계속 가지고 있다가는 진짜 휴지 조각이 될지도 몰라' 하는 생각이 들지 않았을까요? 95만 원에도 팔리지 않으니 90만 원에 팔려고 하고, 또 그걸 본 다른 사람들은 겁이 나서 85만 원에 내놓고… 그렇게 모두가 경쟁적으로 팔려고만 하다 보니 가격이 급격히 낮아진 거죠.

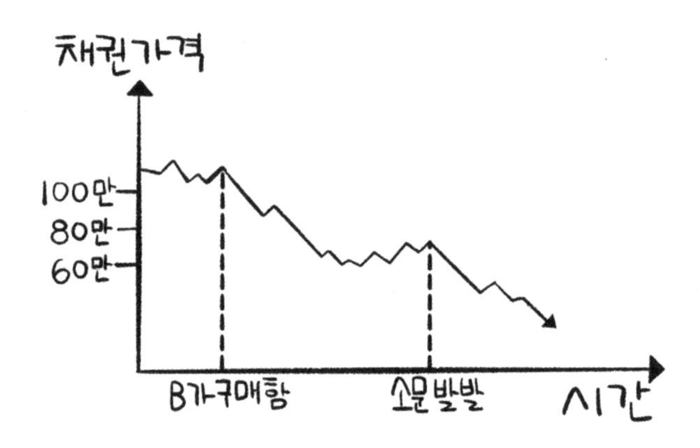

하긴 저 같아도 저렇게 하루마다 뚝뚝 떨어지면 겁나서 팔아버렸을 것 같아요.

시장에서의 거래도 결국 사람이 하는 일이다 보니 심리적인 영향을 받는 경우가 많아요. 두려움에 사로잡혀 손해를 무릅쓰고 자산을 싼값에 팔아버리는 행위를 **투매**라고 부릅니다. '던져버리듯' 팔아넘기는 거죠. 공포에 사로잡힌 B도 며칠을 전전긍긍하다가 C에게 채권 전부를 7,000만 원에 판매하고 맙니다.

세상에, 너무 큰 손해 아닌가요?

그렇죠. B는 은행 이자보다 조금 더 높은 이율을 기대했을 뿐인데 큰 손해를 보게 됐습니다. 그렇다면 B에게 7,000만 원을 주고 채권을 구입한 C의 시점에서 한번 생각해볼까요. C는 왜 이 채권을 구입했을까요?

그야… 언젠가는 돈을 받을 수 있을 거라고 생각한 거 아닐까요?

그렇습니다. 채권을 헐값에 팔아버린 사람들과 달리, C는 중산 베이커리가 망하지는 않을 거라고 생각한 거예요. 어떻게든 위기를 벗어나기만 하면 만기일에 약속된 원금과 이자가 지급될 테니까요. 그럼 이 상황에서 C의 기대수익률을 한번 계산해볼까요?

채권을 구입한 투자금액이 7,000만 원이고, 기대할 수 있는 이익은 원금과 이자를 더해서 1억 2,000만 원이니까….

$$\frac{120{,}000{,}000-70{,}000{,}000}{70{,}000{,}000}\times 100=71.42857\ldots\ (\%)$$

대략 71.4%가 나오네요. 엄청난 수익률이죠?

정말 대단하네요. 중산 베이커리가 버티기만 한다면 C는 투자한 원금 대비 어마어마한 수익을 얻을 수 있겠어요.

그렇죠. 불확실성과 위험을 감수하고 투자한 대가라고 할 수 있어요. 실제로 채권시장에서는 기업이 위기를 겪을 때 종종 이런 일이 일어나곤 합니다. 가까운 사례를 하나 소개할게요. 막 코로나19 바이러스가 전 세계를 공포로 몰아넣던 2020년 3월 즈음에 일어난 일입니다.

[7219] 채권 예상 현금흐름표

[채권 예상 현금흐름표]

종목번호	KR	○○항공81-1			
투자금액	10,000,000	원	⊙금액기준	○수량기준	
매수일자	2020/03/21	매수단가	8,500.00	☑단가기준	
매도일자	2020/08/06	매도수익률	0.0000%	☐단가기준	☑상환
투자자구분	개인	위임	종합과세	일반	
예상물가상승률		조회			

2020년 3월 중순의 ○○항공 채권 거래 내역

이게 뭔가요?

온라인에서 채권을 거래한 내역 일부를 재구성한 자료입니다. 우리나라의 대표 항공사인 ○○항공에서 2018년 8월에 발행한 2년 만기 채권을, 2020년 3월에 어느 개인 투자자가 1,000만 원어치 구입했다는 내용입니다. 일반 기업이 발행한 채권은 보통 발행가가 장당 1만 원이거든요. 그런데 채권에 매수단가가 얼마라고 나와 있나요?

8,500원인가요?

맞습니다. 이 투자자는 채권시장에서 거래되던 ○○항공 채권을 기존 소유자에게서 주당 8,500원에 구입한 거예요. 발행가가 1만 원이었던 채권의 가격이 8,500원까지 떨어졌다는 건 당시 ○○항공의 재정 위기와 채권자들의 우려가 얼마나 심각했는지를 보여줍니다. 이자도 포기하고 손해를 감수하면서 채권을 내다 팔았을 채권자의 심정을 상상해보세요. '○○항공이 망할지도 몰라, 그래서 내 투자 원금을 전부 다 날리게 될지도 몰라' 하고 생각했으니 팔았겠지요?

그래서 그 항공사는 어떻게 됐나요?

다행히 망하진 않았어요. 덕분에 이 채권을 주당 8,500원에 구입했던 사람은 상당한 수익을 거뒀습니다. 만기 시 1,200만 원을 돌려받을 수 있었다고 하니, 원금 대비 수익률이 20%에 육박하죠.

그렇게 말씀하시니 채권 투자도 해보고 싶은 마음이 새록새록….

'고위험 고수익'이라는 말, 들어본 적 있지요? 높은 기대수익률에는 그만큼 큰 위험이 따릅니다. 앞에서 소개한 수익 사례들 모두 상당한 위험을 감수한 투자였어요. 냉철한 계산과 분석 없이 덥석 투자하게 되면 큰 손실을 입을 가능성이 훨씬 높습니다.
다시 원래 이야기로 돌아오면, 중산 베이커리 채권이 헐값에 거래되면서 채권의 기대수익률이 약 71%로 올라갔다는 얘기까지 했었죠? 중산 베이커리가 현재의 자금난을 극복하려고 추가로 채권을 발행한다고 가정해봅시다. 예를 들어 만기일이 도래한 채무가 있어서 현금이 필요한 상황이에요. 그러면 이번에 발행할 채권은 이율을 얼마로 설정해야 할까요?

글쎄요. 지난번엔 15%였는데 채권 가격이 떨어지는 상황에 그럴 순 없을 거고… 설마?

바로 그 설마입니다. 아까 시장의 기대수익률 14.3%에 맞춰서 15%의 채권을 발행했던 것처럼 현재 시장의 기대수익률인 71%보다 더 높은 이율의 채권을 발행해야 팔리는 상황이 된 거죠.

말도 안 돼요! 그럼 10억 원어치 채권을 팔면… 1년 뒤에 17억 원을 갚아야 하는 거잖아요. 사업도 잘 안 되는데 어떻게 그렇게 큰 돈을 갚아요?

맞는 말입니다. 그렇지만 현재 채권 가격이 곤두박질쳐서 기대수익률이 71%까지 올랐잖아요. 그보다 낮은 이율의 채권을 추가로 발행한들 누가 그 채권을 구매할까요? 그보다 조금이라도 더 높은 이율을 약속해야 그나마 구매자가 나타나지 않을까요?

그렇긴 한데… 너무 안타깝네요. 추가로 채권을 발행하는 게 맞는 건지도 잘 모르겠어요. 못 갚을 게 뻔한데.

네, 게다가 울며 겨자 먹기로 71%보다 높은 이율의 채권을 발행한다고 해도 그걸 곧이곧대로 믿고 사줄 사람이 얼마나 될까요? 빚을 낼 수도, 내지 않을 수도 없는 실로 끔찍한 상황이지요. 이런 위기는 비단 중산 베이커리 같은 기업뿐 아니라 개인이나 국가도 똑같이 겪을 수 있습니다.

그게 무슨 말씀인가요?

신용은 모든 경제주체에게 똑같이 중요하다

안정적인 경제활동을 하며 성실하게 신용점수를 올린 개인이 있다고 해봅시다. 이 사람은 누구나 아는 대형 은행에서 저금리로 돈을 빌릴 수 있어요. '저 사람은 빚을 충분히 갚을 수 있는 능력과 여유가 되는 사람이야'라는 판단 때문에 낮은 이자율로 돈을 빌려주려고 하는 '공급'이 충분하기 때문입니다.

그런데 신용점수, 즉 신용도가 낮은 사람들은 어떤가요? 제2금융권, 그마저도 안 되면 사금융까지 가게 되고 무시무시하게 높은 금리로 돈을 빌려야 합니다. 당장 돈이 급한 사람들은 감당하기 어려울 정도로 높은 금리의 대출이라도 받을 수밖에 없죠. 그 결과 대출을 받기 전보다 더 큰 빚의 압박에 시달리게 될 거고요.

아… 빚이라는 건 정말 무섭고 냉정하네요.

빚 앞에서는 개인이든 기업이든 똑같은 입장입니다. 빌린 이가 빌린 돈을 갚을 수 있을 거라는 믿음, 신용이 금리를 결정하죠. 마찬가지로 채권 가격도 발행자의 신용에 따라 오를 수도, 내릴 수도 있습니다. 그래서 채권은 발행자를 바라보는 시장 참여자들의 시선을 있는 그대로 드러내는 지표죠.

중산 베이커리의 사례처럼 말이죠….

개인, 기업뿐만이 아니에요. 국가도 마찬가지입니다. 정확히 표현하면 세계 각국의 정부가 되겠죠.

국가도 채권을 발행하나요?

물론입니다. 앞에서 현대 경제의 세 주인공을 소개할 때 정부도 가계, 기업과 마찬가지로 빚을 진다고 설명했었죠? 국가가 빚을 질 때 발행하는 채권을 **국채**라고 부릅니다. 중산 베이커리처럼 회사가 발행하는 채권은 **회사채**라고 부르고요. 일반인이 국채를 사고 팔 일은 거의 없어서 익숙하지 않을 겁니다.

전 세계 거의 모든 정부는 해마다 필요한 국가 예산의 일부를 국채를 발행해 얻은 돈으로 충당하고 있어요. 일단 예산을 쓰고 난 후에 세금을 거둬들여서 그 세금으로 국채를 갚는 거죠. 당연히 개인이나 기업처럼 국가도 감당하지 못할 정도로 부채가 늘어나고 신용이 나빠지면 국채를 발행하기 어려워집니다.

그러고 보니 뉴스에서 얼마어치의 국채를 발행했다, 뭐 그런 얘기를 종종 들은 것 같아요.

내년 예산 556조, 8.5% 증가… 90조 적자 국채 발행

—《부산일보》 2020.9.1

이런 기사 헤드라인 말이죠. 적자 국채라는 말은 앞서 말씀드린 것처럼 부족한 세금을 메우기 위해 국채를 발행하는 경우를 말합니다. 즉, 정부가 90조 원 상당의 국채를 발행해 증가한 예산을 충당했다는 내용의 기사죠.

어느 국채 투자자의 성공담

국채도 다른 채권과 마찬가지로 투자 목적으로 거래됩니다. 국채 투자와 관련해 채권의 특성을 극명하게 보여주는 사례가 하나 있어요. '앙드레 코스톨라니'라는 유명한 투자자의 이야기입니다. 코스톨라니는 과거 제정 러시아에서 발행한 채권을 사들여 엄청나게 큰돈을 벌었습니다. 그러니까 1917년 사회주의 혁명으로 소련이 들어서기 이전에 발행했던 채권에 투자해 돈을 벌었던 거죠.

그렇게 오래된 채권으로 어떻게요?

그걸 이해하려면 역사 지식이 약간 필요합니다. 19세기 후반에서 20세기 초반까지 황제, 즉 차르 통치하의 제정 러시아는 엄청난 액수의 국채를 발행했어요. 이 국채들을 프랑스나 영국 등에서 사주었죠. 그러다 1917년 사회주의 혁명이 일어나면서 상황이 급변합니다. 제정 러시아를 무너뜨리고 소련을 수립한 블라디미르 레닌이 과거 러시아 정부가 진 채무를 변제하지 않겠다는 법안에 서명했거든요. '우리 소련은 과거 황제가 진 빚을 갚지 않겠다'라고 일방적으로 공표한 셈이죠. 채무 불이행, 즉 디폴트를 선언한 겁니다.

완전 막무가내네요. 그렇게 제멋대로 해도 되나요? 돈 빌려준 사람들이 한둘이 아닐 텐데….

1894년에 발행된 제정 러시아 국채

물론 안 되죠. 정부가 바뀌었다고 해서 일방적으로 디폴트를 선언하면 그 국가의 신용도는 하루아침에 바닥으로 떨어집니다. 해외 자산이 묶이는 건 물론, 앞으로 이 국가에 돈을 빌려주려고 하는 나라도 나타나지 않을 거예요.

그렇지만 소련은 애초에 기존 자본주의 질서와 결별을 선언하면서 등장한 나라였기 때문에 개의치 않았어요. 그러니 가장 큰 피해자는 제정 러시아의 채권을 구입해서 가지고 있던 채권자들이었습니다. 그로부터 수십 년이 흐르는 동안 이 채권은 골동품 내지는 기념품 취급을 받으며 세계 이곳저곳으로 흩어졌죠.

정부가 발행한 채권이 하루아침에 휴지 조각이 되어버린 셈이네요. 저 같아도 돈 받는 걸 포기하고 그냥 버렸을 것 같아요.

코스톨라니는 그렇게 버려진 채권을 사 모았습니다. 계기는 1985년에 있었던 미국과 소련의 정상회담이었어요. 두 국가의 정상이 만나 대담하는 모습을 지켜본 코스톨라니는 머지않아 미국과 소련 사이 냉전이 끝나고 소련이 붕괴할 거라 생각했습니다. 그러고는 이렇게 예측했죠. '소련이 해체되면 소련의 핵심이었던 러시아도 다시 개별 국가의 운명을 걷게 되겠구나. 러시아가 다른 자본주의 국가와 정상적인 경제 교류를 하려면 일단 제정 러시아 시절에 졌던 채무부터 해결할 수밖에 없겠다'라고요.

이해가 안 되는데요. 왜 러시아가 제정 러시아의 채무를 해결해야만 정상적인 경제활동을 할 수 있나요?

1989년에 있었던 미하일 고르바초프(왼쪽) 소련 대통령과 로널드 레이건(오른쪽) 미국 대통령의 정상회담. 이때 냉전 종식이 공식적으로 선언됐다.

앞에서 설명한 것처럼 오늘날 대부분 국가는 수시로 국채를 발행해 부족한 예산을 충당합니다. 국채를 발행하고 꾸준히 거래하려면 무엇보다 정부의 신용이 필수적이지요.
비록 100년에 가까운 시간이 흐르긴 했지만, 상환되지 않은 수십 조 원 규모의 제정 러시아 채권이 세상에 떠돌아다니고 있는 상황에서 러시아 정부가 새로 국채를 발행한다면 누가 흔쾌히 돈을 빌려주려 할까요? 일단 예전의 빚이라도 갚으면서 국가 신용을 회복하려는 노력을 보여야 하지 않을까요?

어쨌든 뿌리가 같긴 하니까… 개인으로 치면 가지고 있는 빚부터 성실하게 갚아야 신용이 올라가는 원리랑 비슷한 거네요.

바로 그렇습니다. 그 길로 코스톨라니는 골동품 시장에서 제정 러시아 채권을 마구 사들였습니다. 구매 가격은 발행 가격의 1% 수준인 5프랑 정도였죠. 존재하지도 않는 제정 러시아 정부에게서 그 돈을 받을 수 있으리라고 아무도 기대하지 않아 헐값에 팔리던 겁니다.
정상회담으로부터 6년이 흐른 1991년, 소련이 무너지고 등장한 러시아 정부는 정상적인 재정 운용을 위해 국채를 발행할 필요를 느끼게 돼요. 이에 기존 제정 러시아 채권을 1매당 300프랑씩 보상해주겠다고 발표합니다.

코스톨라니가 예상한 그대로 흘러가는군요!

발행가가 500프랑이었으니 실은 이자는커녕 원금도 안되는 금액이었죠. 하지만 채권 1매당 5프랑에 구입했던 코스톨라니는 무려 6,000%라는 비현실적인 수익률을 올릴 수 있었습니다. 만약 코스톨라니가 제정 러시아 국채 1억 원어치를 샀으면 60억 원을 받게 된 거예요.

아, 정말 대단하네요! 휴지 조각 같던 채권이 하루아침에 금덩어리가 됐어요.

비슷한 사례는 많습니다. 과거 중국이 청나라이던 시절, 철도를 부설하기 위해 발행했던 채권이 있어요. 100년 넘게 상환되지 않은 이 채권은 여전히 수집가들 사이에서 거래되고 있다고 합니다. 또, 프랑스의 BNP파리바 은행에서는 미상환된 북한 채권에 대한 권리를 모아 금융상품까지 만들었다고 해요.
특히 북한 채권의 경우 실제 거래가 거의 불가능한 특수채권이라 금융 전문지《IFR》을 통해 가끔 '팔고 싶은 가격'이 소개되는데요. 평소에는 발행가 1달러의 1%인 1센트 정도로 취급되다가 남북 정상회담이 개최되고 남북 관계가 좋아지던 시기에는 가격이 약 26센트까지 치솟았습니다.

북한에서 발행한 채권

참 신기하네요. 채권은 그대로인데, 이슈가 있을 때마다 그렇게 가격이 급등하고 급락하는 걸 보면 말이에요.

돈이라는 게 이익에 따라 얼마나 예민하게 움직이는지 잘 보여주죠. 물론 돈에는 의지가 없습니다. 그 돈을 움직이는 것은 어디까지나 인간의 욕망이지요. 투자를 포함한 대부분 경제활동도 결국 불완전한 인간이 하는 것이기 때문에 위험과 기회가 항상 공존하는 건지도 모릅니다.

필기노트 경제, 빚과 이자의 세계

채권은 일종의 대출 계약서인 동시에 시장에서 거래되는 상품이다. 기업이나 국가는 채권을 발행해 필요한 자금을 얻는다. 발행주체의 신용에 따라 채권 가격이 높아지기도 하고 낮아지기도 한다.

중산 베이커리 채권

중산 베이커리는 자금 마련을 위해 채권을 발행.

채권 빚이 기록된 문서나 계약서로 그 자체를 사고팔 수 있음. 발행일, 상환일, 이자율 등이 적혀 있음.

이자의 세계

기준금리 중앙은행에서 정책적인 목적을 가지고 결정한 금리.

① 기준금리가 낮으면, 투자와 대출이 늘어나고 경기가 활성화됨.
→ 물가 상승률 증가.

② 기준금리가 높으면, 이자 부담이 커짐.
→ 물가 상승률 하락.

채권은 어떻게 거래되나

$$\text{기대수익률} = \frac{\text{투자로 얻게 되는 돈} - \text{투자한 돈}}{\text{투자한 돈}} \times 100$$

기업의 신용이 높아지면 채권의 기대수익률이 자연스럽게 하락하고, 반대로 신용이 낮아지면 기대수익률이 증가. 신용도가 낮은 기업은 이자 부담이 커지는 결과로 이어짐.

나라도 채권을 발행한다

국채 국가가 발행하는 채권. 회사가 발행한 회사채와 구분됨. 대부분 국가가 예산의 일부를 국채로 충당.

국채도 일반 채권처럼 투자 가능.

예시 제정 러시아 국채를 매입해 6,000%의 수익률을 올린 앙드레 코스톨라니.

인플레이션은 입법 없이 부과할 수 있는 조세다.

| 밀턴 프리드먼 |

03 주머니 사정을 바꾸는 환율과 물가

#환율 #무역 #외환보유액 #자본주의 #인플레이션 #디플레이션

중산 씨 이야기로 다시 돌아오기 전에 1990년대 한국 경제가 어떤 상황이었는지 살펴보려고 해요. 그러려면 외환 이야기를 짧게나마 하지 않을 수 없습니다. 우선 한 가지 물어볼게요. **환율**이란 무엇일까요?

환율이요? 해외여행 가서 돈 바꿀 때 많이 접하는 단어죠. 1달러에 1,200원, 100엔에 1,000원 정도 하잖아요.

환율, 국가의 신용도를 보여주다

맞아요. 정확히 말하자면 서로 다른 화폐 간의 교환 비율을 의미합니다. 환율이 결정되는 곳은 외환을 거래하는 외환시장입니다. 그런데 외환을 거래하는 장소가 따로 마련돼 있는 건 아니고요. 각 나라 은행이 가진 외화의 규모와 거래량에 따라 환율이 자동으로 정해집니다. 외화가 많이 들어오면 흔해진 외화가 원화에 비해 저렴해지고, 반대로 외화가 밖으로 빠져나가면 그만큼 비싸지는 거지요.

그래서 환율은 수시로 변해요. 은행에 갔을 때 나라별 환율 전광판을 본 적 있죠? 그 전광판에 보이는 게 바로 외환시장에서 거래되어 실시간으로 결정되는 **고시환율**입니다. 일반 개인이나 기업은 그렇게 고시되는 환율에 따라 은행에서 수수료를 주고 환전하죠.

좀 이해하기 어려운데요, 쉽게 풀어서 설명해주세요.

간단한 예를 한번 들어볼게요. D화를 사용하는 나라가 경제위기에 처했다고 칩시다. 이 나라는 재정이 고갈돼 그동안 발행한 국채를 갚지 못하겠다고 디폴트를 선언했어요. 현재로서는 상품을 수입할 수 있는 외화도, 경쟁력 있는 산업도 없어서 상황이 나아질 가능성이 희박합니다. 그렇다면 장차 D화의 가치는 어떻게 바뀔까요?

Hong Kong 港元	4.35	4.66
Malaysia Malaysian Ringgit	8.24	9.57
Euro EUR	36.88	39.05
Australia Australian Dollar	24.34	26.55
England Pound sterling	52.21	55.10
Korea 대한민국 원 (:1000)	23.60	36.50
New Zealand New Zealand Dollar	22.37	24.02

고시환율 전광판

왠지 떨어질 것 같은데요.

그렇습니다. 대부분 화폐는 발행한 나라 안에서만 쓰이지만, 국제적으로는 각 국가의 신용도를 보여주는 일종의 채권 비슷한 역할을 하거든요. 회사의 신용도가 떨어지면 채권 가격이 떨어지듯이, 국가의 신용도가 떨어지면 화폐 가치가 떨어지죠.
자, 재정적자가 심화되고 경기가 침체된 상황이라도 어쨌든 정부는 활동해야 하잖아요? 쓸 돈은 많은데 빌려올 수도 없다면, 다음에는 어떤 행동을 할 수 있을까요?

글쎄요, 설마… 돈을 찍어내나요?

맞아요. 하지만 그렇게 '만들어낸' 돈은 금이나 은처럼 그 자체로서 가치 있는 게 아니에요. 그러니 수요 공급의 법칙에 따라 수량이 늘어난 만큼 D화의 가치는 떨어집니다. 사실 돈을 만들어낼 거라는 예상만으로도 화폐 가치는 떨어져요. 가치가 떨어질 게 뻔히 예상되는 돈을 갖고 싶어 할 사람은 없으니까요. 이때 외환시장에서 D화의 수요와 공급이 어떻게 변할지 한번 예상해볼까요?

수요는 줄고 공급만 늘겠네요.

1924년 심각한 인플레이션으로 독일의 화폐 가치가 폭락했다. 휴지 조각이 된 화폐 대신 새로운 화폐가 발행되면서 기존 화폐는 소각됐다.

그렇습니다. D화를 다른 신뢰도 높은 국가의 외화, 혹은 작고 가볍지만 가치는 높은 귀금속과 바꾸려는 이들이 많아지겠죠. 이렇게 환율의 등락은 국가의 경제력이나 신용도를 가늠하는 척도가 됩니다.

아시다시피 우리나라 경제는 무역 비중이 높기 때문에 국내 경제를 이해하려면 환율에 대한 이해가 필수예요. 2010년대부터 지금까지 약 10년간 달러 대비 원화 환율은 1달러당 1,000원과 1,500원 사이를 오르내렸죠. 그런데 중산 씨가 막 회사를 차린 1994년 달러 환율은 1달러당 750~800원 수준이었습니다.

800원이요? 지금이랑 비교하면 너무 싸네요. 원화가 비싸다고 해야 하나요?

정확히는 똑같은 1달러를 얻는 데 필요한 원화가 훨씬 적죠. 당시 달러 대비 원화 가치가 지금보다 40% 정도 높았다고 정리할 수 있습니다. 반대로 달러는 그만큼 저렴했던 거고요.

해외여행을 하던 중에 돈이 필요해서 원화 100만 원을 환전한다고 가정해봅시다. 지금이라면 800달러 정도밖에 못 받지만 1994년에는 대략 1,300달러를 받을 수 있었던 거예요. 똑같은 액수의 원화로도 1994년에는 훨씬 더 비싸고 많은 외국 제품을 구입할 수 있었죠.

갑자기 그 시절 사람들이 부러워지는데요.

환율이 오르내릴 때 생기는 변화

하지만 비싼 원화 가격이 항상 긍정적으로 작용하지만은 않아요. 특히 무역에선 말이죠. 지금도 그렇지만 당시 한국은 원자재를 수입한 뒤, 완제품을 만들어 수출해서 먹고사는 전형적인 제조업 국가였습니다. 단순하게 도식화하면 아래와 같을 거예요

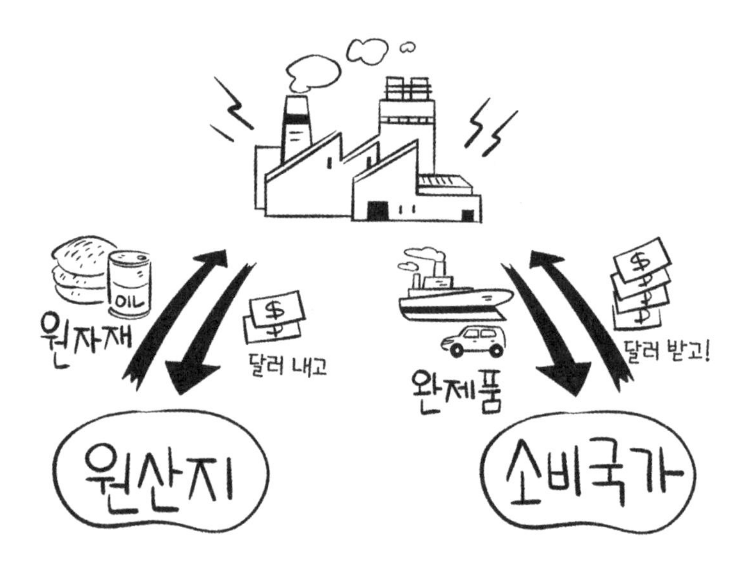

1만 달러를 주고 외국에서 원유 등의 원자재를 수입합니다. 그걸

재료 삼아 노동과 자본을 투입해 자동차를 만들고요. 3만 달러를 받고 해외에 그 자동차를 수출하는 거죠. 남은 2만 달러로는 또다시 국내에서 필요한 원료와 에너지를 수입해서 강철이나 반도체, 자동차 등을 만듭니다. 또 그것을 수출하고, 거기서 남는 돈으로 또 원료와….

이제 이해했어요. 어떻게 보면 개인이 장사하는 과정이랑 비슷하네요. 개인도 번 돈의 일부는 생활에 쓰고, 남은 돈은 또 내일 영업에 필요한 비용으로 쓰잖아요.

맞습니다. 다른 점이 있다면 무역에는 반드시 달러화가 필요하다는 점이지요. 현재 미국의 달러는 국제무역이나 금융거래에서 가장 많이 쓰이는 화폐예요. 거래의 기초가 된다고 해서 **기축통화**라고도 합니다. 해외 어느 나라를 여행하더라도 달러화는 가장 낮은 수수료로 환전 가능하지요? 다른 화폐에 비해 달러화의 지위가 확고하고, 또 쓰임이 많은 만큼 수요가 크기 때문입니다.
제조업과 무역이 핵심인 경제 특성상 우리나라는 일정 수준의 달러화가 꼭 필요합니다. 이 '일정 수준의 달러'를 가늠할 때 뉴스에서 종종 나오는 말이 **외환보유액**입니다.

10월 외환보유액 4,692억 달러 또 '사상 최대'

(…) 한국은행이 6일 발표한 '2021년 10월 외환보유액'에 따르면 지난달 외환보유액은 4,692억 1,000만 달러로 한 달 사이 52억 4,000만 달러 늘었다.

—《조선비즈》 2021.11.3

들어본 것 같아요. 외환보유액이 늘어나야 좋은 거죠?

대체로 그렇죠. 외환보유액이 많을수록 그 국가의 대외적인 신용도가 높다고 보면 됩니다. 외환보유액은 '나라가 비상사태에 대비해 비축해놓은 외화자금의 규모'를 의미하니까요. 달러화뿐 아니라 엔화나 유로화 등 외환시장에서 영향력이 큰 통화, 혹은 외화로 표시되는 모든 금융 자산이 집계되죠. 외환보유액이 너무 많아지면 관리하는 비용이 늘어나긴 하지만, 외환보유액이 부족해 발생하는 문제와 비교하면 사소한 부분이니 여기서는 넘어가도록 해요. 무역에서 지속적으로 적자가 발생하면 외환보유액이 점점 줄어듭니다. 실제로 IMF 외환위기가 닥치기 전 한국의 무역수지는 1990년부터 1997년까지 단 한 해를 제외하고 계속 적자 상태였어요.

왜 그렇게 된 거죠? 그럼 수출을 더 열심히 해서 외환보유액을 늘렸어야죠.

안타깝지만 그런 해법이 통할 상황이 아니었어요. 상당히 특이한 상황이었죠. 원래 달러화가 외국으로 계속 빠져나가면, 국내에 달러화가 부족해지고 원화가 상대적으로 많아지니 원화 가치는 자연스럽게 떨어집니다. 당시 몇 년 동안이나 무역적자가 이어졌기에 정상적으로는 원화 가치가 떨어져야 했죠. 그런데 1997년 초반까지도 환율은 달러당 750원에서 800원 사이로 원화 강세가 지속됐어요. 어떻게 이런 일이 가능했을까요?

왜죠? 누가 몰래 원조해준 건가요?

달러화 대비 원화 가치가 떨어지지 않도록 우리 정부가 인위적으로 환율을 고정했기 때문입니다. 이걸 '환율을 방어했다'고 표현하는데요. 나중에 다시 설명할 기회가 있을 테니 간단하게만 이야기하면, 정부가 외환시장에 직접 참여해 달러화를 팔고 원화를 사들인 겁니다.
그 결과 무역은 지속적으로 적자인데 원화 가치는 강세를 유지할 수 있었어요. 달리 말하면 원자재나 원유를 저렴하게 구입할 수는 있었지만, **수출경쟁력**은 지속적으로 떨어지고 있었다는 뜻입니다.

아… 이제 한계가 온 것 같아요. 풀어서 설명 부탁드려요!

오랜만에 다시 중산 씨의 이야기로 돌아가 봅시다. 환율이 1달러당 800원이던 시점에 중산 베이커리에서는 빵의 원재료인 외국산 밀가루 한 포대를 10만 원에 구입할 수 있었습니다.
그런데 원화 가치가 높아지면서 1달러당 700원으로 환율이 떨어졌어요. 원화 가치가 오른 만큼 달러화를 내고 밀을 수입하던 회사는 저렴한 값으로 수입이 가능해졌겠죠? 같은 달러화를 구하는데 더 적은 원화만이 필요한 상황이니까요. 여기까지 이해되나요?

여기까지는 이해했어요.

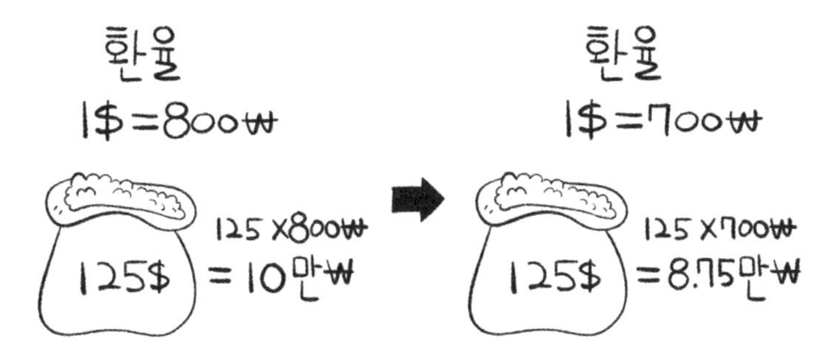

원재료인 밀이 저렴하게 수입되니, 국내에서 유통되는 밀의 가격도 전체적으로 하락할 겁니다. 원가가 떨어진 만큼 수입사는 제분업체에 밀을 저렴하게 팔 테고, 밀가루를 사서 빵을 만드는 중산 베이커리의 생산비용도 덩달아 절감될 거예요. 전에는 10만 원을 줘야 했던 밀가루 한 포대가 이제는 8만 원대로 떨어져버렸으니까요. 전과 같은 가격으로 빵을 팔더라도 더 많은 이익을 남길 수 있게 된 거죠.

원재료가 저렴하게 수입된 덕분에 관련된 사람이 연달아 이익을 볼 수 있군요.

하지만 완제품인 빵을 해외에 수출할 때는 높은 원화 가치가 오히려 문제가 됩니다. 국내의 경쟁 과열을 극복하기 위해 중산 베이커리는 해외 시장에 진출할 계획을 세웠는데요. 중산 베이커리의 대표 상품인 소보로빵의 국내 판매가격은 2,000원이었습니다. 현실에서는 관세나 유통비용 등도 더해지겠지만, 여기서는 판매가격만 보도록 하죠.
1달러당 환율이 800원인 시점에 중산 베이커리가 국내에서 벌어들인 것과 비슷한 수준의 이익을 기대하려면 해외 수입상에게 소보로빵 한 개당 약 2.5달러는 받아야 합니다. '2.5×800원=2,000원'이 되려면 말이죠.

그렇네요. 그럼 환율이 달러당 700원으로 떨어지면….

빵을 수출하고 받은 돈이 2.5달러잖아요. 달러화를 국내에서 사용할 수는 없으니까 다시 원화로 환전해야 하는데, 환율이 700원인 상황에서 환전하면 2,000원이 아니라 1,750원을 받게 됩니다. 판매가격은 똑같이 2.5달러인데 환율이 떨어지는 것만으로도 수출이익이 쪼그라드는 효과가 발생하는 거죠. 이전처럼 2,000원을 받으려면 2.5달러가 아니라 2.85달러로 값을 올려서 수출해야 합니다.

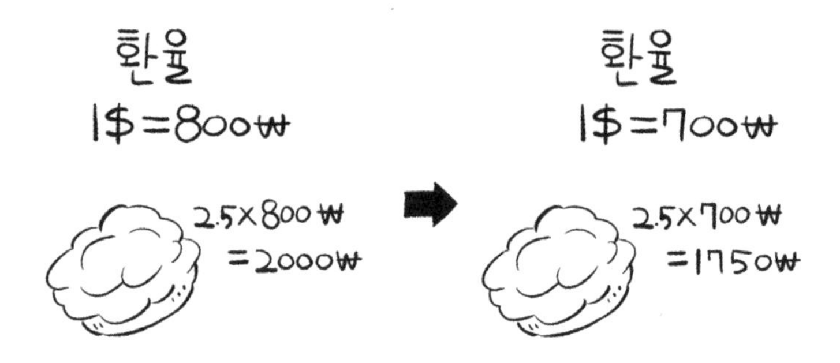

반면 중산 베이커리에서 빵을 수입하는 외국 수입상의 입장에서 생각해보세요. 그전까지 2.5달러면 충분했던 소보로빵을 사는 데 2.85달러를 줘야 한다면 어떨까요. 말이 0.35달러지 같은 제품을 예전보다 14%나 더 비싸게 사야 하는 겁니다. 한두 개 수입하는 것도 아닌데 가격이 이만큼 올라버리면 당연히 부담이 되죠. 수입상 중 일부는 아예 다른 제품을 찾게 될 겁니다.

중산 베이커리 입장에서는 가격을 올린 것도 아닌데, 환율이 떨어진 것만으로 빵을 수출하기 어려워졌네요.

그렇습니다. 이윤의 감소를 받아들이고 판매가격을 외국 시세에 맞춰 유지하든지, 판매량 감소를 각오하고 판매가격을 올리든지 둘 중 하나를 택해야 하는데 수출하는 입장에서는 어느 쪽이든 달가운 상황이 아니죠.
실제로 1990년대 중반까지 낮게 유지된 환율은 일시적으로 국내 시장의 성장과 활기를 가져왔지만 장기적으로 주요 제조업의 수출경쟁력을 떨어뜨리는 결과를 낳았습니다. 원화 강세 상황에서 외국 상품에 대한 사람들의 구매력이 증가한 반면, 무역적자는 지속되어 외화보유액이 계속해서 감소하고 있었죠. 이후에 올 거대한 파국을 암시하는 신호가 조금씩 나타나고 있었지만, 그 신호들은 고성장 시대의 인플레이션과 호황기의 풍요에 묻혀 거의 들리지 않았습니다.

인플레이션이요? 역시 많이 들어보긴 했는데….

성장을 전제로 설계된 자본주의

경제 관련 뉴스에서 하루가 멀다 하고 나오는 용어죠. **인플레이션** Inflation이란 '통화량의 증가로 인해 상품과 자산의 가격이 오르는 현상'을 의미합니다. 간단히 물가 상승이라고 이해해도 되는데 그 본질은 통화량, 그러니까 시중에 유통되는 돈의 증가라고 할 수 있어요. 지금으로부터 30여 년 전 신문기사를 하나 보여드리겠습니다.

연합뉴스

1990.4.19

물가, 올라도 너무 오른다

(…) 대기업인 S상사에 근무하고 있는 ○○○ 씨(33)는 한 달 용돈이 15만 원으로 월급 60만 원의 4분의 1을 차지하고 있으나 이 돈으로는 하루하루를 지내기가 어려운 형편이다. 우선 점심 때 인근 식당에서 웬만한 음식을 사 먹으려면 작년 이맘때는 1,000원으로도 족했으나 이제는 2,000원짜리도 부실한 편에 속하며 다방의 커피값도 작년 봄 600~800원 수준에서 지금은 최고 1,500원까지 껑충 치솟았다. (…)

대기업 직원 한 달 월급이 60만 원에 식대가 한 끼에 2,000원이라니…. 지금이랑 비교하면 물가가 5분의 1 수준이네요.

그렇습니다. 지난 30년간 물가가 꾸준히 올랐다는 증거지요. 왜 이렇게 물가가 오르는지 이유를 생각해본 적 있나요?

주로 천재지변, 그러니까 장마가 길어지거나 날이 갑자기 추워지면 농산물 가격이 오르잖아요.

그런 이유로 발생하는 물가 상승은 공급 감소로 인한 일시적 현상이에요. 피해가 복구되고 농산물 공급이 정상화되면 가격도 다시 원래대로 돌아가기 때문에 장기적인 물가 상승을 설명하기에는 역부족이죠.
사실 답은 간단합니다. 지난 30여 년간 일상적으로 사용되는 돈의 양, 돈의 규모 자체가 엄청나게 커졌기 때문이에요. 이는 우연히 일어난 일이 아니라, 자본주의 자체가 그렇게 설계된 결과로 나타난 현상입니다.

이해가 잘 안 돼요. 자본주의가 어떻게 설계됐다는 건가요?

먼저 **자본주의**라는 단어부터 이해해야 할 것 같은데요, 자본주의가 무슨 뜻인지 잘 아나요?

정말 자주 쓰는 말이기는 한데… 사실 정확한 뜻은 잘 모르겠어요.

자본주의는 '개인의 사적 재산 소유를 바탕으로 이윤 획득을 위해 상품을 생산하고 소비하는 경제체제'를 의미합니다. 좀 더 쉽게 풀면 '이익을 얻기 위한 경제활동을 보장하는 체제'라고 할 수 있죠. 이미 우리가 살아가는 현실 그 자체이기 때문에 자본주의의 개념을 굳이 따로 배운 적은 없을 거예요.

그렇네요. 이익을 얻기 위해 경제활동을 하는 건 너무 당연하다고 생각했거든요. 재산을 소유하는 거야 말할 것도 없고요.

어떻게 생각하면 당연하죠. 하지만 이익이란 굉장히 이상한 특성을 갖고 있기도 합니다. 단적인 예를 하나 들어볼게요. 어떤 마을에 A와 B라는 딱 두 사람만 살고 있고, 이 둘이 처음에 같은 돈을 가지고 있었다고 가정해봅시다. 두 사람은 서로의 삶에 필수적인 상품을 생산하고 있기 때문에 끊임없이 돈과 상품을 주고받으며 경제활동을 해야 하는 상황이에요.
그런데 몇 년간 A가 B에게서 계속 이익을 봤어요. 이 경우 B의 상황은 어떻게 됐을까요?

A와 B가 처음에 같은 돈을 가지고 시작했는데, A가 이익을 계속 봤다는 건 돈을 계속 벌었다는 거잖아요? 그럼 B는 돈이 줄어들지

않았을까요?

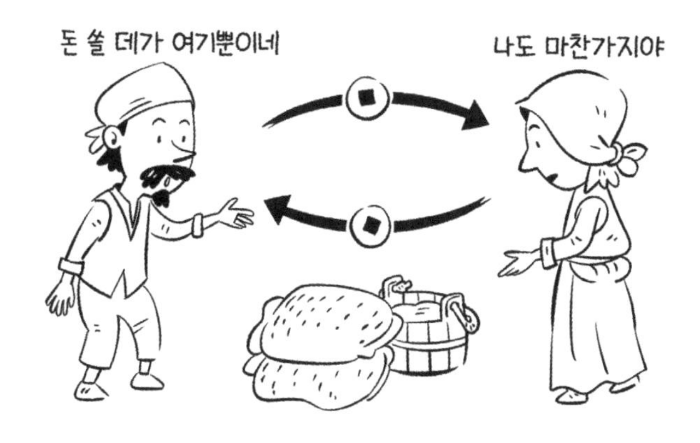

그렇습니다. 돈의 총량이 한정되어 있을 때, A가 돈을 번다는 건 곧 B가 돈을 잃는다는 뜻이에요. A가 계속 이익을 추구하는 것만으로도 B는 더 가난해지고, 심지어 생존을 위협받을 수도 있죠.

그 정도로 이익을 추구한다면 A가 못된 거죠. 게다가 B가 죽어버리면 결국 그 피해가 자신한테 돌아오는 거 아닌가요.

그렇게 될 수도 있죠. A의 돈이 급속도로 늘어나는 걸 본 B는 자신이 생산하는 상품의 가격을 두 배로 올려버렸습니다. 경제활동을 지속하기 위해서였죠. 다른 선택지가 없었던 A는 비싼 돈을 주고 B의 상품을 구입해요. 그렇게 해서 A가 쌓아놓았던 돈이 다시 B에게로 돌아가게 됩니다. 이런 상황이 몇 번 반복되고 협상을 거듭하다 보면 결국 둘은 서로 이익도 손해도 보지 않는, 지속 가능한 상품 가격을 찾아 거래하게 될 겁니다. 이때 두 사람의 거래 내역을 그래프로 그려보면 대략 아래와 같은 모습이 되겠죠.

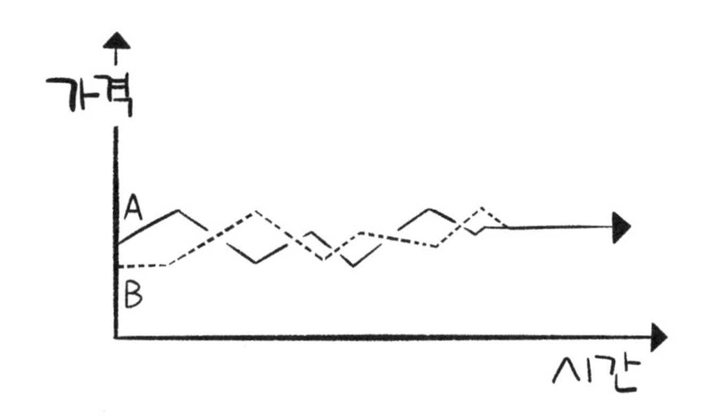

그런데 지금부터가 본 게임이에요. B의 금고에 갑자기 새로운 돈이 생깁니다. 그것도 날마다 조금씩 늘어나는 거예요. 그리고 이 사실을 서로가 알고 있습니다. 그렇다면 어떤 일이 벌어질까요?

상상만 해도 즐거운데요. 근데 두 사람은 달리 돈을 쓸 데가 없지 않아요?

그렇습니다. 이 단순화한 세계에서는 서로의 상품을 사는 거 말고는 돈을 사용할 곳이 없어요. 그래서 A는 생각했죠. 'B한테 돈이 더 생겼으니까 내 상품의 가격을 좀 올려도 되지 않을까?'

결국 본성을 드러내네요. 남의 돈이 늘어나는 게 자기랑 뭔 상관이라고….

그런데 문제는 B 역시 같은 생각을 했다는 거예요. 'A가 가격을 올린다고? 결국 자기가 더 이익을 보겠다는 거네. 손해 보고는 못 살지.' 결국 B도 A만큼 자기 상품의 가격을 올려버립니다. B의 금고에 날마다 새 돈이 생겨난다고 했죠? 새로 돈이 생기는 족족 A가 가격을 올리고, 이어서 B도 가격을 올리는 현상이 발생해요. 이런 상황이 반복되다 보면, 두 사람이 파는 상품 가격은 다음과 같이 그려질 겁니다.

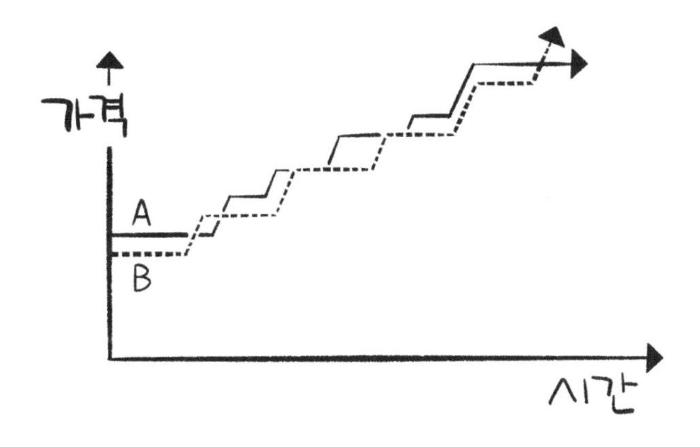

하긴 저 같아도 손해 보고 팔지는 않을 거 같지만…. B의 금고에 추가로 돈이 생겨봤자 이렇게 되면 말짱 도루묵이네요?

그렇습니다. 괜히 물가만 오른 거죠. 핵심은 화폐의 총량이 늘어나면 늘어날수록 물가가 상승한다는 사실입니다. A와 B의 사례처럼, 이익을 남기고자 하는 욕망을 이용해 지속적으로 성장하고 팽창할 동력을 얻는 경제체제가 바로 자본주의입니다. 지금 이 순간에도 돈은 계속 새롭게 탄생하고 있어요.

그게 무슨 말씀이세요? 누군가 지금 돈을 막 찍어내고 있다는 건가요?

앞에서 각국의 중앙은행이 기준금리를 결정한다고 했던 거 기억하시죠? 기준금리를 결정하는 것 외에도 중앙은행이 하는 중요한 역할 중 하나가 돈을 만드는 일이에요. 그런데 돈을 만든다는 건 단순히 지폐 뭉치나 동전을 찍어내는 게 아니라 대출을 해준다는 뜻입니다. 중앙은행은 돈을 갖고 있지 않아도 새롭게 만들어내 빌려줄 수 있습니다. 중앙은행이 시중은행에 돈을 빌려주기만 하면 세상에 없었던 돈이 '짠' 하고 탄생하는 거죠. 당연히 뭉칫돈을 직접 건네지는 않고 전산상으로만 기록되는 과정입니다. 그 다음엔 시중은행이 그 돈을 일반 기업이나 가계에 다시 대출해줌으로써 세상에 돈을 유통시킵니다.

돈을 만든다고 하니까 인쇄기에서 지폐가 인쇄되는 장면을 떠올렸어요. 그게 아니라 돈을 대출해주기만 하면 되는군요?

정답입니다. 돈이 늘어나면서 A와 B가 만드는 상품의 가격이 계단식으로 상승했던 것, 기억하시죠? 같은 원리로 시중에 유통되는 화폐의 총량이 지속적으로 늘어남에 따라 우리 세상의 물가는 점진적으로, 때로는 급하게 상승했습니다. 30년 전에 비해 다섯 배나 올라버린 물가는 그게 어느 정도인지 알려주죠.

그렇게 생각하니까 무섭네요. 사람들은 그저 꾸준히 경제활동을 하고 있을 뿐인데, 물가가 그렇게 올라버렸다는 사실이요.

물가가 오르면 무엇이 바뀔까?

그럴까요? 물론 평범한 소비자로 살아가는 입장에서는 물가가 오르는 게 그다지 반가운 일이 아니겠지만, 사실 인플레이션이 주는 긍정적인 효과도 존재합니다.

예? 물가가 올라서 좋은 사람이 있을까요?

다시 중산 씨의 이야기로 돌아가 봅시다. 중산 씨가 사업을 하기 전에 목돈을 마련하려고 아파트 담보대출을 받았던 것, 기억하나요?

네, 대출을 받아서 2억 원을 마련했다고 하셨잖아요?

맞습니다. 정확히 말하자면 당시 중산 씨가 소유한 아파트의 거래 가격은 2억 5,000만 원 정도였고, 담보의 가치를 인정해준 은행으로부터 대출한 금액이 2억 원이었어요. 그런데 중산 씨가 사업을 열심히 하는 동안 경제 호황으로 인해 부동산 시장도 뜨겁게 달아올랐습니다. 덕분에 중산 씨의 아파트도 2년 만에 3억 5,000만 원까지 올랐죠.

1억 원이나 올랐네요. 뭐 낯설지 않은 풍경이기는 하지만….

이자를 제외하면 중산 씨가 가진 부동산 전체 자산에서 부채를 뺀 순자산이 5,000만 원에서 1억 5,000만 원으로 훌쩍 뛰어버린 셈이죠. 더 극단적인 경우도 보여드리겠습니다.
다음은 20여 년 전 신문기사입니다. 2000년 7월에 입주가 시작된 서울 강남의 대치 ○○아파트에 대한 기사인데요. 입주 당시에는 2억 2,000만 원으로 25평짜리 아파트 한 채를 구입할 수 있었다고 합니다. 아마 당시에도 많은 사람이 20년 정도 장기 대출을 받아 아파트를 구입했을 거예요.

한국경제
2000.5.2

입주 예정 아파트 '대치 ○○'

편익시설 풍부한 강남 노른자위

(…) 25평형이 2억 2,000만 ~ 2억 5,000만 원, 32평형이 3억 3,000만 ~ 3억 6,000만 원, 37평형이 4억 3,000만 ~ 4억 9,000만 원에 거래된다. (…)

중산 씨의 조카인 M도 마찬가지였습니다. 당시 30대 중반이었던 M은 20년 동안 상환할 계획으로 1억 7,000만 원을 대출받아 25평짜리 아파트를 2억 2,000만 원에 구입했다고 합니다. 이 시점에서 M의 부동산 순자산은 얼마가 될까요?

음, 전체 자산에서 대출금을 뺀다고 했으니까… 2억 2,000만-1억 7,000만=5,000만 원이요.

그렇습니다. 아파트의 소유권은 M에게 있지만, 20년간 매달 원금을 제외하고도 이자로만 수십만 원씩 갚아야 하는 상황이었어요. M은 이따금 '이 아파트는 방 한 칸 정도만 내 것이야. 나머지는 은행 것이지' 하며 자조 섞인 말을 하기도 했습니다. 20여 년이 지난 후, M의 아파트는 어떻게 됐을까요?

서울 대치동 대치 ○○ 59㎡ 18억 7,000만원에 거래

국토교통부 실거래가 공개시스템에 따르면 지난 2021년 1월 14일 서울특별시 강남구 대치동 대치 ○○ 3층 전용면적 59㎡형이 18억 7,000만 원에 거래됐다.

—《조선비즈》 2021.2.3

18억 7,000만 원이요? 세상에, 여덟 배가 넘게 오른 거네요!

그렇습니다. 평균적인 물가 상승률을 훨씬 웃도는 수준인데요. '강남 아파트'라는 희소성 때문에 자산 가격이 크게 오르면서 벌어진 현상입니다. 아파트를 매입했을 당시, 보유한 자산의 대부분이 부채였던 M은 이제 원금과 이자를 다 갚고도 15억 원이 넘는 이득을 얻은 셈이 되었죠. 아파트 자체는 변한 게 없고 오히려 20년이 흐르는 동안 상당히 낡고 허름해졌을 텐데 말입니다. M은 그저 이 자산을 소유한 것만으로도 자신이 짊어진 부채의 부담을 덜어낸 거예요.

부럽기도 하고 허무하기도 하네요. 부동산 가치가 오르면서 빚이 그냥 없어졌다니….

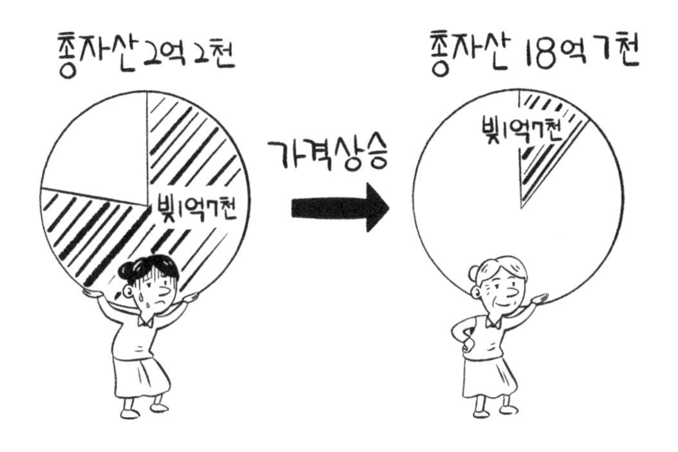

그렇습니다. 실제 빚의 액수가 변하진 않았지만 인플레이션이 계속되는 동안 빚의 크기가 자산 대비 상대적으로 줄어들었죠. 단지 유통되는 돈의 총량이 커지고 물가가 오른 것만으로 빚 부담이 가벼워진 겁니다.

부동산뿐 아닙니다. 지난 20년간 인건비, 원료비며 상품을 만드는 데 들어가는 각종 비용이 증가하면서 전반적인 물가도 꾸준히 올랐습니다. 거대해진 경제 규모만큼 '대출'이라는 이름으로 시중에 돈이 풀려나갔고, 그로 인해 부동산을 비롯한 모든 자산의 거래액이 커진 거예요.

아이러니하네요. 저희 친척들이 사는 지방의 아파트는 몇 년째 가격이 거의 그대로인 곳도 있거든요. 아파트를 내놓아도 마땅한 매수자가 나타나지 않고요.

안타깝지만 물가가 오른다고 해서 모든 자산의 가격이 똑같이 오르는 건 아닙니다. 강남 부동산의 경우, 많은 이들이 소유하기를 원하는데 실제 공급은 한정되어 있으니 가치가 그만큼 오를 수밖에 없죠.
인구가 감소하는 지방은 오히려 반대입니다. 인구가 적어지는 만큼 아파트 수요도 줄어들면서 아파트 가치가 떨어지는 속도가 물가상승률을 상쇄해버릴 때가 있죠. 20년 전에는 분명 비슷했던 사람들의 처지가 그동안 '어떤 자산'을 소유하고 있었느냐에 따라 극명하게 갈리기도 합니다. 심지어 그 자산의 대부분이 부채였던 경우에도 말이죠.

그래서 주변 사람들이 '빚내서 집 사라'고 그러는 거군요…. 경험에서 우러나온 일리 있는 말이었네요.

글쎄요. 역시 섣불리 일반화시키기는 어렵습니다. 어떤 집이냐, 혹은 어떤 시점이냐에 따라 맞는 말이 될 수도, 틀린 말이 될 수도 있거든요.

무작정 집을 사라 마라 할 수 있는 건 아니군요.

네, 요점은 이겁니다. '빚은 무조건 갚아야 한다'는 게 일반적인 상식이죠. 하지만 인플레이션은 그런 상식마저 무너뜨리는 힘을 가지고 있어요. 여기에 더해 인플레이션이 누적되는 사회에서는 부의 양극화가 심화될 수밖에 없습니다. 강남 부동산과 지방 부동산의 격차가 엄청나게 벌어지는 걸 보세요. 이는 지난 수십 년간 우리가 지켜봐 온 한국 사회의 상황 그 자체일 거예요.

그 반대의 경우엔 어떻게 되나요? 물가가 떨어지면 양극화도 줄어들고 좀 더 살기 좋아지지 않을까요?

인플레이션보다 무서운 디플레이션

물가가 떨어지는 현상을 **디플레이션**Deflation이라고 합니다. 인플레이션과 반대되는 개념이죠. 안타깝게도 디플레이션은 인플레이션 이상으로 무서운 결과를 낳기도 합니다.

간단한 예를 들어볼게요. 현재 서울 마포구의 한 빌라에 전세로 살고 있는 회사원 N이 있습니다. 이제 전세살이를 끝내고 자기 소유의 아파트를 마련하고 싶었던 N은 자신이 원하는 매물의 가격이 지금보다 딱 1억 원만 떨어지면 좋겠다고 생각하고 있었어요. 그러면 자신도 친구들이 과거에 그랬던 것처럼 가능한 대출을 전부 받고, 전세금도 빼서 아파트를 구입할 계획이었습니다.

실제로 영혼까지 끌어모아 집 산다고 하는 사람들이 많더라고요.

그러던 어느 날, 우리나라 경제가 큰 어려움에 직면했다고 가정해 보죠. 마이너스 성장이 계속되면서 파산하는 기업들이 속출하고, 주식시장을 비롯한 금융시장은 전부 얼어붙었어요. 부동산 시장 역시 그 여파를 피해가지 못했습니다. 가계 부채를 견디지 못한 사람들이 하나둘 파산을 신청하면서 대출로 유지되던 아파트 매물이 시장에 마구 쏟아져 나왔죠. N이 원하던 대로 5억 원에 머물던 아파트의 가격 역시 4억 원 아래까지 떨어졌습니다.

하지만 막상 고대하던 그 순간이 왔는데도 N은 아파트를 구입할 수 없었어요. 아파트 가격이 떨어지던 그즈음 N이 다니던 회사도 파산해버렸거든요. 안정적인 수입원을 잃은 N은 설상가상으로 지금 사는 빌라의 전세금마저 돌려받지 못할 위기에 처했습니다. 빌라 가격도 덩달아 폭락하는 바람에 집주인이 전세금 상환을 거부하고 잠적해버렸기 때문이죠.

에이, 너무 과장된 예시 같은데요. 그렇게 극단적인 경제위기가 찾아와야만 물가가 떨어지는 건가요?

사실이 그렇습니다. 지역마다 차이는 있지만, 서울 지역 아파트에만 한정하면 경제가 어려워지거나 금융위기가 발생한 시점 전후에만 가격이 떨어졌어요. 아무 이유 없이 물가가 내려가는 일은 있을 수 없는 거죠. 때문에 디플레이션은 다음 기사에 적혀 있듯 경제위기의 또 다른 이름이라고 불릴 정도입니다.

연합뉴스

1998.5.15

"자산 디플레이션에 의한 복합불황 초기 징후"

최근 부동산 가격 하락세가 지속되면서 자산 가격 하락이 신용경색을 심화, 경기를 위축시키는 '복합불황'의 초기 징후가 나타나기 시작했다는 분석이 제기됐다 (…) "금융기관의 대출금 상환 요구가 거세지고 전세입주자들이 주택 가격 하락 시 전세금을 모두 돌려받지 못하는 현상이 심해지면 투자와 소비의 위축을 초래, 경기침체가 심화되는 복합불황이 본격화될 수 있다"고 전망했다. (…)

문제는 디플레이션이 유발하는 위기가 단순히 아파트 가격 하락 정도로 끝나지 않는다는 거예요. 파산한 기업과 가계, 그리고 전반적으로 내려간 부동산 가격은 정부의 세금 수입 감소로 이어집니다. 써야 할 돈은 많은데 들어오는 세금이 적으면 정부의 재정적자가 심해지겠죠? 결국 **국가신용도**가 떨어지면서 한국 정부가 발행한 화폐나 국채의 가치도 한없이 추락하게 됩니다.
이 상황을 해외 투자자의 입장에서 한번 생각해보세요. 시간이 지날수록 가치가 떨어지는 원화, 혹은 원화로 구입한 한국 주식 등 국내 자산을 계속 갖고 있으려 할까요? 그렇지 않겠죠. 당연히 모두 달러화로 되팔아 빠져나가려고 할 겁니다.
이런 상황에서 정부는 뭔가 적절한 대응을 해야 해요. 정부가 선택할 수 있는 방법 중 하나가 기준금리를 급하게 인상하는 겁니다. 금리가 오르면 일시적으로는 외국 자본이 빠져나가지 않을 테고, 그럼 그 수요를 믿고 국채를 추가로 발행할 수 있을 테니까요. 하지만 올라간 금리의 영향으로 시중에 돈이 원활하게 돌지 못하고, 급전을 필요로 하는 기업이나 대출이 많은 가계가 가장 먼저 타격을 받게 됩니다.

상상하는 것만으로도 지치고 우울해지네요. 결국 디플레이션이 오면 경제 약자들부터 무너질 수밖에 없다는 얘기군요.

그게 바로 디플레이션의 무서움입니다. 1997년에서 1998년 사이에 한국 사회가 직면했던 경제위기의 단면이기도 하지요. 인플레이션이 양극화를 심화시킨다면, 디플레이션은 현재의 삶을 유지하지 못하게 만듭니다.

정말 오싹하네요. 인플레이션이나 디플레이션이나 다 암울하니 현상 유지가 최선이겠어요.

2006~2013년 미국 연방준비제도이사회 의장이었던 벤 버냉키. 그는 2008년 미국에서 시작된 글로벌 금융위기 직후 경제위기에서 벗어나기 위해 역사상 처음으로 기준금리를 0%대까지 떨어뜨렸다.

그래서 미국의 **연방준비제도이사회**(FRB)는 아예 연 2%의 '안정적인 물가 상승률'을 정책 목표로 설정하기도 했습니다. 연 2% 정도로 물가가 '천천히 상승'하는 게 가장 바람직하다고 판단했던 거죠.

디플레이션보다는 차라리 약한 인플레이션이 낫다는 얘기 같네요.

그런 셈이죠. 우리가 살아가는 자본주의 사회의 작동 원리를 확인할 수 있는 대목입니다. 자산 가치가 팽창하는 인플레이션, 그리고 성장이라는 목표하에 끊임없이 새로운 돈을 만들어 경제를 운영하고 있어요.
하지만 사람도 일정 시기가 지나면 성장을 멈추는 것처럼 경제도 예외가 아닙니다. 성장이 빠르게 진행되다가 금세 더뎌지기도 하죠. 이렇게 성장이 멈춘 상황에서 부채만 과하게 확장될 때 거품경제 같은 이상 현상이 나타나기 쉽습니다. 거품이 감당하지 못할 정도로 커지면 연쇄 파산과 장기 침체로 이어지는 거고요. 물론 이 과정을 극복한 후 살아남은 승자들이 다시 성장의 과실을 차지하는 재건과 회복의 과정이 뒤따르게 되지만요. 이처럼 경제는 돌고 도는, 순환하는 세계입니다.

갑자기 좀 무서워지네요. 돈은 그저 많으면 좋은 거라고만 생각했는데, 이 돈 하나 때문에 그렇게 많은 변화가 일어나고, 또 평온하던 사람들의 삶이 하루아침에 무너질 수도 있다는 게요.

비유하자면 우리는 모두 바다를 항해하는 나룻배에 탄 거예요. 그 수많은 나룻배들은 앞서거니 뒤서거니 하며 커다란 선단을 이루고 있죠. 세계화 이후 전 세계 모든 국가와 시민들의 경제활동이 서로 영향을 주고받으며 돌아가고 있듯, 이 배들은 서로 긴밀히 연결되어 있어요. 나룻배 하나가 드넓은 바다를 움직일 수는 없지만 여러 배의 움직임이 모이면 때로 거친 파도를 만들기도 합니다. 중동 지역의 분쟁으로 인해 기름값이 폭등하자 한국의 산업 경쟁력이 위협받고, 그리스의 금융위기가 유럽연합의 위기를 낳고 세계 경제의 침체로 이어지는 일이 그 예가 되겠죠.
바다가 비교적 잔잔한 상황이라면 모두가 평화로운 일상을 유지할 수 있을 거예요. 하지만 저 먼바다에서 불어닥친 커다란 파도 한 번만으로도 어제까지 당연하던 일상들이 거짓말처럼 망가져 버릴 수도 있습니다. 우리는 이미 그런 세계에 살고 있어요. 한 개인으로서의 삶에 충실한 것만으로는 변화에 적응할 수 없는 그런 곳 말이죠.

개인의 삶에 충실한 것만으로는 위험한 세계라…. 무겁게 들리는데요.

그래서 평온할 때일수록 오히려 위기에 대비해야 하는 거예요. 위태로운 폭풍우 속에서도 살아남을 기회를 찾을 수 있도록 말입니다. 그게 지금 우리가 이렇게 경제 현상과 원리를 공부하는 이유지요.

필기노트 주머니 사정을 바꾸는 환율과 물가

1990년대 한국 경제는 큰 활기를 띠었지만, 그 이면에 환율로 인한 무역적자라는 문제가 축적되고 있었다. 줄어드는 외환보유액은 호황과 인플레이션에 가려 해결되지 못하고 점점 커졌다.

국가의 신용

환율 서로 다른 화폐 간의 교환 비율.
화폐 가치는 그 나라의 신용을 보여줌.

무역과 환율의 관계

한국은 원재료를 수입해 완제품으로 가공한 뒤 수출하는 제조업 중심 국가. 일정 규모의 달러화가 항상 필요.

외환보유액 나라가 비상사태에 대비하여 비축해놓은 외화자금의 규모

환율이 1달러당 800원에서 700원으로 변하면,
① 달러와 교환하는 데 필요한 원화가 줄어드니까 밀 수입업자는 이득.
② 외국에 전과 같은 값으로 팔아도 환전하다 이익이 줄어드니까 수출업자는 손해.

인위적으로 원화 가치를 높이는 환율 방어가 1990년대 무역적자를 가져옴.

물가가 오르내리면

인플레이션 통화량의 증가로 상품과 자산의 가격이 오르는 현상. 자본주의에서는 통화량이 항상 증가할 수밖에 없음.

인플레이션으로 어떤 상품의 가격이 크게 인상되면 상대적으로 부채가 줄어드는 효과가 있음.

예시 강남 아파트의 경우, 부동산 가격이 급격하게 오르면서 상대적으로 부채 부담이 줄어듦.

디플레이션 물가 하락. 경제가 안정적일 때는 거의 일어나지 않음. 경제위기 시에 주로 발생.

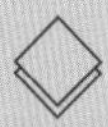

진리를 추구하기 위해, 한번쯤은 모든 것을 의심해봐야 한다.

| 르네 데카르트 |

04 에필로그
중산 씨의 안타까운 결말

#IMF 외환위기 #부도 #파산 #국가주도 경제체제

이제 중산 씨의 이야기도 마무리 지어야겠네요. 결말을 예상한 분도 있겠지만, 지금부터 할 이야기는 몹시 어두운 내용입니다. 여전히 그 시절의 상처를 안고 살아가는 분들도 계실 테고요.

그래도 알고 싶어요. 저랑도 그리 멀지 않은 이야기일 수 있잖아요.

1997년 겨울은 잔인했습니다. 크고 작은 기업들이 연쇄적으로 무너졌고 많은 사람이 하루아침에 소중한 일터를 잃었죠. 심지어 은행들까지 문을 닫고 혹독한 구조조정을 해야 했고요. 그때 경제활동을 했던 사람이라면 그 겨울의 기억은 쉽게 잊히지 않는 트라우

마로 남아 있을 겁니다.

중산 베이커리는 어떻게 되었나요? 결국 채권을 발행하는 데 성공했나요? 아니면 해외에 빵을 수출해서 돌파구를 찾았나요?

안타깝지만, 둘 다 실패했습니다. 당시 낮게 유지되던 환율이 수출에 매우 불리했다고 설명해드렸죠? 그 여파로 중산 베이커리도 쉽사리 수출 활로를 찾을 수 없었습니다. 중산 베이커리의 경영 상태가 날로 악화되자 채권자들은 더 이상 만기일을 연장해주지 않고 대출금 회수에 돌입했어요. 공격적인 대출로 일궈온 성장이 완전히 멈춰버렸음을 이제 모두가 알게 된 거죠. 엎친 데 덮친 격으로 줄줄이 나쁜 일만 일어났고 중산 베이커리의 재정은 회복할 수 없는 수준까지 무너졌어요.

사실 중산 베이커리가 잘나갈 때는 아무도 부채를 문제 삼지 않았습니다. 사업을 확장하려면 그 정도 빚은 필수라고 여기기까지 했죠. 하지만 성장이 멈추자 모든 부채가 문젯거리로 변했습니다. 아니, 어쩌면 모든 문제는 중산 씨가 빚을 내 사업을 시작한 그 순간부터 있었는지도 모릅니다. 성장이 다 끝나버린 때까지 중산 씨의 눈에 보이지 않았을 뿐이죠.

씁쓸하네요. 그렇게 잘나가던 시절이 거짓말처럼 여겨질 정도예요.

이 상황은 실제로 당시 우리나라의 주요 대기업들이 겪은 일이기도 합니다. 1990년대에 한국은 해외에 금융시장을 점진적으로 개방하고 있었어요. 덕분에 국내 기업들은 상당한 규모로 외국 자본의 투자를 받을 수 있었죠. 규제가 완화되고 투자에 유리한 환경이 급격히 만들어지면서 모두가 '물 들어올 때 노 젓자'며 달려들던 시대였습니다. 빚을 지고 무엇인가를 구입하는 일, 빚으로 투자하고 확장하는 일에 두려움이 없었어요. 오히려 내가 먼저 공격적으로 시장을 차지하지 않으면 경쟁에서 뒤처질 거라는 불안이 커져 있었죠. 그래서 모두가 감당하지도 못할 부채를 기꺼이 짊어졌습니다. '남의 돈'으로 벌인 잔치의 연속이었던 거죠.
그러다 보니 기업 부채가 굉장히 심각한 정도였습니다. 1996년에 30대 대기업의 평균 부채 비율은 약 450%였어요. 기업의 총자산이 1조 원이라면, 실제로 회사가 가진 재산은 2,000억 원도 채 안

IMF 외환위기 당시 부도 기업들의 부채 비율

단위 : %

	1990년	1994년	1995년	1996년
기아	410	445	420	525
한라	1,525	3,630	2,960	2,070
한보	—	500	750	—
진로	2,030	2,825	2,520	3,700
해태	755	252	510	660
30대 그룹 평균	400	405	390	450
40대 그룹 평균	305	305	310	350

출처: 윤여봉, 『IMF의 한국 경제 보고서』 4권, 지아이지인(2017), p.365

되고 나머지 8,000억 원 넘는 돈이 전부 빌린 '남의 돈'이었다는 얘기입니다. 일부 대기업의 부채 비율은 무려 2,000%를 넘기도 했어요.

이렇게 엄청난 빚을 지고도 경계심이 없었다니 충격적이네요.

성장이 계속되는 동안에는 아무도 그것을 문제삼지 않았으니까요. '어차피 내일 되면 돈 더 벌 텐데, 다음 달에 돈이 들어오는

데….' 모두 이같이 생각했을 겁니다. 경제 상황이 변하면 그때 가서 씀씀이를 줄이면 된다고, 아직은 안전하다고 말이죠. 중산 베이커리가 사업을 확장하면서 겁 없이 채권을 마구 발행한 것처럼 말입니다.
한편으로 이건 급격한 경제 개발 과정의 부작용이기도 했죠. 한국은 1960년대부터 군사 정권 아래서 **국가주도 경제체제**를 고수해왔습니다. 쉽게 말해 민간 기업의 경제활동에 정부가 직접적으로 개입하고 관여하는 정책이에요.

저도 학교 다닐 때 들어본 말 같아요.

정부가 일부 기업을 선별해 저금리로 자금을 공급해주거나, 여러 기업을 강제로 통폐합해 규모를 키워주기도 했죠. 시장에서 필연적으로 발생하는 경쟁 과정을 줄이고 빠른 성장만 염두에 둔 조치였습니다. 이런 정책이 당시 경제성장에 유리하게 작용한 측면도 있어요. 특히 1970년대부터 경공업에서 중공업 중심으로 산업 구조를 바꾸는 데에 도움이 됐지요. 하지만 정부와 재벌 기업이 끈끈하게 결탁하면서 부정부패가 심해지고 기업 경쟁력이 약해지기도 했습니다.

질문이 있는데요. 정부가 그렇게 집중적으로 지원해주는데 기업의 경쟁력이 왜 약해지나요?

한국 중공업의 상징인 포항제철소의 모습. 대규모 자본이 필요한 중공업 분야에 특히나 많은 국가 재원이 투입됐다.

순수하게 자력으로 얻어낸 경쟁력이 아니었기 때문이에요. 비유하자면 부모의 지원을 받으며 살아가는 성인이었다고 할까요? 성인이 되고 부모의 지원에서 막 벗어난 시점엔 몹시 힘들지만 직장에 들어가 일정한 수입원을 만들어 독립한다면 머지않아 자신의 힘만으로 미래를 개척해나갈 수 있습니다. 부모의 지원을 계속 받으며 살아가는 성인은 그 반대죠. 지원이 지속되는 와중에는 남부럽지 않게 살지 몰라도 영영 자립하기가 어려울 거예요.

우리나라는 1980년대까지 국가주도로 경제를 운영하다가 1990년대 들어와 세계화와 시장 개방이라는 커다란 변화를 맞이합니다. 주변 나라들이 한국도 민간 기업 주도로 경제를 운영해야 한다며 압박해왔고, 우리도 스스로 그 필요를 느끼고 있을 때였어요. 국가 주도 발전이라는 것도 한계가 있어서 들이는 비용 대비 성장이 정체되는 시점이 찾아오기 마련이거든요.

새로운 돌파구를 찾아야 할 시간이었군요.

그렇습니다. 기업 스스로 세계 무대에서 살아남을 만한 경쟁력을 갖춰야 하는 상황이 된 겁니다. 하지만 그때까지만 해도 과거 국가 주도 경제체제의 기억이 남아 있어서 '일자리 문제가 워낙 중요하니까 경쟁력이 좀 떨어져도 큰 기업들은 결국 국가가 살려줄 것'이라는 믿음이 있었어요. 이런 걸 '대마불사의 신화'라고 부르기도 하죠.

대마불사가 뭔데요?

'말들이 무리를 이룬 대마大馬는 위태로워 보여도 쉽게 죽지 않는다'는 뜻입니다. 원래는 바둑 용어인데 아래 기사처럼 경제 영역에서도 종종 쓰여요.

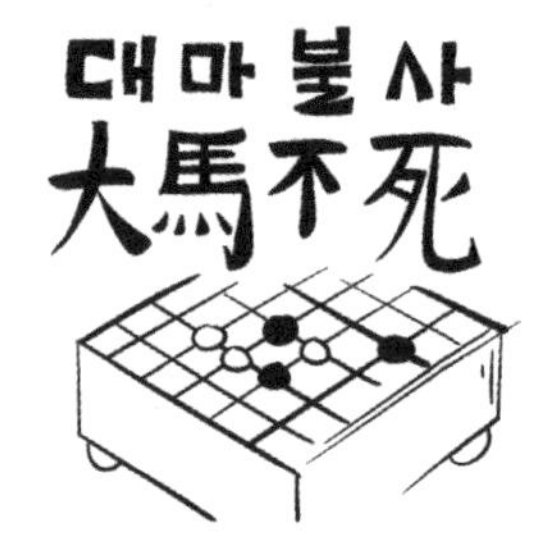

국내 빅테크 금융 플랫폼, 대마불사 된다

국내 빅테크(거대 IT기업)가 네크워크 효과를 기반으로 이른바 '대마불사'를 형성할 것이라는 전망이 나왔다. (…) 대마불사는 규모가 큰 기업이 도산하면 다른 경제주체의 잇단 피해가 예상되므로 정부가 구제해야 한다는 경제 용어다.

—《매일노동뉴스》 2021.10.18

부실한 기업들이 시장의 자연스러운 구조조정을 거치지 않으니 비용은 크고 효율은 낮은 체제가 지속됐습니다. 수출을 둘러싼 환율 조건도 좋아지지 않아서 무역적자는 계속 심해졌고요. 달러화가 부족하니 급한 대로 해외의 고금리 부채까지 써가며 사업을 확장하는 기업이 늘었습니다. 문어발식 확장을 하는 기업도 쉽게 찾을 수 있었어요. 기업들이 한계에 부딪힌 본업을 혁신하는 대신 새로운 분야로 눈을 돌리기 시작한 거죠. 1970년대식 국가주도 경제체제로 인한 부작용이 한참 뒤인 1990년에 드러난 셈입니다.

그러고 보니 요즘 재벌 그룹들도 다양한 분야에서 활동하지 않나요? △△기업 하면 그 아래에 △△건설, △△자동차, △△생명, △△전자 하는 식으로…. 그런 것도 다 문어발식 확장의 결과라고 볼 수 있겠네요.

맞습니다. 경쟁적으로 몸집을 불려가던 대기업들의 부도가 시작된 건 1997년 초부터였지요. 한보철강, 삼미그룹, 진로, 기아, 대우…. 국내에서 손꼽히는 규모의 대기업들이 부도를 냈다는 소식이 연일 신문 1면을 장식했습니다.
가계와 기업, 정부가 긴밀한 현대 경제에서 기업의 부도는 단순히 그 기업의 파산만을 의미하지 않아요. 기업에 고용된 노동자는 물론, 기업이 발행한 채권을 구매한 기관과 거래 기업, 자금을 대출해준 은행 등 모두가 피해를 본다는 뜻이죠.

도미노처럼요? 상상초월이네요….

네, 부도 전날까지 장부에 수천억 원, 아니 수조 원의 자산으로 기록되던 채권과 주식이 하루아침에 0원으로 바뀌고, 실제로 존재한다고 여겨졌던 자산이 날마다 거품처럼 사라지기 시작했습니다.

IMF 외환위기 당시 기업 부도 일지

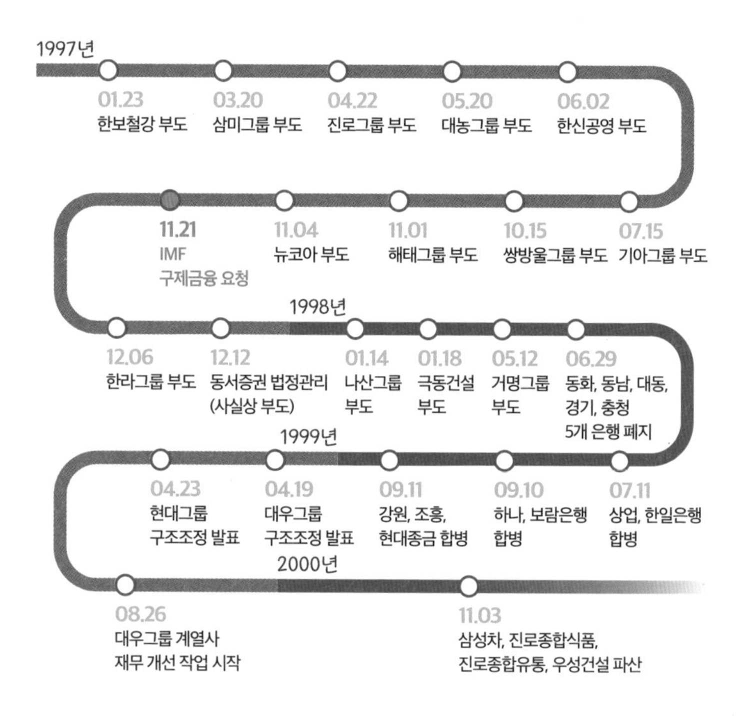

부도 기업의 대출금을 회수하지 못해 재정이 건전하던 애먼 은행과 기업마저 줄지어 위기를 맞았어요. 직장과 재산을 잃고 파산하는 가계도 빠르게 늘어났습니다. 채권, 주식, 예금이 마치 거짓말처럼 공중분해됐죠.

중산 베이커리는 어떻게 되었나요?

결국 재정난을 극복하는 데 실패했어요. 중산 베이커리는 여러 대기업들이 연쇄적으로 도산하던 1997년 9월의 어느 날 조용히 파산 신청을 했습니다. 한때 전도유망했던 기업의 결말치고는 너무나 허무했죠.

예상은 했지만 정말 안타깝네요…. 그럼 중산 씨는 어떻게 되는 건가요? 그래도 사업이 잘되는 동안 돈을 많이 벌었으니까 괜찮았겠죠?

아니요. 중산 씨는 굉장히 책임감이 강한 사업가였습니다. 회사의 경영이 어려워지자 자신의 월급도 반납하고 재산도 처분해 회사 재정에 보태려고 했어요. 그마저도 연일 불어나는 부채를 감당하기에는 턱없이 부족한 금액이었지만요.
기업이 파산하자 중산 씨가 가지고 있던 중산 베이커리의 주식 2만 주는 당연히 아무 가치 없는 휴지 조각이 되어버렸습니다. 한때 돈만 씨가 투자회사에 25억 원을 받고 팔았던 그 주식이 말입니다.

아, 그때는 이렇게 될 줄 몰랐는데….

우리나라가 국가 빚을 갚지 못해 국제통화기금인 IMF의 관리 체제에 들어가게 됐다는 뉴스가 전광판에 흘러나오던 어느 날, 모든 걸 잃고 지하도에 거처를 마련한 중산 씨는 수중에 남은 만 원짜리 한 장을 물끄러미 바라보면서 생각에 잠겼습니다.

지난 수년간 중산 씨는 여러 번 기사화될 정도로 촉망받는 기업가 중 한 명이었으며, 수백 개의 일자리를 만들어내고 사회 환원도 게을리하지 않은 존경받는 경영자였지요. 그 모든 것들이 마치 거품처럼 만 원짜리 한 장만 남기고 사라져버린 겁니다.

허구의 이야기라지만 너무 잔인한 결말이네요.

실제로 비슷한 일을 겪은 사람이 허다했습니다. 폐업과 실직이 너무나 흔하던 시절이니까요. 게다가 더 비극적인 건 완전히 다른 운명을 선택한 이가 있었다는 겁니다. 중산 씨가 착잡한 심정으로 회한에 잠겨 있는 사이, 검은색 고급 외제차 한 대가 앞을 지나갔습니다. 차의 뒷좌석에 앉아 있던 사람은 바로 돈만 씨였어요.

예? 어떻게 된 거예요?

돈만 씨가 중산 베이커리 주식 2만 주를 25억 원에 팔았다고 했었죠? 계산이 빠르고 시류를 읽는 능력이 탁월했던 돈만 씨는 그즈음 한국 경제에 큰 위기가 다가오고 있다는 사실을 직감했습니다. 날로 커져만 가는 기업들의 부채, 그런데도 높게 유지되는 원화 가치, 기업들의 재정적자 심화와 구조조정…. 그러다 1996년 초, 중고차 시장이 유례없는 호황을 맞이했다는 뉴스를 보자마자 그는 일생일대의 위기이자 기회가 왔다는 확신을 가졌어요. 새 차가 아닌, 중고차에 수요가 몰리는 현상을 불황의 전조 증상이라고 생각한 거죠.

연합뉴스
1996.4.17

중고차 거래 지난달 월간 최고 기록

중고차 시장이 연초부터 유례없는 호황을 맞고 있다. 서울 자동차 매매 사업 조합에 따르면 올해 들어 지난달 말까지 장안평 등 서울 지역 7개 중고차 시장에서 거래된 중고차는 모두 2만 2,908대로 지난해 같은 기간의 1만 8,020대보다 26.8% 늘었다.(…)

실제로 그런가요?

꼭 단순화시켜 맞다, 틀리다 할 수는 없지만 이 경우에는 결과적으로 돈만 씨의 판단이 옳았죠. 돈만 씨는 과거 금융위기가 발생했을 때 어떤 자산의 가치가 올랐는지를 조사하고 그 조사를 토대로 자신이 가진 자산 대부분을 금과 달러화로 바꿨습니다.

금과 달러화요?

경제위기가 닥치면 원화 가치가 급격히 떨어질 거라는 계산 때문이었지요. 원화 가치가 떨어지면 달러화와 금의 가치는 상대적으로 상승할 테니까요. 실제로 1달러당 750원 선에 머무르던 달러화의 가치는 IMF 외환위기가 터진 뒤 폭등해 1달러당 2,000원 선까지 치솟았습니다.
모두가 치솟는 환율을 보면서 망연자실해 있을 때 혼자 재산을 3배로 불린 돈만 씨는 거꾸로 각종 자산을 매입하기 시작했습니다. 반토막 난 강남의 알짜 부동산, 부도 위기에 내몰려 10분의 1 수준으로 폭락해버린 대기업들의 주식 등이 주된 쇼핑 품목이었죠. 여기에는 지금 가격의 60분의 1 수준이던 삼성전자 주식도 포함되어 있었습니다. 수년 뒤에 한국이 금융위기에서 벗어나고 다시 경제가 정상화되었을 때, 돈만 씨는 어느새 수백억 원이 넘는 자산을 보유한 거부가 되어 있었습니다.

부럽기도 한데 화가 나네요. 위기를 예상했다면 왜 동업자였던 중산 씨한테 아무런 경고도 해주지 않았을까요? 빚을 줄이라는 조언 정도는 할 수 있었잖아요.

물론 그럴 수도 있었겠지만 돈만 씨가 거부가 된 건 어디까지나 결과론적인 이야기입니다. 사업이 한창 잘나가던 상황에서 돈만 씨가 그렇게 조언해주었다고 한들 과연 중산 씨가 그 말을 들었을지 모를 일이죠. 돈만 씨가 자신의 판단으로 중산 베이커리 주식을 사고, 또 그것을 팔고, 그 돈으로 다시 달러화를 사들인 게 과연 비난받을 만한 일일까요?

IMF 외환위기 전후의 원/달러 환율

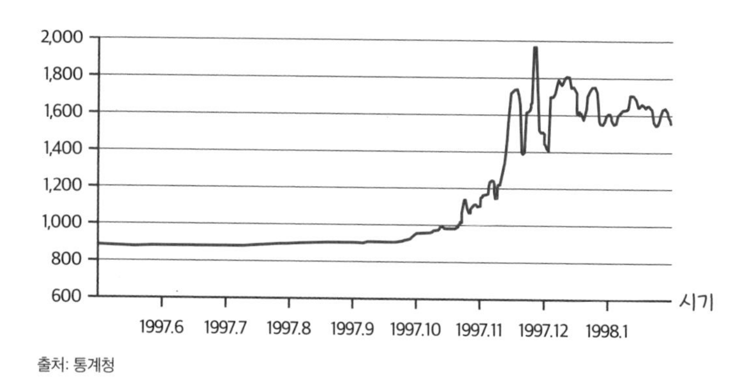

출처: 통계청

…그런 건 아니죠. 하지만 어쩐지 좋아 보이진 않아요. 모두가 고통받을 때 혼자서 재산을 불렸다는 게.

만일 경제위기가 오지 않고 호황이 유지됐다면, 그래서 원화 가치가 계속 강세였다면 혼자서 큰 손해를 보는 건 오히려 돈만 씨였겠지요. 돈만 씨는 그럴 가능성까지 각오하고 나름의 선택을 했던 겁니다.
물론 중산 씨를 비롯해 고통받았던 사람들 역시 잘못한 건 아니에요. 그들도 모두 주어진 환경에서 자신의 삶을 위해 열심히 노력했습니다. 그들과 돈만 씨 사이에 차이가 있다면, 안타깝게도 '경제를 잘 몰랐다'는 것뿐이죠.

경제를 잘 몰랐다….

중산 씨는 부지런히 일만 하면 된다고 믿는 성실한 농사꾼 같은 사람이었습니다. 중산 씨 말고도 많은 사람이 그런 믿음을 일종의 미덕처럼 여기고 경제를 터부시하기도 해요. 그런 생각이 꼭 틀린 건 아닙니다. 실제로 우리는 대부분 노동을 하고, 사회의 다른 구성원들과 도움을 주고받으며 살고 있으니까요.
하지만 다른 한편으로 중산 씨는 어리숙한 농사꾼이었습니다. 자신이 키우는 종자의 특성이 무엇인지, 농지는 충분히 비옥한지, 지금이 씨를 심어야 할 계절인지 아니면 종자를 비축해야 할 계절인지 모르고 있었죠. 우리가 발 딛고 서 있는 현대 사회는 그렇게 단순하게 생각해도 되는 세계가 아닌데 말이에요. 중산 씨는 경제를 모른 채 열심히 일만 한 대가로 모든 재산을 잃었고, 자신이 힘겹게 일구어낸 기업과 구성원들의 삶도 지켜내지 못했습니다. 허구의 이야기라지만 참 마음 아프지요.

갑자기 자신이 없어지네요. 중산 씨의 이야기를 듣고 나니 제가 과연 이 복잡한 경제의 세계를 현명하게 헤쳐나갈 수 있을지 걱정돼요.

걱정할 필요 없습니다. 언제나 자신이 책임질 수 있는 선에서 스스로 판단하고 행동하면 된다는 사실만 알고 있으면 돼요. 잘못된 선택을 했다고 느낄 땐 사회의 도움을 받는 방법도 있습니다. 보험

제도나 사회 안전망, 재분배 정책 등은 잘못된 선택 한 번으로 개인의 삶이 완전히 망가지지 않게 지탱해주죠. 물론 개인 스스로 경제를 잘 알고 현명하게 판단해야만 시행착오를 줄일 수 있지만요. 우리의 현대사만 놓고 보면 IMF 외환위기는 엄청나게 큰 사건이지만 인류 역사 전체를 보면 수없이 반복되어온 일시적인 침체 과정 중 하나일 뿐입니다. 그 과정을 버티고 살아남아 재건된 세계 속에서 번영을 누린 이들도 매우 많아요. 중요한 건, 우리 삶의 한 축인 경제의 본질을 보다 정확히 이해하고 스스로 판단하고자 하는 의지겠지요. 그 누구도 복잡하게 엉켜있는 경제 문제에 단 한 가지 정답을 가지고 있지 않고, 내가 맞닥뜨린 문제의 정답을 다른 누가 대신 알려줄 수도 없으니까요.

정답을 대신 알려줄 순 없다라…. 하긴 날고 긴다는 경제학자나 전문가라는 분들도 경제 전망하는 걸 보면 다 제각각이더라고요.

다가올 앞날은 아무도 모르는 것이기에 결국 우리는 지나온 과거에서 현재를 살아갈 지혜를 구하게 되죠. 경제란 어느 날 갑자기 만들어진 골치 아픈 분야가 아니라 원시시대부터 지금까지 쭉 존재해온 인간 삶의 총체니까요. 그래서 저는 경제와 역사를 아는 것이 곧 인간을 아는 것이자 세상의 원리를 아는 것이라고, 다시 한 번 강조하고 싶습니다.

필기노트 에필로그 | 중산 씨의 안타까운 결말 ○○

1997년, 많은 사람에게 아픈 기억으로 남은 IMF 외환위기와 함께 중산 씨의 꿈과 인생이 담겨 있던 중산 베이커리도 문을 닫는다. 거품이 꺼지고 나자 부채로 잔치를 벌였던 대기업, 무역적자에도 환율 정책을 손보지 않았던 정부의 불찰 등이 그제서야 모습을 드러냈다.

쓰러지는 기업들

당시 기업들이 가지고 있던 문제점들.

① 엄청난 부채
② 정부와 결탁한 부정부패
③ 기업 경쟁력 약화
④ 문어발식 기업 확장
→ 정부가 살려줄 거라는 믿음으로 비효율적인 체제 지속.

1997년 IMF 관리 체제가 시작될 즈음, 중산 베이커리도 파산 신청.

거부가 된 돈만 씨

늘어난 중고차 거래를 불황의 전조로 판단하고, 원화를 금과 달러화로 바꿈. 이후 달러화 가치가 엄청나게 상승해 거부가 됨.

미지근한 경제가 제일 좋다?

인플레이션과 디플레이션은 어느 것이든 지나치면 수많은 사람에게 고통을 안겨줍니다. 경기가 너무 과열되면 물가가 치솟아 살림을 꾸려가는 데 어려움이 발생하죠. 반대로 경기가 너무 식으면 실업이 만연하고 자산 가치가 떨어져 고통스럽게 됩니다.
그렇다면 사람들은 어떤 경기 상황을 가장 선호할까요? 그 중간의 적절한 수준, 그러니까 경기가 너무 뜨겁거나 너무 차갑지 않은 '미지근한' 수준이 좋겠죠.

아이들에게 인기 있는 동화책 『골디락스와 곰 세 마리』에 비유적인 내용이 등장합니다. 주인공인 골디락스가 숲에서 길을 잃고 헤매다가 오두막을 발견합니다. 아빠 곰, 엄마 곰, 아기 곰이 외출하고 빈집 식탁에 세 그릇의 수프가 놓여있었습니다. 하나는 뜨거운 수프였고, 또 하나는 식어서 차가운 수프였고, 나머지 하나는 뜨겁지도 차갑지도 않은 미지근한 수프였어요. 골디락스의 선택은 당연히 미지근한 수프였습니다.

동화책 『골디락스와 곰 세 마리』의 삽화,
1918년 아서 래컴 그림.

데이비드 슈먼이라는 경제학자가 이 동화에 착안해 '골디락스 경제'라는 표현을 사용했어요. 경제가 지나치게 뜨겁거나 차갑지 않고 중간쯤에 있는 상태를 의미합니다. 완만한 인플레이션이 안정적으로 지속되는 상태라고 볼 수 있겠죠.

QR코드를 인식시키면 퀴즈를 풀 수 있어요.
여기까지 배운 내용을 점검해보세요!

반복되는 위기 속 하나의 진실

진화하는 경제, 그리고 경제학

재난과 경제

사회가 늘 안정되고 번영을 누리면 좋겠지만, 인류의 역사는 사실 수많은 재난으로 가득합니다. 대공황 같은 경제위기는 물론이고 전쟁, 기근, 화산 폭발, 감염병 등 사람들의 목숨과 경제적 기반을 송두리째 앗아간 사례가 너무도 많습니다. 코로나19를 겪으며 우리도 재난이 경제에 끼치는 영향을 무척이나 생생하게 경험하게 되었죠. 인명과 소득의 손실은 물론이고, 비대면 활동이 보편화되고 정부의 역할이 강조되는 현상, 자국 우선주의가 강화되는 추세 등 여러 가지 급속한 변화들이 발생했습니다.

재난을 역사적으로 구분해볼까요? 우선 근대 이전까지는 자연 재해가 대부분이었죠. 지진, 홍수, 화산 폭발, 냉해, 태풍 등이 수시로 찾아왔습니다. 200여 년 전 산업화 시대가 개막한 후에는 산업재해와 같은 인공적 재해가 핵심 문제로 등장했죠. 공장과 탄광에서 일어나는 사고와 직업병, 낯선 화학물질이 일으키는 재해 등이 인류의 건강과 삶을 위협했어요. 통신망, 교통망, 전력망 등으로 촘

촘촘히 얽힌 현대 사회는 어떨까요? 하나의 사고가 중층적 망을 통해 걷잡을 수 없이 확산되는 시스템 재해가 새로운 유형으로 떠오르고 있습니다.

기술과 제도의 발전 덕분에 우리 삶이 과거보다 훨씬 안전해졌다고 확신할 수 있을까요? 자신 있게 '네'라고 대답할 수 있다면 참 좋겠습니다.

과거를 기억하지 못하는 이들은 과거를 반복하기 마련이다.

| 조지 산타야나 |

01 붕괴와 재난에서도 배운다

#불황 #침체 #금융위기 #감염병

앞서 '경제를 무시하고 살자니 나만 시대에 뒤처지는 거 아닌가 하는 생각이 든다'고 했었죠? 여러분만이 아니라 대부분 그렇게 느끼는 듯합니다. 왜일까요?

음… 누가 주식이나 부동산에 투자해서 돈을 엄청 벌었다는 소식을 듣거나, 경제 정책이 저한테 불리하게 바뀌었다는 뉴스를 보는 일이 종종 생기니까요. 상관없다고 무시하기에는 어쩐지 불안한 거죠.

노동한 대가로 임금을 받는 경제활동은 누구에게나 익숙합니다.

하지만 사회를 경험해보면 노동이 여러 경제활동 중 일부일 뿐이라는 사실을 깨닫게 되죠. 물가, 대출, 이자, 부동산, 환율…. 경제의 세계에는 개인의 성실함만으로 해결할 수 없는 문제가 훨씬 많다는 걸 알게 돼요. 그러니 예상치 못한 경제위기 때문에 갑자기 불행해지지 않을까 두려운 마음이 생기는 것도 당연합니다.

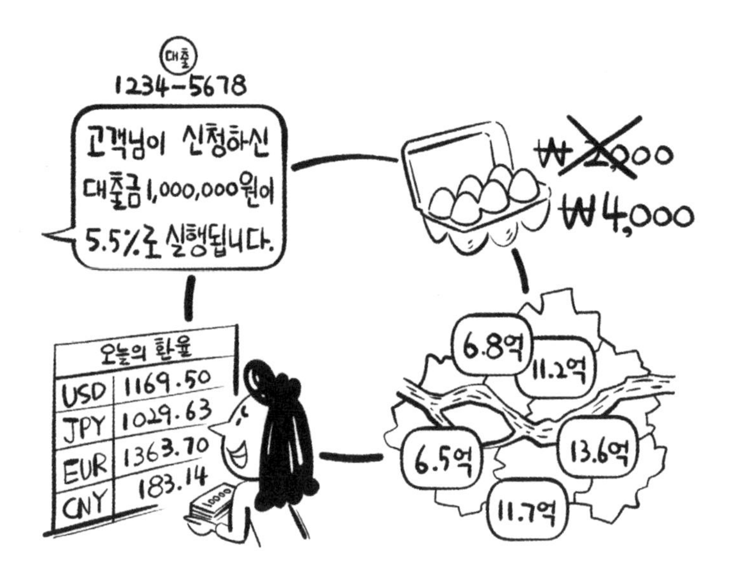

확실히… 큰돈을 벌고 싶다는 마음보다 경제를 모르면 위기 상황에서 속수무책으로 당할 거라는 두려움이 더 큰 것 같아요.

게다가 위기는 다시 돌아옵니다. 크고 작은 경제위기가 전 세계적으로, 거의 모든 시대마다 발생해왔어요. 전쟁이나 혁명, 감염병처럼 반복되고 있죠.
그래서 이번에는 현재와 미래를 통찰할 단서를 역사에서 찾아볼까 합니다. 수차례 반복된 경제위기의 본질을 알면 오히려 막연한 두려움은 덜 수 있을 거예요. 이미 알고 있는 사건일지라도 경제의 눈으로 새롭게 이해해봅시다.

경제위기의 공통 징후

가계나 기업에 돈이 활발하게 돌고 일자리가 늘어나면서 사람들의 소득수준과 소비 욕구가 높아지는 상황을 호황이라고 합니다. 그렇다면 '불황'이란 무엇일까요?

불황은 호황의 반대니까… 돈이 잘 돌지 않고, 일자리도 줄어드는 그런 상황이 아닐까요?

맞습니다. 경기침체와 비슷해요. 시간이 갈수록 경기가 나빠지면서 사람들의 소득과 소비가 위축되는 상황을 뜻합니다. 즉 사람들의 삶이 불행해지죠. IMF 외환위기처럼 큰 불황이 닥치면 대다수 사람들의 삶이 불행해지는 게 너무 당연합니다. 그럼 더 나아가서 이런 불황은 왜 일어나는 걸까요?

도로시아 랭, 「이민자 어머니」, 1936년. 세계적인 경제위기의 여파로 일자리를 찾아 이주한 가족의 고단한 모습이다.

글쎄요. 불황이 발생하는 이유를 딱 잘라 하나로 말할 수는 없을 것 같은데요.

맞습니다. 사회가 복잡해질수록 불황의 원인도 다양해질 수밖에 없습니다. 하지만 모든 불황에 공통으로 나타나는 현상이 있어요. 바로 '신용의 고갈'이죠.

신용의 고갈이라… 어떤 뜻인지 대충 짐작은 가는데 좀 더 자세히 설명해주세요.

앞에서 1997년의 IMF 외환위기를 언급했으니, 그 사태를 예로 들어봅시다. IMF 외환위기는 이름 그대로 외환, 그러니까 달러화가 고갈됐기 때문에 일어났어요. 어디에 쓸 달러화가 부족했기에 국가 부도 사태까지 이어졌을까요? 답은 간단합니다. 국가가 달러화로 진 빚을 갚을 수 없어서 부도가 난 거예요. 돈을 갚아야 하는데 갚지 못하는 이 상황을 '신용이 고갈됐다'고 표현합니다.

뭔지 알아요. 빚을 못 갚으면 집에 빨간 압류 딱지가 붙고 그러잖아요.

IMF 외환위기 당시에 빨간 딱지가 붙어야 할 곳은 일반 가정이 아니라 대기업이나 은행, 증권사가 대부분이었습니다. 중산 씨가 겁없이 빚을 내 사업을 확장했던 것처럼 대기업과 금융기관도 감당 못할 빚으로 사업을 운영했던 거죠. 그 빚의 대부분이 당시 원화보다 금리가 낮았던 달러화였습니다.
남의 돈으로 벌인 잔치가 끝나면서 위기가 시작됐습니다. 우리나라의 경제 상황을 의심의 눈초리로 바라보던 해외 투자자들이 달러화를 회수하기 시작하면서 신용이 빠르게 고갈되었죠. 다른 금융위기들도 비슷한 경로를 밟았습니다.

남의 돈을 내 돈처럼 생각하다가 실제로는 내 수중에 돈이 부족한 줄 몰랐군요. 다른 금융위기들도 그랬다는 건 이런 일이 또 있었다는 말씀인가요?

2008년 글로벌 금융위기는 어떻게 일어났나

1997년보다 최근에도 있었어요. 2008년 미국에서 시작돼 전 세계로 퍼진 위기 말이죠. 혹시 **서브프라임 모기지**라고 들어본 적 있나요?

어렴풋이 뉴스에서 본 기억이 나요.

'프라임prime'이라는 단어는 '최상위의, 우량한'이라는 뜻입니다.

'서브프라임subprime'이라고 하면 그보다 못한 아래 등급을 의미하고요. '모기지mortgage', 이건 우리나라의 주택담보대출과 비슷합니다. 그러니까 서브프라임 모기지라고 하면 부동산을 담보로 내주는 대출 중에서도 신용등급이 낮은 이들에게 내준 비우량 담보대출을 말하는 거죠.

쉽게 설명해볼게요. 요새 집을 살 때 수중의 현금만으로 구입하는 경우는 흔치 않죠. 워낙 큰돈이 필요하니까 일단 살 집을 담보로 은행에서 부족한 돈을 대출받아 집을 삽니다. 그리고 수십 년에 걸쳐 그 빚을 갚아나가죠. 이렇게 되면 일단 집의 소유권은 나에게 있지만, 내가 빚을 갚지 못할 경우 집을 처분할 수 있는 **저당권**은 은행이 갖습니다. 여기까지 이해가 가나요?

쉽게 말해 대출을 받아 집을 샀는데 빚을 못 갚으면 은행이 집을

팔아버린다는 얘기잖아요?

그렇습니다. 중요한 건 은행이 이 집을 팔아버릴 수 있는 권리, 즉 저당권을 일종의 증권으로 만들어 다른 투자기관에 팔 수 있었다는 거예요. 마치 채권을 거래하듯 말입니다. 중산 씨가 투자금을 조달할 때 채무에 대한 권리를 남에게 판매할 수 있도록 채권을 발행했었죠. 그게 채권시장에서 거래됐고요. 비슷한 방식으로 저당권을 금융상품으로 만들어 거래할 수 있습니다. 채권을 발행한 사람처럼 빚을 끼고 집을 산 채무자 역시 저당권을 산 사람에게 금융기관을 통해 원금과 이자를 지불해야 하죠.
그런데 서브프라임 모기지는 신용등급이 낮은 사람들이 이용하는 대출 상품이라고 했잖아요. 이렇게 부실한 대출에 대한 저당권으로 만든 금융상품은 당연히 위험성이 높지만 그만큼 금리도 높은 투기성 상품일 가능성이 큽니다.

대출을 받은 사람의 신용등급이 낮을수록 저당권으로 만든 금융상품의 이율은 높아졌겠군요.

맞아요. 2000년대 중반까지 미국 주택시장은 장기간 호황을 누리고 있었습니다. 전 세계적으로 금리가 낮게 유지되면서 시중에 돈이 엄청나게 많이 풀렸고, 그렇게 풀린 돈이 부동산 시장으로 흘러들어가 호황을 만들어냈죠.

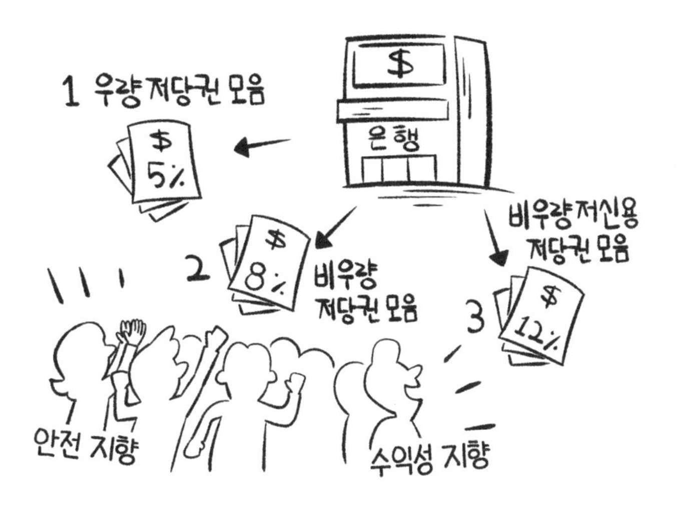

아, 금리가 낮을 땐 대출이 늘면서 물가가 오른다고 하셨죠. 집값이 계속 올랐겠네요.

네, 빚을 내서 집을 사면 빚이 없어질 정도로 올랐습니다. 무슨 말이냐면, 예컨대 대출 2억을 끼고 3억짜리 주택을 샀는데 주택값이 5억으로 올랐다고 해봐요. 주택을 팔기만 하면 대출금이 다 상쇄돼버리죠. 집값이 계속 오르기만 하면 집을 산 사람은 빚을 못 갚을 걱정이 없고 돈을 빌려준 사람, 즉 저당권을 매수한 사람도 돈 떼일 걱정이 없습니다. 문제는 집값이 꾸준히 오른 만큼 빚도 빠르게 쌓여갔다는 거죠. 더 나아가 그 부동산 대출을 발판 삼아 미국 금융의 중심지인 월스트리트에서 모기지를 사들여 여러 파생상품까지 만들었습니다.

파생상품이란 예금, 주식, 채권 같은 기초자산에서 파생된 금융상품을 말하는데요. 부동산 저당권을 채권처럼 만들어 내다 팔고, 또 그 채권들을 잘 섞고 포장해서 평균 위험도가 낮은 새로운 투자상품으로 내다 파는 식입니다.

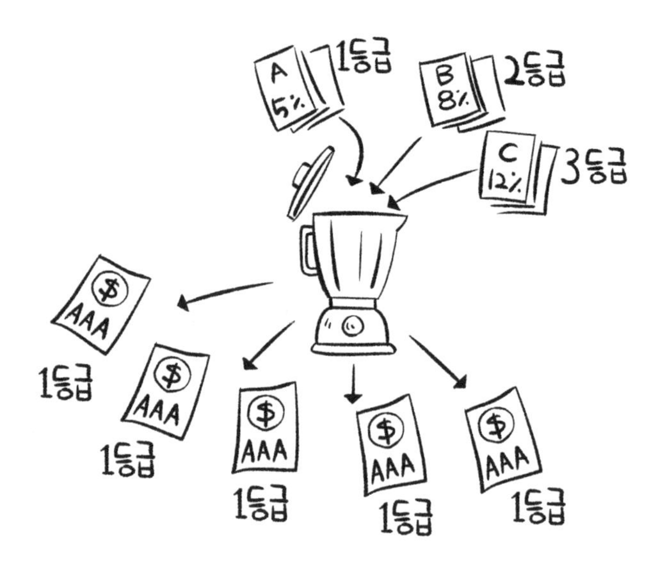

저당권을 증권으로 만들어 팔고, 그 증권을 또 다른 파생상품으로까지 만든 건가요?

맞아요. 금융기관들은 파생상품을 팔아 벌어들인 돈으로 또 다른 저당권을 사들여 계속 새로운 파생상품을 만들었어요. 당시 모기지 파생상품이 안정적인 고수익을 보장하는 투자처로 엄청난 인기를 끌었기 때문에 가능한 일이었죠. 미국뿐 아니라 세계 각국의 은행, 금융기관, 일반인까지 너나 할 것 없이 달려들었습니다. 모기지로 만든 금융상품이 많이 팔렸다는 건 누군가는 계속 빚을 내 부동산을 사고 있었다는 뜻이죠. 서브프라임 등급, 그러니까 신용등급이 낮은 사람들까지도 고이율로 빚을 엄청나게 지고 집을 서너 채씩 구입할 정도였습니다. 모두가 올라가기만 하는 부동산 가격에 취해 벌인 돈 잔치였어요. 그 상품의 본질이 빚이라는 사실은 잊은 채로 말이죠.

하지만 빚은 무한정으로 돈을 뽑아내는 요술 방망이가 아니죠. 2004년 저금리 정책이 끝나고 미국 중앙은행이 기준금리를 1%대에서 3%대로 높이자 민간을 대상으로 한 대출 금리 역시 따라 올랐고, 그렇게 파국이 시작됐습니다.

아… 빚을 내 집을 산 사람들의 고생길이 눈앞에 훤하네요. 남 일 같지가 않아요.

특히나 서브프라임 모기지로 대출받은 사람들은 그렇지 않아도 낮은 소득에 비해 높은 이자를 내고 있었으니 엄청난 부담이었습니다. 집값이 오를 거라는 믿음 하나로 거액의 대출을 받아 집을 샀는데, 매달 내는 대출 이자가 금세 감당할 수 없을 정도로 불어났죠. 결국 많은 이들이 빚 갚기를 포기하고 파산을 선언했습니다. 문제는 이렇게 파산을 신청해 금융권에 넘어간 담보 주택이 단기간에 급격히 늘어났다는 겁니다. 저당권을 가진 금융기관이 팔아야 할 부동산은 나날이 늘어가는데, 금리가 인상되면서 부동산을 구입하려는 수요는 오히려 줄어든 상황이었죠. 이제 주택시장에서 어떤 일이 벌어질까요?

공급이 늘어나는데 수요가 줄어드는 상품이니까 수요 공급의 법칙으로 생각하면… 집값이 떨어진다?

바로 그렇습니다. 비싼 이자를 감당하지 못한 사람들이 집을 포기하면서 시장에 매물이 쏟아져 나왔고, 동시에 집값이 급속도로 떨어졌어요.
모기지를 바탕으로 만들어진 파생상품도 예외는 아니었습니다. 한때는 아주 인기 있는 투자처였지만 가계가 파산하고 부동산 가격이 폭락하자 모기지 파생상품들은 아무 가치도 없는 휴지 조각으로 전락해버렸어요. 그동안 절대 망할 리 없다고 믿었던 리먼 브라더스, 메릴린치 등 대형 금융 회사마저 연달아 무너졌고 미국 경제와 연결되어 있던 전 세계 경제가 다 같이 침체를 겪어야 했죠.

왜 익숙한가 생각해봤더니 우리나라 IMF 외환위기 사태랑 비슷하네요. 대기업들이 빚으로 만든 자산이 거품처럼 사라지자 위기가 일파만파 커지는 모습이요.

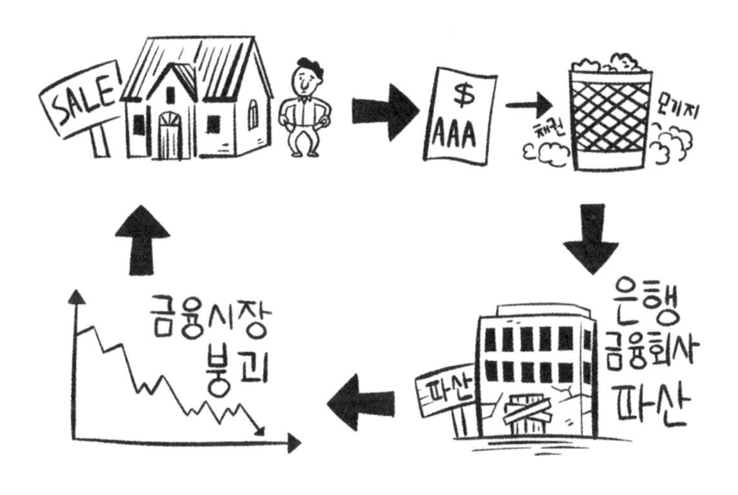

맞아요. 본질은 같아요. 결국 빚을 갚지 못했기 때문에, 즉 신용이 고갈돼 위기가 찾아온 겁니다.

국가별 단기 금리

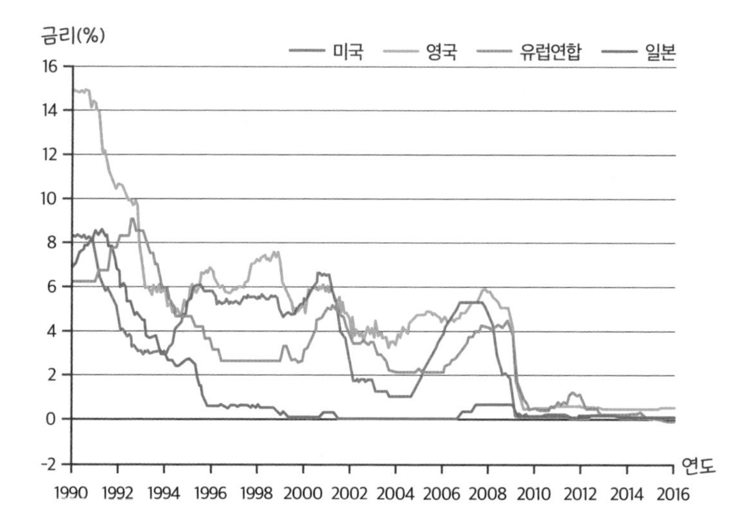

2008년 글로벌 금융위기 직후 미국, 영국, 유럽연합, 일본의 단기 금리가 더 내려가기 어려운 수준까지 크게 하락한 모습이다.

출처 : OECD, FRB

당시 위기를 극복하기 위해 미국은 금리를 0%대로 낮추고 수년간 엄청나게 많은 돈을 풀었습니다. 유럽연합과 일본을 비롯한 주요 선진국 역시 극단적인 저금리 정책을 이어가면서 분투했죠.

꼭 연대책임 같네요. 문제가 생긴 나라는 미국이었는데 전 세계가 다 함께 문제 해결을 위해 애를 써야 한다니 말이에요.

2008년 글로벌 금융위기의 여파로 위기를 맞은 영국. 노던록 은행 앞에 예금을 찾으러 온 사람들이 장사진을 이뤘다.

사실 다른 나라들도 꼭 억울하다고만은 할 수 없습니다. 그동안 미국만큼은 아니더라도 호황을 누렸으니까요. 그 호황 역시 미국 부동산 시장의 호황과 국제금융 확장이 아니었다면 불가능했습니다.

흥미로운 건 2008년 글로벌 금융위기 때 우리나라는 상대적으로 피해를 덜 입었다는 사실입니다. 물론 어려움을 겪긴 했지만 유럽처럼 심각한 경기침체는 피할 수 있었습니다. IMF 외환위기를 겪고 난 뒤 정부와 기업 모두 재정적자를 경계하면서 넉넉한 외환보유고를 유지한 게 한 이유였어요. 한 차례 시련을 겪었기에 위기에 대비한 체력을 기를 수 있었던 겁니다.

아이러니하네요. 과거의 위기가 약이 됐다고 할 수도 있겠어요.

그렇습니다. 이 시점에서 처음 질문으로 돌아가 보겠습니다. 우리가 그토록 두려워하는 불황의 본질은 무엇일까요. 바로 신용의 고갈입니다. 빚을 갚을 거라는 믿음이 사라지면 불황이 발생합니다. IMF 외환위기는 기업의 신용, 서브프라임 모기지 사태는 가계의 신용이 고갈되어 나타난 위기였죠.
사실 서브프라임 모기지 그 자체는 전체 금융 중에서도 주택 부문, 그중에서도 프라임 등급을 제외한 일부에 해당했어요. 그런데 금세 전체의 문제로 번졌습니다. 오늘날 가계와 기업, 정부가 경제적

그리스 중앙은행을 지키고 선 경찰들의 모습. 글로벌 금융위기로 국채 가격이 폭락하는 등 그리스 경제가 타격을 입자 같은 유로화를 사용하는 유럽 국가 전체가 이에 직접적인 영향을 받았다.

으로 긴밀하게 연결되어 있기 때문이죠. 아무리 작은 부분이라도 심각한 부실이 발생하면 관련된 금융기관의 부실, 심하면 정부 재정의 부실로까지 확장되면서 세상의 질서를 완전히 무너뜨리기도 합니다.

역시 빚이 문제로군요. 심각한 불황이 발생할 수도 있으니 아예 모두가 빚내지 않기로 합의하면 안 될까요?

안타깝게도 우리는 이미 그게 불가능한 사회에 살고 있습니다. 일례로 우리에게 익숙한 아파트를 생각해보세요. 아파트처럼 거대한 건축물은 만드는 데 상당한 비용이 들죠. 그래서 대부분의 건설회사는 은행에서 비용을 대출받아 사용한 뒤, 완공 후 분양해서 갚습니다.
만약 대출이란 제도가 사라진다면, 그래서 모두가 가진 범위에서만 소비해야 한다면 공급과 수요 두 측면에서 모두 문제가 생깁니다. 건설 회사는 아파트 건설을 시작하기 힘들고 대다수의 평범한 사람은 수십 년간 돈을 모으지 않으면 집을 사는 게 아예 불가능한 일이 될 겁니다. 빚을 낼 수 없다면 오늘날 우리가 누리는 풍요 대부분을 누릴 수 없겠죠.

그렇긴 한데… 빚이 감당할 수 없을 만큼 커져 경제위기로까지 이어지는 걸 보니 착잡해서요.

그렇죠. 하지만 모든 경제위기에 속수무책이었던 건 아니에요. 2008년 글로벌 금융위기 때는 역사상 최악의 금융위기로부터 우리가 배운 많은 것들을 써먹을 수 있었으니까요. 연쇄적인 파산을 막기 위한 금융기관 구제와 신용 회복, 공격적인 돈 풀기와 금리 인하, 위기를 극복하기 위한 국제적인 협력, 이 모든 게 대공황이 남긴 유산 덕분에 가능한 처방이었다, 이렇게 얘기하고 싶어요.

역사상 최악의 금융위기요? 그게 대공황인가요?

대공황을 통해 배운 위기 극복 방법

여기서 **대공황**Great Depression에 대해 설명이 필요하겠네요. 1929년에 미국에서 시작된 대공황은 말 그대로 '거대한 경기침체'를 뜻합니다. 1920년대는 1차 세계대전이 끝난 뒤 찾아온 세계경제의 짧은 호황기였는데요. 특히 1차 세계대전 당시 군수품 수출로 특수를 누렸던 미국이 가장 큰 호황이었습니다.

그 시기 미국에서는 자동차와 가전제품 등 공업 분야에서 소비가 폭증했고, 그에 발맞춰 공업 생산력이 빠르게 향상됐어요. 경제가 어찌나 빠르게 성장했는지 이 시기를 '광란의 20년대Roaring Twenties'라고 부를 정도입니다.

재즈 클럽은 20세기 초 미국 경제 호황기의 상징이다.

이제 호황이라는 얘기를 들으면 불안한 느낌부터 들어요.

문제는 성장과 소비가 정체되는 시점이 온다는 거였습니다. 끝날 줄 모르던 소비생활도 결국 무한대는 아니었어요. 팔리지 못한 상품의 재고가 쌓여가기 시작했고, 기업들의 재정 상태도 눈에 띄게 악화됐어요. 그런데도 주식시장만은 상당한 호황을 누렸습니다.

어? 그게 가능한가요? 기업 매출이 줄면 주가도 떨어지지 않나요?

일반적으로는 그렇죠. 당시 미국 주식시장이 뜨겁게 달아오른 이

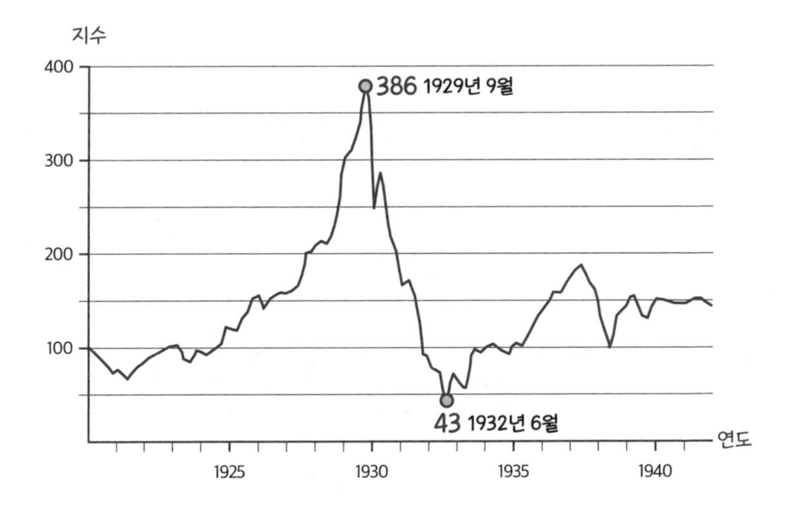

미국 주식시장 지표인 다우존스 지수를 보면, 1920년대에 주가가 폭등했다가 대공황 직후 폭락했음을 알 수 있다.

유는 사람들의 낙관적 전망과 막대한 빚 때문이었어요. 최근 유행하는 말 중에 '빚투'라는 게 있잖아요. 앞으로 주식 가격이 많이 오를 걸 감안해 당장 빚을 내서 하는 투자죠. 당시도 비슷했습니다. 대공황이 발발하기 직전에 등록된 전체 주식 계좌 중 40%가 신용 계좌, 즉 주식 가격의 일부만 내면 모자란 돈은 빌려서 주식을 살 수 있는 계좌였어요. 예를 들어 그 계좌에 현금이 25만 원 있으면, 75만 원은 증권사에서 빌려 100만 원짜리 주식을 살 수 있는 식이죠. 오늘날에도 그런 계좌가 운영됩니다.

와, 그랬는데 주식이 망하면 어떡해요?

채무자의 주식 가격이 빌려준 돈의 얼마 이하로 떨어지면 강제로 해당 주식을 시장 가격에 팔아치우고 원금과 이자를 다시 가져갑니다. 그 이상 손해가 나면 담보에서 회수하고요. 이렇게 신용으로 주식을 사면 적은 돈으로 큰 이익을 볼 수도 있지만 그만큼 위험성도 커집니다.

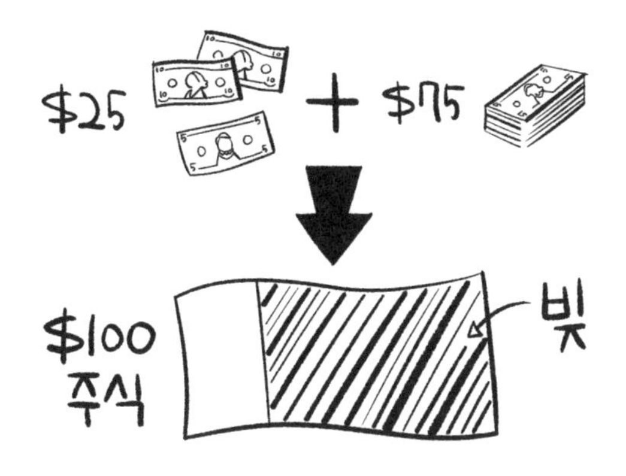

다음 페이지 그래프는 대공황 당시 미국 주식의 평균 가격과 소비자들의 채무를 기록한 내용입니다. 두 수치가 정비례로 상승하는 모습이죠. 주식 가격이 말 그대로 거품과 같은 호황이었다는 뜻이에요.
주식시장의 활황을 이끌었던 돈의 상당 부분은 탐욕으로 쌓아올린 엄청난 규모의 '빚'이었고, 상승세가 한번 무너지기 시작하니까

대공황 직전까지 미국 주식 평균 가격과 소비자 채무의 추이

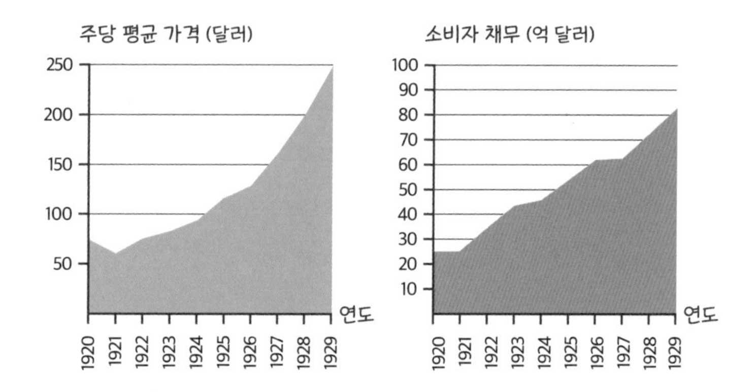

출처: Weir, D. R., 'A century of US unemployment', R. L. Ransom et al., *Research in Economic History*, Vol. 14, Westpoint CT: JAI Press (1992), pp. 341-343.

공포심과 강제 매도가 꼬리에 꼬리를 물며 참담한 결과로 이어진 거죠.

결국 대공황도 빚 때문에 발생했다고 할 수 있겠네요. 빚을 못 갚게 되자 차례차례 무너진 거고요.

그렇죠. 하루아침에 붕괴한 주식시장은 미국 사회 전체에 여파를 몰고 왔습니다. 수많은 가계와 기업이 파산하고, 전체 은행의 40%에 해당하는 1만 5,000여 개 은행이 문을 닫아야 했습니다. 수없이 많은 사람이 집과 직장, 그리고 소중한 예금까지 전부 잃고 길에

1937년 줄을 서서 배급을 기다리는 실직자들의 모습. '세계에서 가장 수준 높은 삶'이라고 쓰인 광고판이 아이러니함을 자아낸다.

나앉는 상황이었어요.

문제를 더 심각하게 만든 건 미국의 중앙은행인 연방준비제도, 줄여서 연준의 대처였습니다. 불황으로 물가가 하락하는 상황에서 오히려 금리를 인상해버렸죠. 그렇지 않아도 물가가 떨어지면 실질금리가 인상되는 효과가 있거든요. 그런데 설상가상으로 연이어 금리를 올려버린 거예요.

물가가 떨어지면 실질금리가 인상되는 효과가 있다고요?

간단한 예를 하나 들어보지요. 어떤 사람이 은행에서 1,000달러를 대출받아 1년 후에 이자 100달러를 더해 갚기로 했다고 쳐요. 그런데 곧 디플레이션이 시작되었습니다. 물가가 계속 떨어지더니 -10%까지 이르렀어요. 그럼 이 대출자의 상황은 어떻게 될까요? 물가가 10% 하락했다는 건 곧 돈의 가치가 10% 높아졌다는 걸 의미하죠. 그러니까 이 대출자는 여전히 원금과 이자를 합해 1,100달러를 상환해야 하지만, 실제로는 디플레이션 이전 가치로 1,210달러를 상환하는 것과 마찬가지인 겁니다. 실제 부담하는 금리가 10%(100달러)에서 21%(210달러)로 증가한 셈이죠.

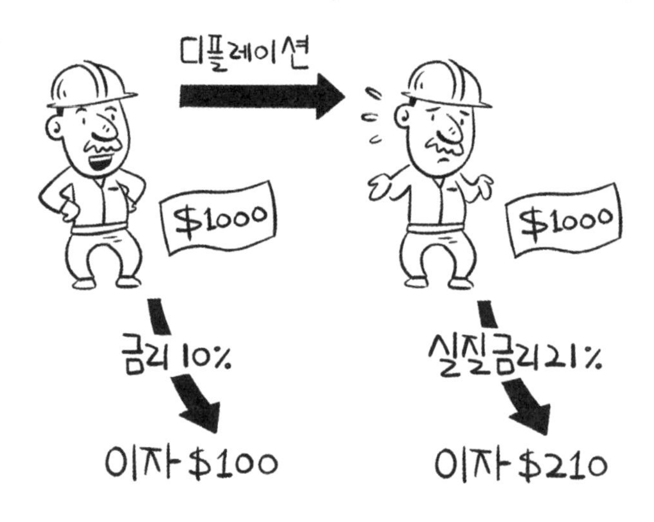

이 상황에서 연준이 금리를 내리기는커녕 확 올려버린 겁니다. 막중해진 빚과 이자의 압박을 버틸 수 없게 된 가계와 기업이 줄지어 파산하면서 미국 경제는 헤어 나오지 못할 깊은 수렁에 빠지고 말

았죠.

황당하네요. 그때는 경제학이 없었나 보죠? 가뜩이나 이자 부담이 커졌는데 금리를 내리기는커녕 올렸다니….

지금 보면 어처구니없는 대처 같지만 나름의 이유가 있었습니다. 당시는 오늘날과 달리 금본위제를 채택하고 있었거든요. 다른 말로 금태환제라고도 합니다.

금본위제의 핵심은 '중앙은행이 발행한 지폐의 가치를 중앙은행이 보유한 금으로 보장한다'는 거예요. 이를테면 20달러를 은행에 가져가면 법에 정해진 중량 30그램만큼의 금과 바꿀 수 있었죠.

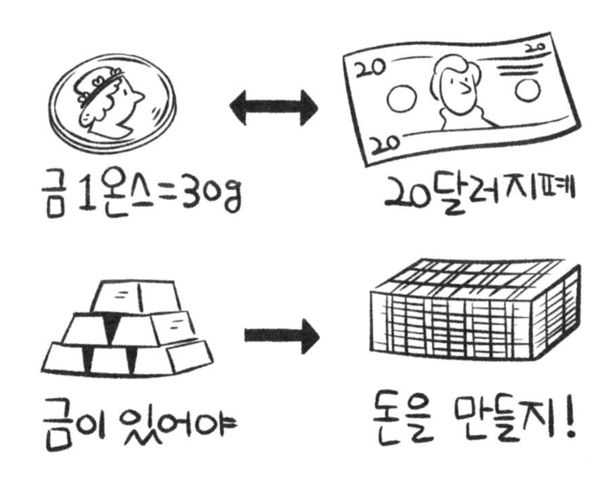

은행이 금은방도 아닌데 돈을 금으로 바꿔준다니… 지금은 상상하기 어려운 일이네요.

금본위제 경제는 지폐의 가치가 금으로 보장되기 때문에 화폐 가치를 일정하게 유지할 수 있다는 장점이 있지만, 반대로 은행에서 금이 빠져나가면 발행할 수 있는 화폐량이 줄어들기 때문에 훨씬 문제가 커질 수 있습니다. 중앙은행이 위기 상황에 유연하게 대처하기가 어려운 거죠.
1929년, 미국에서 대공황이 발생하자 행여 금이 고갈될까 초조해진 사람들은 너도나도 달러화를 은행에 반납하고 금으로 바꾸려 합니다. 외국 자본도 달러를 금으로 바꿔 미국 시장에서 줄줄이 빠져나갔고요. 이 같은 흐름을 돌리기 위해 연준에서 택한 방법이 바로 금리 인상이었습니다. 금리를 높이면 빠져나가던 외국 자본이 높은 금리에 매력을 느껴 다시 미국으로 돌아올 거라 생각한 거죠. 하지만 오히려 이 조치로 시들시들하던 미국 경제가 완전히 수렁으로 빠지게 됩니다. 수많은 기업과 가계가 몇 배나 높아져버린 실질금리와 막중한 이자 부담 앞에 빠르게 파산했으니까요.

금을 지키려다 경제를 완전히 파탄냈군요.

결국 1933년 미국은 극심한 불황과 높은 실업률의 압박을 견디지 못하고 금본위제를 포기하게 됩니다. 가치를 금으로 보증하지

대공황기 미국 실업률

출처: Weir, D. R., 'A century of US unemployment', R. L. Ransom et al., *Research in Economic History*, Vol. 14, Westpoint CT: JAI Press (1992), pp. 341-343.

않고 달러화를 찍어낼 수 있도록 했죠. 그럼에도 오랜 기간 불황의 터널을 빠져나오지 못했어요. 이 시기 미국 경제가 어땠는지 당시 실업률 그래프를 보여드릴게요.

실업률이 심각할 때는 24%에 이르고, 10여 년 동안 10% 아래로 내려가지 않았습니다. 평균 실업률이 무려 18.2%였죠. 실업률을 측정하는 기준이 달라서 직접 비교하긴 어렵지만, IMF 외환위기 때 우리나라의 실업률이 6~7% 정도였으니 이게 얼마나 끔찍한 수치인지 가늠할 수 있을 겁니다. 노동 가능한 인구 다섯 명 중 한 명이 직업을 구하지 못하는 상황이 수년 동안 이어진다는 건 그들뿐 아니라 그들이 부양하는 수천만 명의 가족들이 생계 유지에

대공황이 한창인 1930년대 미국 농촌은 돌이킬 수 없는 타격을 입었다. 스타인벡의 소설 『분노의 포도』는 농촌에 트랙터가 유입되면서 일자리를 잃은 미국 농민들의 이야기를 담고 있다.

필요한 소득을 얻을 수 없었다는 뜻이에요. 그것도 몇 년 동안 말입니다.

IMF 외환위기만 해도 정말 큰 고통이었는데 그보다 훨씬 높은 실업률이라니, 상상이 안 갈 정도예요. 너무 암울했겠어요.

이후 수많은 경제학자가 대공황을 연구한 끝에 경제위기 때 정부와 중앙은행의 역할이 얼마나 중요한지, 그리고 어떻게 해야 하는지 조금씩 깨닫게 되었습니다. 2008년 글로벌 금융위기에서 연준의 대처가 대공황 때와 완전히 달라진 것도 바로 그 덕분이었죠. 과거의 실패를 통해 위기를 극복하는 방법을 터득한 셈입니다. 물

미국 내 달러화 규모

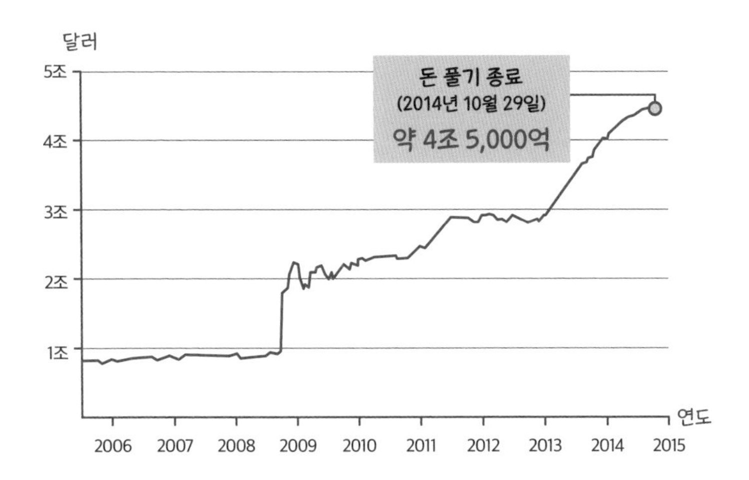

2008년 글로벌 금융위기를 극복하기 위해 연준이 공격적으로 돈을 푼 결과 유통되는 달러화의 양이 크게 늘었다.

출처 : 뉴욕타임즈

론 오늘날의 처방에도 나름의 부작용이 따르긴 하지만요.

그랬군요. 실패를 통해 무엇인가를 배웠다니 그나마 다행이에요.

우리가 과거의 경제위기들을 되새겨보는 이유 역시 마찬가지입니다. 불황의 이유를 제대로 알고, 오늘날의 경제 상황에 비추어 보면서 미래에 같은 실패를 반복하지 않기 위해서죠. 지금까지 한국의 IMF 외환위기, 2008년 글로벌 금융위기, 그리고 1929년 미국 대공황까지 세 번의 금융위기들을 쭉 살펴봤는데 어떤 생각이 드나요?

인간은 역시 같은 실수를 반복하나 싶기도 했어요. 지나친 부채 때문에 금융위기가 발생하는 모습이 서로 비슷해 보였거든요. 하지만 앞선 금융위기를 거울삼아 배우는 걸 보니 아예 희망이 없는 건 아닌 듯해요.

크고 작은 금융위기가 짧게는 수년에서 길게는 몇십 년 주기로 반복되는 이유는 결국 우리 인간이 변함없이 항상 무엇인가를 욕망하기 때문일 겁니다. 지나친 탐욕으로 경제위기에 치닫는 것도, 또 폐허 속에서 더 나은 미래의 씨앗을 발견하는 것도 결국 인간이니까 가능한 일이겠지요.

닮은꼴 재난에서 얻는 경제적 통찰

인간의 탐욕 때문이 아니라 인간이 어찌할 수 없는 재난 때문에 발생하는 경제위기도 있습니다. 가깝게는 홍수, 지진, 화산 폭발 같은 자연재해를 떠올려 볼 수 있죠. 또 하나 최근 우리 삶에 아주 큰 영향을 끼친, 그리고 아직도 현재 진행형인 재난이 있죠. 바로 코로나19 이야기입니다.

코로나19 유행으로 프랑스 파리가 봉쇄되던 날 세계적 관광지인 에투알 개선문에도 인적이 끊겼다. 우리는 과연 코로나 이전의 세계로 온전하게 돌아갈 수 있을까?

아, 코로나19… 단어만 봐도 우울해요. 물론 처음보다는 좀 덤덤해졌지만요.

시간이 조금 더 지나면 코로나19가 전 세계에 끼친 영향들에 대해 보다 객관적인 분석이 가능할 거예요. 다만 지금 상황에서도 대부분의 사람이 동의할 수 있는 사실이 있다면, 이 전염력 강한 바이러스가 전 세계인들의 삶을 뒤흔들었을 뿐 아니라 역사의 흐름에도 상당한 영향을 끼쳤다는 겁니다. 다시 이전의 삶으로 돌아갈 수 있느냐, 하고 질문하면 누구도 그렇다고 확신할 수 없는 상황이 되어버렸죠.

맞아요. 저는 코로나19 종식만 손꼽아 기다렸는데 계속 새로운 변종 바이러스가 나오니까 지치더라고요.

네, 인류가 코로나19라는 감염병을 완전히 극복해낼 수 없을 거라는 우울한 선고 같기도 하죠. 그런데 엄밀히 따지면 인류가 감염병이라는 위기를 완전히 극복한 적은 없었어요. 게다가 코로나19처럼 세계경제에 막대한 영향을 미치고, 인류의 역사를 바꿨다고 할 정도의 대유행도 이미 여러 차례 반복됐지요.

코로나19 같은 위기가 처음이 아니었다는 거죠?

네, 가깝게는 20세기 초에 등장해서 2년 동안 전 세계적으로 유행한 스페인독감이 있습니다. 두 차례에 걸친 세계대전 때문에 파괴력이 과소평가되기도 하지만 굉장히 큰 피해를 낳은 '팬데믹'이었어요. 당시 세계 인구의 2%가 넘는 4,000만 명 이상이 사망했고, 주요 43개국의 국내총생산이 평균 6% 하락했습니다. 더 무서운 건, 스페인독감이 훗날 2차 세계대전을 일으킨 독일 나치 탄생의 씨앗을 뿌렸다는 거죠.

독감이랑 나치라니 전혀 관련 없게 느껴지는데요.

나치가 유대인 같은 외국인과 소수민족을 향한 독일 군중의 적대

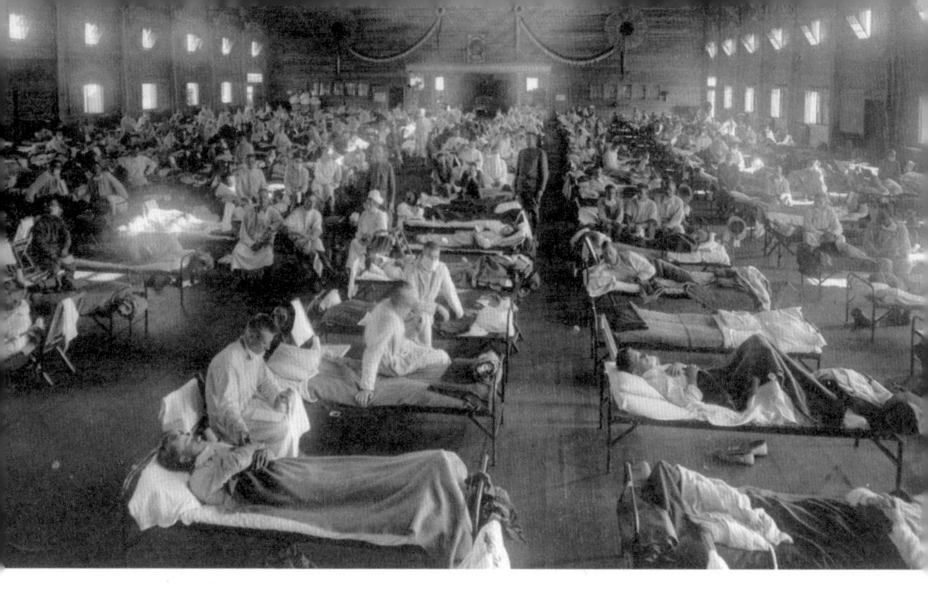

스페인독감 유행 당시 찍은 미국 캔자스주에 있는 한 응급 병원 내부. 2차 세계대전에 참전했다가 독감에 감염된 군인들이 미국 본토로 이송되어 치료받고 있다.

감을 이용해 집권했다는 사실은 알죠? 최근 뉴욕 연방준비위원회가 발간한 보고서에 따르면, 독일에서 스페인독감 사망자가 많은 지역일수록 외국인을 향한 적대감과 극우 정치인에 대한 지지가 특히 강했다고 합니다.

잘 이해가 가지 않는데요. 사람들이 스페인독감에 감염돼 사망한 거랑 외국인이 무슨 관련이 있죠?

그만큼 사람들의 삶과 마음이 피폐했다는 뜻일 거예요. 엉뚱한 사람을 미워하고 탓하고 싶어질 만큼 말이죠. 이건 독일에서만 나타나는 현상은 아닙니다. 사람은 누구나 방어기제가 있기 때문에 실패를 경험하거나 고통을 받을 때면 그 책임을 회피하려는 마음이 생겨요. 사랑하는 가족과 지인, 그리고 소중한 직장과 삶의 터전을 정체 모를 감염병 때문에 잃게 된다면 누구라도 원망할 대상을 찾고 싶어지지 않을까요? 그럴 때면 우리와는 다른, 이질적인 문화를 가진 외국인들이 특히 원망의 대상이 되기 쉽죠. 희생양 만들기라고 할까요.

기억하실 것 같은데, 코로나19 유행이 심해질 때도 상당히 비슷한 일이 벌어졌습니다. 영미권 국가에서 코로나19를 계기로 아시아인들을 향한 혐오 범죄가 급증했죠. 다음 기사를 보세요.

美 '엇나간 분노'… 아시아인 대상 증오 범죄 77% 폭증

국제사회에서도 코로나19로 인한 인종차별이 확산하고 있다. 서방에서 일어나고 있는 아시아계 혐오가 대표적이다. 코로나19의 진원지인 중국에 대한 분노가 아시아계에 대한 배척으로까지 이어지는 상황이다. 뿌리깊은 반(反) 무슬림 정서도 더 심각해지고 있다. 전문가들은 "아시아계 시민도 (백인 등과) 동일한 국민이라는 소속감 회복이 필요하다"고 진단한다. (…)

—《세계일보》 2022.1.13

저도 뉴스에서 본 기억이 나요. 길 가던 사람을 이유 없이 때리거나 심지어 총을 쏘기도 하고…. 앞으로 마음 편히 해외여행도 못 가겠더라고요.

스페인독감이 유행하던 시절 독일 내 군중심리도 이와 비슷했을 겁니다. 위기를 초래한 장본인을 찾아내 응징하고 싶은 심리죠.
당대의 경제 상황도 큰 몫 했습니다. 독일은 1918년 1차 세계대전에서 패전하면서 경제적으로 굉장히 어려운 시기를 겪었어요. 승전국인 프랑스와 영국이 막대한 전쟁 배상금을 요구해왔는데 수중에 돈이 없어서 석탄이나 철광석 같은 자원 채굴권을 넘겨야 할 정도였죠.
시간이 흘러 경기가 조금씩 나아지는 듯했으나 미국발 대공황의 여파로 완전히 망가져버렸습니다. 1932년 독일의 실업률이 약 30%였으니, 당시 독일 사회가 얼마나 혼란스러웠을지 일일이 설명하지 않아도 알 수 있겠죠.

케테 콜비츠의 판화, 1924년. 굶주린 독일 아이들의 간절한 눈빛에서 당시의 상황을 느낄 수 있다.

그러니까 독일인들은 1차 세계대전 때부터 스페인독

감을 거쳐 대공황에 이르기까지 수십 년을 버티다 폭발한 거군요.

그렇습니다. 스페인독감이 창궐한 지역의 경제 상황은 더 나빠졌어요. 병으로 많은 인구가 사망한 탓에 노동력이 부족해졌고, 감염에 대한 공포 때문에 소비와 생산이 크게 위축됐습니다. 한번 무너진 경제력은 쉽게 회복되지 못했고, 이들의 삶을 보호해줄 최후의 보루인 정부 보조금마저 감소했어요. 그러자 독일 국민들 사이에서 기존 정치 세력을 향한 불만과 분노가 빠르게 커졌습니다.

힘든 상황이었다고 모든 폭력이 용서될 수 있는 건 아니지만, 그 마음만은 이해가 돼요.

평상시라면 소수에 머물렀을 극단주의 정치 세력이 큰 인기를 끌 수 있었던 까닭도 대중의 분노와 증오가 쌓일 대로 쌓인 상태였기 때문이죠. 더 잃을 게 없는 빈곤층을 중심으로 이질적 집단에 박탈감과 분노를 표출하는 움직임이 점점 커지다가, 마침내 나치의 히틀러가 독일의

분노와 증오심을 배경으로 권력을 차지한 아돌프 히틀러.

정권을 잡는 상황까지 이르렀던 겁니다. 이들이 벌인 2차 세계대전과 홀로코스트로 얼마나 많은 사람이 희생되었는지는 굳이 설명할 필요가 없을 것 같아요.

감염병은 감염병일 뿐이라고만 생각했는데, 병 때문에 사람들의 삶이 피폐해지고, 생각이 극단화되고, 역사의 흐름까지 바뀌었네요. 어쩐지 오싹해지는데요.

스페인독감과 코로나19가 닮은 점이 한 가지 더 있습니다. 코로나19가 확산되자 세계 각국이 도시 봉쇄 조치를 시행했죠. 스페인독감 때도 비슷하게 시민들의 이동을 제한하는 조치가 있었어요.

그때도 비슷한 조치가 있었다니 신기하네요. '사회적 거리두기'의 원조 격이라고 할 수 있으려나요.

비슷하다고 볼 수 있습니다. 봉쇄 조치라는 건 경제적인 측면에서 극단적인 조치입니다. 사람들을 대면해서 재화를 팔거나 서비스를 제공하고 수입을 얻는 경제활동을 금지하는 것이니까요. 우리나라의 사회적 거리두기 조치나 영업 제한 정책은 부분적인 제한이었는데도 자영업자들의 생계와 전체 국민 경제에 미치는 충격이 상당했죠. 이런 통제가 길어지면 길어질수록 경제활동이 중단된 가게나 기업은 빚으로 생계를 유지하거나 심하면 파산으로 내

2020년 코로나19 사태로 인해 봉쇄된 중국 우한 시내의 모습. 시 전체가 외부와 차단되고 대부분 경제활동이 금지되면서 유령도시처럼 텅 비어버린 모습이다.

몰리게 됩니다. 감염병 피해를 막기 위해 취한 조치가 오히려 더 큰 경제적 피해를 낳는 경우죠.

감염병으로 인한 사회 혼란을 막으려면 제한 조치를 해야 하는데, 그게 지나쳤다가는 또 경제에 악영향을 주게 되니, 참…. 이러나저러나 손해를 피할 순 없는 거네요.

그렇습니다. 스페인독감이 세계적으로 엄청나게 확산하다가 약 2

년 후에 사라진 것처럼, 코로나19 역시 언젠가는 극복될 겁니다. 그런 기미도 조금씩 보이고 있고요.

그럼에도 감염병이 야기한 충격으로 궁핍해진 사람들의 삶은 쉽사리 회복되지 않을 겁니다. 재난을 기회 삼아 자산을 늘리는 소수의 사람도 있겠지만, 그보다 훨씬 많은 수의 사람이 직장을 잃거나 소득이 줄어 빚에 의존하게 될 거고요. 이런 식의 빈곤과 양극화가 계속 누적됐다간 더 심각한 사회적 위기로 번질지도 모르는 일입니다. 그렇게 되지 않으려면 지난 위기로부터 배운 교훈들을 되새기며 지금부터 철저하게 대비해야 합니다.

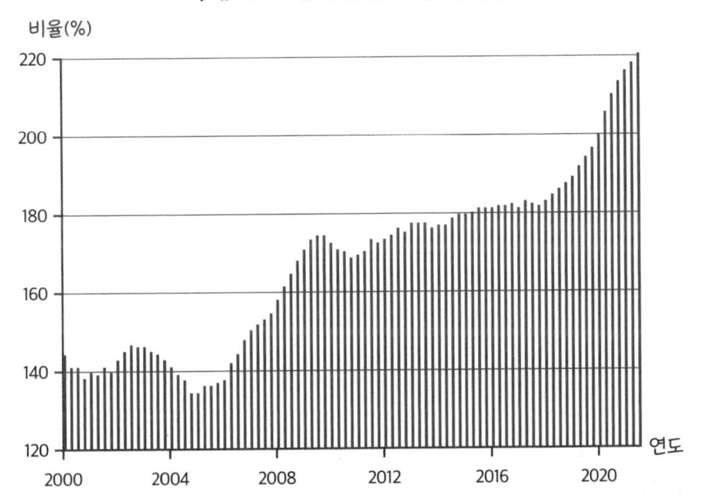

2008년 글로벌 금융위기와 2020년 코로나19의 창궐을 기점으로 가계와 기업 부채를 합한 민간 신용 비율이 크게 늘었다.

출처 : 한국은행

역사상 최악의 감염병은 어떻게 세상을 바꿨나

이왕 감염병을 이야기하는 김에 비슷한 사례를 하나 더 살펴보겠습니다. 유럽 역사를 공부할 때면 반드시 만나게 되는 이름이죠. 바로 '흑사병'입니다.

흑사병은 쥐에 기생하는 벼룩에 의해 발생하는 급성 감염병입니다. 이 병에 감염되면 피부 곳곳이 검게 짓무르는 증상이 나타나서 흑사병이라는 이름이 붙었죠. 페스트pest라고도 불립니다.

저도 들어봤어요.

장 피에르 무아네의 그림, 1852년. 한 여성이 페스트 희생자들의 시신을 힘겹게 실어나르고 있다.

14세기 중반에 유행한 질병으로, 구체적인 통계 자료가 없어 피해 규모를 정확히 가늠하긴 어렵지만 당시 유럽 인구의 3분의 1 정도가 이 병으로 사망했다고 추정돼요. 수많은 사람이 사망하자 경제 활동이 대부분 크게 위축됐고 사회 시스템 역시 멈출 수밖에 없었어요. 프랑스와 영국 간의 '백년전쟁'마저 중단될 정도였습니다.

전쟁까지 멈추게 하는 병이라니…. 하긴 싸울 사람이 없어지는데 전쟁을 어떻게 하겠어요.

흑사병의 충격은 일시에 끝나지 않고 중세 유럽의 경제 구조를 바꿔놓았습니다. 원래 중세 유럽은 전통적인 농업 사회였어요. 인구 대다수를 차지하는 농노가 주로 생산을 담당하고 있었죠. 흑사병이 휩쓸고 지나간 후 그 사회는 어떻게 달라질까요?

사람 수가 많이 줄었으니까… 농사일을 할 일손이 부족해지지 않았을까요?

그렇습니다. 거기서 좀 더 나아가볼까요? 흑사병으로 인해 농사일을 할 농노의 수는 3분의 2로 줄었지만 농경지는 그대로잖아요. 원래 땅을 경작하는 데 필요한 노동력이 100명이었다면, 흑사병 이후에는 똑같은 면적을 67명이 경작해야 하는 상황이 찾아온 겁니다. 당연히 많은 토지가 경작되지 못한 채 버려졌죠. 토지라는 상품의 수요와 공급을 따져보면, 공급에 비해 수요가 확 줄어버린 상황입니다.

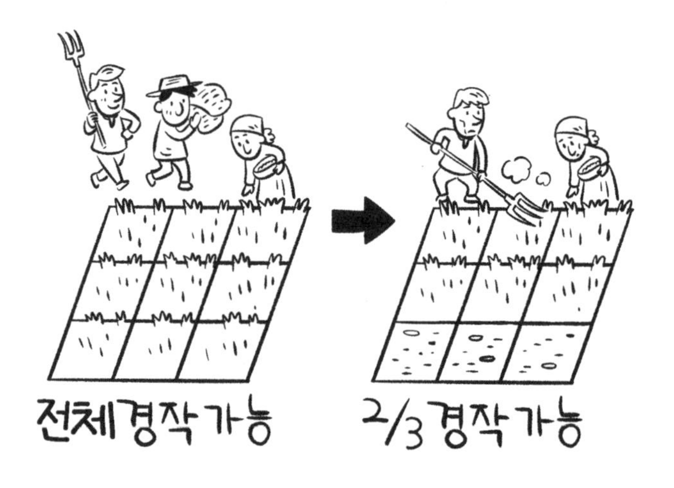

아, 그렇다면 땅값이 떨어졌겠군요.

맞아요. 당시 농노는 영주에게서 농지를 빌려 농사를 짓고, 그 생산물의 일부를 바쳐야 했어요. 이걸 토지 임대에 대한 대가라고 해서 **지대**地代라고 합니다. 토지의 가치가 떨어졌다는 건 곧 농노들이 낼 지대가 줄어든다는 뜻이었고 이는 농노들의 실질임금이 늘어나는 결과로 이어졌어요.

말이 어렵네요…. 조금만 더 자세히 설명해주세요.

농노는 농사일이라는 노동 활동에 참여함으로써 농산물이라는 결과물을 얻습니다. 그중 일부를 토지 소유주인 영주에게 지대로 지급하는 거죠. 농노에게 지대는 곧 비용이고, 이 비용을 제외하고 남은 것이 농노의 이익이 됩니다. 간단히 정리하면 다음과 같습니다.

총 이익 = 매출 – 비용

농노의 이익 = 생산물 – 지대

농노의 수가 줄어서 노동력이 귀해지고, 반대로 지대는 떨어지면서 농노의 이익이 커진 거네요.

바로 그렇습니다. 흑사병은 인류사에 두고두고 남을 지독한 재난이었지만 아이러니하게도 살아남은 농노들은 사회적 지위와 실질 임금이 높아지는 혜택을 입었어요. 또 많은 경작지가 버려지면서 영주의 통제력이 약해진 덕분에 농노는 이동의 자유를 누리게 됐습니다. 이전까지는 거주지를 마음대로 바꿀 수 없어 영지에 묶여 있던 농노들이 다른 지역으로 이주할 수 있게 됐죠.
한편 지배 계층 사이에서는 보다 강력한 귀족 가문이 생겨났어요. 상당수의 영주가 권력을 잃고 몇몇 집안에 통폐합된 결과였죠. 말하자면 영주들 사이에 자연스럽게 구조조정이 일어난 겁니다. 이렇게 탄생한 귀족 가문은 이후 유럽에서 절대왕정이 등장하는 데 발판이 되기도 합니다.

중세 영국의 지대 대비 임금 비율

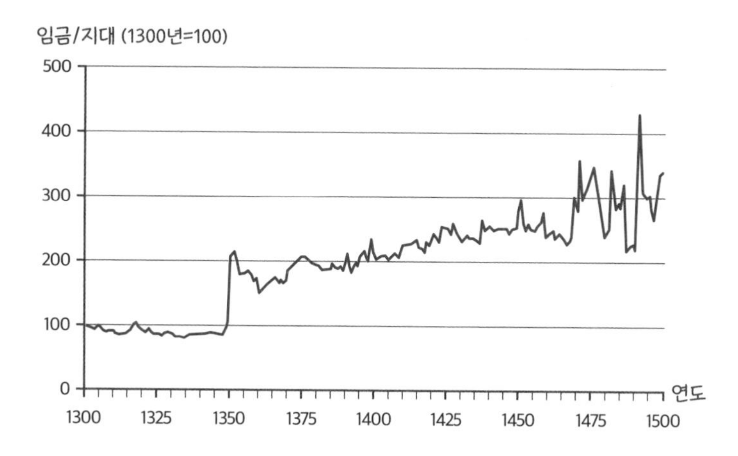

흑사병이 창궐한 1350년 무렵 지대 대비 임금 비율이 두 배 넘게 폭증했다.

출처: Findlay, R. & K. H. O'Rourke, *Power and Plenty*, Princeton: *princenton University Press* (2007), fig. 3.3

와, 잠시만요. 변화가 너무 극적이라서 따라갈 수가 없는데요. 흑사병 이전과 이후의 세계가 너무 달라졌잖아요.

이건 고작 일부에 불과합니다. 잘 알려진 것처럼, 흑사병 이전까지 유럽 사회는 금욕주의적인 기독교 세계관이 주류였습니다. 중세 유럽에서 상업이 화려하게 꽃피지 못했던 이유 중 하나도 기독교 세계관이 상거래 같은 경제활동을 천시했기 때문이에요. 상인이 이윤을 극대화한다든가, 돈을 빌려주고 이자를 취한다든가 하는 행위를 전부 악으로 치부하고 통제하려 했죠.

그러다 흑사병이 발생하고 나서 사람들이 느끼게 된 건 정치나 종교가 실질적으로 해줄 수 있는 게 별로 없더라는 거였어요. 위생 관념이나 의학 지식도 거의 없던 시대다 보니 이때 당국이 발표한 내용 중에는 굉장히 황당한 것들이 많았습니다. 일례로 당대 석학들이 모인 파리의과대학에서 흑사병의 발생 원인을 발표했는데, 내용인즉 '하늘에 있는 별들이 특정한 구도를 이뤄서 그것이 지구에 나쁜 영향을 미쳤는데, 그때 발생한 지진으로 인해 땅속에 있던 나쁜 기운들이 올라와서 역병이 퍼진 것이다'라는 거였죠.

무슨 말도 안 되는 소리를…. 그런 내용을 당대의 석학들이 발표했다니 어이가 없네요.

흑사병이 퍼질수록 기존 사회의 지배층이었던 영주와 교회의 권위는 가파르게 추락했습니다. 앞에서 사람들의 이주가 전보다 자유로워졌고, 또 실질임금도 늘어났다고 했잖아요. 흑사병에 걸려 언제 죽어도 이상하지 않은 상황에서 사람들은 점차 종교적이고 금욕적인 가치관에서 벗어나 '오늘을 즐기자!'는 식의 소비와 세속적 가치를 지향하게 됩니다. 이후 유럽은 종교가 지배했던 중세에서 인간 중심의 문화 부흥기인 '르네상스 시대'로 진입합니다. 타락하고 무능한 교회에 반발해 일어난 종교개혁, 종교적 세계관을 거부하고 합리적 추론과 실험을 중시한 과학혁명도 비슷한 맥락에서 일어난 사건이었죠.

피테르 브뤼헐, 「죽음의 승리」, 1562년. 마을에 밀려들어온 죽음의 신이 사람들의 목숨을 빼앗고 있다. 중세 사람들이 흑사병을 겪으며 느낀 두려움이 잘 드러난다.

놀랍네요. 르네상스나 종교개혁 같은 사건들이 감염병의 영향을 받은 거였군요. 흑사병이 발생하지 않았다면 유럽의 역사가 완전히 달라졌을 수도 있었겠어요.

역사에는 가정이 없다지만, 흑사병이 없었다면 적어도 사회 변화의 속도가 상당히 더뎠겠지요. 기존 사회·경제 구조를 유지하지 못할 만큼 수많은 사람이 사망했기 때문에 이런 동시다발적인 변화가 일어난 거니까요.

지금 우리가 경험하는 코로나19도 마찬가지입니다. 코로나19 확산 이후에 바뀐 우리 삶을 생각해보세요. '비대면 경제'라는 신조어에서도 알 수 있듯, 경제활동의 패턴이 달라지고 있습니다. 서서히 진행되던 변화들이 코로나19 위기 국면을 맞아 엄청나게 가속화됐죠. 그뿐만 아니라 세계 각국에서 감염병 대응을 빌미로 자국 우선주의를 내세우기도 하고, 위기에 대처하기 위해 사회 곳곳에 적극적으로 개입하는 '큰 정부'가 나타나기도 했습니다.

그렇네요. 코로나19가 등장하기 전과 비교하면 정말 많은 게 달라

산드로 보티첼리, 「비너스의 탄생」, 1485년. 르네상스 시대를 대표하는 작품으로, 이전 시대의 종교적인 회화와 달리 인체 본연의 아름다움을 있는 그대로 표현하려는 의지가 엿보인다.

진 거 같아요. 아까 스페인독감이 나치의 등장에 도움을 줬다는 얘기를 들어서인지 한편으로는 미래가 어떤 모습일지 걱정스러워지네요.

그래서 더욱 경제를 알고 세계 역사의 흐름을 '제대로' 알아야 한다고 강조하고 싶어요. 인류는 지난 수천 년 동안 주어진 환경과 한계를 극복하고 눈부신 문명을 이룩해냈지만 여전히 먹고사는 문제에서조차 자유롭지 못합니다. 풍요 속에서도 다가올 불황을 걱정하는 이유는 아마 우리가 재난과 위기 앞에서 얼마나 나약한 존재인지 알고 있기 때문일 거예요.
미래를 알 수 없는 인간에게 가장 중요한 지침은 역시 지나온 과거겠죠. '붕괴와 재난에서도 배운다'는 이번 강의의 제목처럼, 인류는 거듭되는 고통과 혼란 속에서도 포기하지 않고 미래를 읽어낼 수 있는 답을 과거에서 찾으려 노력해왔습니다. 그렇게 낸 답에 따라 부를 확장하고 때로는 분배함으로써 지속적이고 안정적인 번영을 추구해온 역사가 곧 경제의 역사다, 이렇게 정리할 수 있을 것 같아요.

필기노트 붕괴와 재난에서도 배운다

호황과 불황은 반복된다. 역사 속 경제위기를 돌이켜 보면, 위기에도 공통점이 있다는 사실을 알게 된다. 과거는 오늘을 이겨낼 힘을 주고, 위기는 새로운 시대를 앞당기는 계기가 된다.

인간의 욕망이 만든 위기

불황 시간이 갈수록 경기가 나빠지고, 그에 따라 사람들의 소득과 소비가 위축되는 상황.

신용의 고갈 경제위기들의 공통점. 빚을 갚을 능력이 부족해지는 현상.

① **IMF 외환위기** 1997년 기업들이 달러화로 진 빚을 갚지 못해 생김.

② **2008년 글로벌 금융위기** 미국에서 시작되어 전 세계로 번짐. 서브프라임 모기지가 상환되지 않으면서 가계, 기업, 금융기관이 함께 파산.

참고 **서브프라임 모기지** 비교적 낮은 신용등급의 주택담보대출.

③ **대공황** 1929년 신용 계좌가 넘쳐나던 주식시장이 붕괴하며 시작됨. 연준의 금리 인상 탓에 공황으로 이어짐.

→ 하지만 대공황 때 얻은 교훈으로 2008년 글로벌 금융위기를 극복.

감염병이 만든 위기

감염병으로 인해 경제위기가 찾아오는 경우.

① **스페인독감** 1차 세계대전과 대공황으로 피폐해진 독일 경제를 무너뜨림. 나치 집권의 배경이 됨.

② **흑사병** 유럽의 경제 구조를 바꿈. 종교개혁과 르네상스를 앞당긴 역사의 전환점.

③ **코로나19** 전 세계적인 감염병 위기. 비대면 경제, 자국 우선주의, 큰 정부 등을 불러옴.

→ 위기가 새로운 변화를 가져오는 계기가 되기도 함.

경제학의 대가는 귀한 능력들을 겸비해야 합니다.
그는 어느 정도 수학자이자, 역사가이자,
정치가이자, 철학자여야 합니다.

| 존 메이너드 케인스 |

02 더 나은 경제를 상상한 사람들

#자유방임주의 #사회주의 #케인스주의 #신자유주의

살면서 그 이름을 자주 듣진 못하지만, 우리는 모두 소수 경제학자가 만든 이론을 기초로 운영되는 세계에 살고 있어요. 시장의 효율성과 그 한계, 정부의 역할, 부와 소득의 불균형까지. 자신이 살던 시대의 가장 논쟁적인 경제 문제들을 해결하기 위해 수많은 학자가 치열하게 고민해왔죠. 이번에는 그 이야기를 해보려 합니다.

잘은 모르지만 경제학자 하면 조금 고리타분하게 어떤 이론이 더 맞는지 논쟁하는 모습만 떠올라요.

그럴 수 있어요. 경제학은 정답이 없는 세상을 해석하고 이해하는 학문인 만큼, 진단과 해법이 학자마다 달랐습니다. 열띤 논쟁이 벌어진 것도 그 때문이고요. 이번 강의는 경제와 사회를 해석하는 시각에 대한 이야기로, 우리가 살아가는 세계 전반을 스스로의 관점으로 이해하려는 사람 누구나에게 도움이 될 겁니다.

철학자가 탄생시킨 경제학

경제학이 학문의 형태를 갖추게 된 건 근대에 들어서입니다. 최초의 경제학자 애덤 스미스가 1776년 『국부론』을 발표한 게 그 출발이었죠. 책이 출판된 지 약 250년이 지났지만, 지금까지도 기본적으론 애덤 스미스가 만들어놓은 렌즈를 통해 경제의 세계를 들여다보고 있습니다. 변하지 않는 고전의 힘이죠.

그렇다면 애덤 스미스 이전에는 경제학이라는 게 없었나요?

네, 통치의 기술 정도로 여겨졌을 뿐 독립된 학문으로서 영역을 구축하지는 못했죠. 대항해시대 이후 상업과 교역이 활발해지고 자본주의가 모습을 드러내면서

애덤 스미스(1723~1790)

시장경제의 규모는 빠르게 커졌지만요. 애덤 스미스 역시 처음에는 경제학자가 아니라 철학자였습니다.

애덤 스미스가 철학자였다는 이야기는 처음 들어요. 애덤 스미스 하면 '보이지 않는 손', 아닌가요?

잘 아시는군요. 정부의 간섭과 규제는 최소화하고 개인이 경제활동을 할 자유를 최대한 보장해야 한다는 이론이 '보이지 않는 손'이죠. 많은 분들이 아래 『국부론』의 유명한 대목을 들어보신 적 있을 겁니다.

> 우리가 저녁 식사를 할 수 있는 것은 정육점 주인, 양조장 주인, 빵집 주인의 자비심 때문이 아니라 그들 자신의 이익에 대한 관심 때문이다. 우리는 그들의 인간성에 호소하지 않고 그들의 이기심에 호소하며, 우리는 그들에게 우리 자신의 필요를 이야기하지 않고 그들의 이익을 이야기한다.
>
> -『국부론』 중에서

너무 개인의 이기심만 강조한 거 같아서 삭막한데요.

하지만 애덤 스미스는 그 이기심이 결국 우리 사회에 번영을 가져다줄 거라고 생각했어요. 인간이라면 누구나 가지고 있는 자연스러운 욕망, 그 욕망을 좇으라고 놔두면 일부러 조장하지 않아도 수요와 공급이라는 시장질서가 만들어진다고 말이죠. 시장질서가 이끄는 대로 국가를 운영하면 모두가 만족하는 균형을 찾게 돼 사회 전체의 이익으로 이어진다고 봤습니다.
매우 철학자답지요. 근본적으로 인간의 자연스러운 욕망과 생각에서 사회의 질서가 출발한다고 보았으니 말입니다.

틀린 말은 아닌 것 같지만, 개인의 욕망이 사회의 이익으로 이어진다는 게 너무 이상적인 생각 같기도 해요. 개인의 이기심이 나쁜

경우도 많잖아요.

애덤 스미스를 오해하지 않으려면 시대적인 맥락을 고려해야 해요. 앞에서 이야기했던 대로 중세 유럽 사회는 금욕적인 윤리관을 통해 사람들의 욕망을 억눌러왔습니다. 근대에 접어든 후에도 한동안은 비슷한 분위기가 이어졌어요. 국가가 민간의 경제활동에 온갖 규제를 가하면서 개인의 자유를 옭아맸죠. 애덤 스미스는 이 모습을 비판적으로 지켜봐왔기에 개인이 욕망을 발휘해 자유롭게 경제활동을 하는 것이 사회 전체에 이익을 가져다준다는 자유방임과 시장경제를 주장한 겁니다.

단순히 이기적인 사람이 아니라 욕망 자체를 긍정한 거네요.

애덤 스미스는 당시 유럽에 퍼져 있던 계몽주의 철학의 영향을 받기도 했습니다. 계몽주의는 한마디로 인간 이성을 중요한 위치에 놓은 사상 흐름이에요. 계몽주의 사상가들은 종교보다는 합리성으로 자연을 파악하고 세상의 진리를 찾고자 시도했습니다. 애덤 스미스는 그 영향을 받아 경제 역시 자연처럼 일정한 질서로 돌아가리라 봤죠. 바로 시장질서 말입니다.
그런가 하면 애덤 스미스는 인간의 이성만큼이나 공감 능력도 강조했습니다.

그래요? 애덤 스미스가 인간의 이기심만 강조한 건 아니었군요.

아니에요. 타인이 느끼는 행복이나 불행을 자신의 것처럼 느낄 수 있는 따뜻한 마음이 인간에게 있다고 믿었죠. 그래서 개인의 이기심이 사회의 폐해로 귀결되지 않고 조화로운 질서로 연결될 거라 봤던 겁니다.
하지만 뭐니 뭐니 해도 애덤 스미스는 시대를 앞서 나간 경제학자였어요. 가장 혁신적인 부분은 경제를 **제로섬**zero-sum으로 이해하던 기존 관념을 비판하고, **포지티브섬**positive-sum 경제를 상상했다는 겁니다.

제로섬은 들어본 것 같은데 포지티브섬이라니… 무슨 말이죠?

포지티브섬은 여러 값을 더했을 때 플러스 값이 나온다는 말이에요. 반대로 제로섬이라는 건 합했을 때 제로, '0'이 된다는 의미고요. 그러니까 경제의 세계를 제로섬으로 이해했다는 건, 세상에 존재하는 전체 부의 크기가 언제나 일정하다고 보았다는 겁니다. 경제를 제로섬이라고 믿었던 사람들은 다른 사람의 부를 빼앗는 것만이 자신의 부를 늘릴 수 있는 유일한 방법이라고 생각했죠.

아, 그러니까 상대방의 부를 빼앗으면 내 부는 늘어나지만 총합은 그대로니까 제로라는 말이군요.

네, 오늘날에는 국부를 GDP, 즉 국내총생산과 비슷한 개념으로 이해합니다. 달리 말하자면 사람들이 생산하고 소비하는 규모로 보는 거죠. 하지만 당시에는 한 국가가 소유한 금과 은의 총량이 곧 국부의 크기라고 생각했어요. 그래서 중세 후기부터 강력한 왕권과 군사력을 바탕으로 절대왕정체제를 유지하던 유럽 국가들은 금은을 얻기 위해 혈안이었습니다.

금과 은이 곧 국부라니, 너무 단순한 생각 아닌가요?

당시만 해도 금과 은이 국제 화폐로 사용되면서 부의 상징으로 여겨졌기 때문이에요. 그런데 금이나 은 같은 귀금속은 매장량 자체가 무척 제한적이었어요. 설상가상으로 대항해시대 이후 유럽과 아시아, 아메리카 대륙을 아우르는 장거리 교역이 증가하자 세계 여러 나라가 금과 은을 구하지 못해 더욱 안달을 냈죠. 국가가 직

1667년 영국과 네덜란드 간의 해상 전투 장면. 당시 유럽 국가들은 해상 무역에서 주도권을 갖기 위해 치열한 무력 다툼을 벌였다.

접 전쟁이나 식민지 착취를 통해 타국의 귀금속을 빼앗는 게 예삿일이었고요. 무역흑자를 위해 소수 기업에 독점 권한을 부여하는 등 자의적인 국가 개입 역시 비일비재했습니다.

그 정도로 금과 은을 탐냈던 거군요.

심지어는 외국 선박을 대상으로 하는 해적질을 국가에서 공공연히 지원하기도 했어요. 국제법이라는 게 없었으니 수단과 방법을 가리지 않고 '국부'만 늘리면 된다고 생각한 시절이지요.

상상하기 어렵네요. 꼭 남의 것을 빼앗아야만 돈을 벌 수 있는 건 아닌데 왜 그랬을까요.

맞아요. 애덤 스미스는 이런 사상과 관행들을 **중상주의**重商主義라 부르며 비판했습니다. 중상주의란 상업을 중시하는 사상이라는 뜻인데요. 여기서 말하는 상업이란 오늘날의 의미가 아닌 '귀금속을 벌어다주는 수단' 정도로 이해할 수 있습니다. 애덤 스미스는 중상주의적 규제가 시장경제의 효율성을 저해하는, 극복해야 할 유산이라 생각했어요. 더불어 금은 같은 귀금속이 곧 국부라는 중

국가가 해적을 지원한 예. 중상주의 군주인 영국의 엘리자베스 1세가 해적 프랜시스 드레이크에게 작위를 수여하고 해군 제독으로 임명하고 있다.

상주의적 관념 대신 '사회의 모든 사람들이 소비하는 생필품과 편의품의 양'이 국부라고 주장했죠.

금은보다 생필품이 국부라는 말이 더 이해가 안 되는데요. 제가 일상적으로 쓰는 휴지나 공책도 다 국부에 포함된다는 거예요?

그렇죠. 이 주장의 요지는 평범한 사람들이 누리는 물질적 풍요가 진정한 국부로 이어질 수 있다는 겁니다. 귀족과 상인들이 금고 안에 귀금속을 잔뜩 쌓아두던 풍경은 애덤 스미스가 꿈꾼 부자 나라의 모습이 아니었던 거죠.
애덤 스미스는 국부를 증진하기 위해 전쟁을 하거나 시장에 개입할 게 아니라 체계적인 생산조직을 구축해 노동 생산성을 높이라고 제안했어요. 이렇게 생산된 상품이 개인의 이기심과 수요 공급의 법칙에 따라 자유롭게 교환된다면 자연스럽게 국부가 증가하고, 결과적으로 더 많은 사람들이 그 혜택을 입을 수 있을 거라 생각했습니다.
이 내용이 바로 애덤 스미스가 상상한 포지티브섬 경제관인데요. 총합이 변하지 않는 제로섬과는 달리, 포지티브섬 경제는 점점 총합이 늘어나는 '성장형 경제'를 전제합니다. 제로섬 경제처럼 서로 빼앗기고 빼앗는 관계가 아닌, 상부상조하는 경제주체를 상상했죠.

당시의 통념이랑은 정반대인 듯한데 애덤 스미스의 주장이 잘 받아들여졌나요?

어떤 사람들에겐 솔깃한 이야기였어요. 특히 상업으로 부와 명성을 빠르게 쌓아가던 신흥 자본가 계급의 이해와 잘 맞아떨어졌습니다. 대항해시대 이후 장거리 무역이 증가했다고 했잖아요. 그러면서 무역으로 가장 많은 부를 얻은 상인층과 지식인층의 영향력이 사회에서 점점 커졌습니다. 정부의 구속을 피해 자유로운 무역으로 이익을 키우고자 했던 신흥 자본가 계급이 애덤 스미스의 주장을 열렬히 환영한 건 당연한 일이었죠.

자본가들이 애덤 스미스의 든든한 아군이었던 셈이군요. 혹시 애

덤 스미스가 돈 있는 사람들을 옹호하려고 중상주의 경제를 비판한 건 아닌가요?

애덤 스미스가 자본가 계급의 이익을 중시했던 건 사실이지만 그게 다는 아니었습니다. 이들을 옹호했던 이유는 자본가의 이익이 결국 사회 전체의 이익과 연관된다고 봤기 때문이에요. 애덤 스미스의 이론에 따르면 자본주의 사회는 문명의 가장 높은 단계를 의미하는데, 이는 자본가와 노동자 계급의 협력으로만 달성할 수 있었어요. 노동자가 노동을 통해 자본가에게 이윤을 가져다주고 자본가는 이 이윤을 다시 노동의 생산성을 높이는 데 쓰면 사회 전체의 생산력이 증가할 거라고 봤죠. 두 집단 중 하나의 편을 든 게 아니라 상부상조해야 한다고 봤던 거예요.
이와 관련해서 애덤 스미스는 생전에 이런 말을 남겼습니다. "수많은 백성이 가난하고 비참하게 사는 한 그 사회는 결코 행복하거나 번영하는 사회라고 할 수 없다". 애덤 스미스를 단순히 '이기심을 강조한 경제학자', '무조건적인 자유방임주의자'로만 이해하기 어려운 건, 바로 이런 모습 때문일 거예요.

제가 생각했던 것보다는 따뜻한 사람이었던 것 같네요.

그렇죠? 소득 불평등, 기업의 독과점, 환경오염 등 자유방임으로는 해결할 수 없는 문제가 숱하게 드러나고 있는 오늘날에는 자칫 애덤 스미스의 사상이 잘못된 생각이라고 오해하기 쉽습니다. 결과적으로는 그 이론이 부작용을 낳은 측면도 있고요. 그럼에도 '보이지 않는 손'이라는 말에는 더 많은 사람이 풍요롭게 살기를 바랐던 한 경제학자의 희망이 있었음을 기억해주시면 좋겠습니다. 더불어 그 희망이 경제학이 세상에 처음 등장하게 된 이유였다는 것도요.

애덤 스미스 이후 중상주의는 서서히 힘을 잃어갔습니다. 후대의 많은 학자가 애덤 스미스의 생각에서 영감을 얻어, 그것을 보완하기도 하고 비판하기도 하면서 경제학 이론을 발전시켜왔어요. 애덤 스미스의 이론이 명실상부 경제학의 뿌리라 할 수 있는 이유죠. 애덤 스미스의 뒤를 이어 자유무역을 옹호했던 데이비드 리카도, 『인구론』을 저술한 토머스 맬서스, 그리고 자유주의를 설파한 존 스튜어트 밀까지 '고전학파'로 묶어 부릅니다.

노동자와 자본가로 꾸려진 무대

그런데 현실은 애덤 스미스의 기대처럼 흘러가지 않았습니다. 18세기 중엽 시작된 산업혁명은 거대한 도시와 공장뿐만 아니라 수많은 도시 빈민과 가난한 노동자를 탄생시켰어요. 물론 혜택을 입은 사람도 일부 있었지만, 대다수의 평범한 사람들은 저소득과 빈곤, 열악한 주거 환경, 장시간의 노동과 산업재해, 주기적으로 찾

19세기 영국의 방적 공장 모습

아오는 감염병 등을 온몸으로 겪었습니다.

다들 처음 겪는 산업화 시대였을 테니까 적응하기 힘들었겠어요. 보호할 만한 법이나 제도도 별로 없었을 거고요.

그렇습니다. 보호받지 못한 노동자들의 분노가 누적된 끝에 19세기에는 온갖 폭동과 시위가 유럽 도시 곳곳을 뒤덮었어요. 그 와중에 카를 마르크스의 『공산당 선언』이 세상에 나와 큰 반향을 일으켰습니다. 많은 분들이 알고 계시듯 마르크스는 워낙 강력한 반체제적 주장을 펼친 인물이라 열띤 논쟁의 대상이 되곤 하죠. 하지만 우리 강의에서는 마르크스를 향한 비난이나 호응 같은 가치 판단은 유보하고, 한 명의 경제학자로서 가급적 객관적으로 설명하려 합니다.
먼저, 흔히 알려진 것과 달리 마르크스는 사회주의의 구체적 전망을 제시하지 않았습니다.

Manifest

der

Kommunistischen Partei.

Veröffentlicht im Februar 1848.

Proletarier aller Länder vereinigt Euch!

London.
Gedruckt in der Office der „Bildungs-Gesellschaft für Arbeiter"
von J. E. Burghard.
46, Liverpool Street, Bishopsgate.

『공산당 선언』의 표지. 『자본론』과 함께 사회주의 혁명의 이론적 토대를 제공했다.

마르크스 하면 사회주의, 딱 이렇게 생각하고 있었는데요….

마르크스의 가장 큰 관심사는 자본주의 그 자체였습니다. 더 자세히는 자본주의 체제의 작동 원리와 전망이었죠. 마르크스는 당대 사람들이 겪는 고통이 다른 무엇이 아니라 자본주의 체제 자체에서 비롯됐다고 생각했습니다.

자본주의 체제 자체를 문제로 삼다니 그럼 애덤 스미스와는 정반대 아닌가요?

평범하고 가난한 이의 고통에 연민을 느꼈다는 점은 두 사람이 다르지 않아요. 다만, 애덤 스미스가 생산력을 향상해 많은 문제를 해결할 수 있다고 믿었다면 마르크스는 그렇지 않았습니다. 애초에 자본주의의 높아지는 생산력이 노동자의 비참한 삶을 전제로 해야만 가능하다고 보았죠.

우울하게 들리긴 하는데 이유가 궁금하네요. 더 구체적으로 설명해주세요.

칼 마르크스(1818~1883)

마르크스는 고전학파가 세워놓은 몇 가지 이론을 토대로 자신만의 이론을 만들었습니다. 마르크스는 시장에서 같은 크기의 가치를 갖는 상품들끼리 교환되고, 이때 상품의 가격은 과하지도 부족하지도 않은 합당한 정도로 책정된다는 고전학파 전제를 택하면 도저히 설명이 안 되는 문제가 있다고 봤어요. 바로 자본가는 어떻게 그렇게 막대한 이윤을 창출할 수 있으며, 노동자는 왜 가난의 굴레를 벗어날 수 없냐는 거죠. 생각해 보세요. 노동자는 노동이라는 생산요소를 팔아 임금소득을 얻는 사람이고, 자본가는 그 노동을 사는 사람입니다. 고전학파의 이론대로라면 노동도 합당한 값에 거래돼야 하고, 그렇다면 노동자도 자본가가 부자가 되는 것처럼 가난에서 벗어나야 마땅합니다. 하지만 현실은 그렇지 않았죠. 마르크스는 그 이유를 자본가와 노동자의 비대칭한 관계에서 찾았습니다.

아, 자본가가 노동자 몫을 빼앗기라도 했단 건가요?

마르크스의 이른바 ‘잉여가치론’에 따르면 그렇습니다. 예컨대 한 노동자가 8만큼 노동을 한다면 그중에서 노동자 자신의 몫은 3에 국한되고, 나머지 5는 자본가에게 착취당한다는 거예요. 마르크스는 5에 해당하는 노동을 잉여노동이라고 하고, 잉여노동에 의해 생산된 가치를 잉여가치라고 말했습니다. 잉여가치는 곧 자본가의 이윤이기 때문에 자본가는 이걸 새로운 사업과 생산수단에 투자해 더 많은 이익을 얻을 수 있다고 봤어요. 이처럼 마르크스에게 자본주의란 노동자가 만든 노동의 결과물 대부분을 자본가가 착취함으로써 유지되는 경제체제였습니다.

마르크스는 자본가를 절대 악처럼 봤군요.

대체로 그렇다고 할 수 있겠지만, 100% 그런 건 아닙니다. 마르크스는 자본가 역시 자본주의 체제가 만들어낸 운명대로 행동하는 존재라고 설명했습니다. 잉여가치를 제대로 창출하지 못하면 다른 자본가와의 경쟁에서 낙오되기 때문에 자본가는 노동자를 착취할 수밖에 없다고 했죠. 단순히 개인의 문제가 아니라 자본주의의 속성상 자본가가 노동자를 착취할 수 없다고 본 겁니다.

어떤 말인지 이해는 가는데 굳이 그렇게 생각할 필요가 있을까 싶어요. 자본가나 노동자가 서로 협력할 수도 있을 텐데요.

그런 점에서 마르크스 이론은 갈등을 조장한다는 비판을 받기도 했죠. 자본가가 얻는 이윤 역시 단순히 착취로 얻어낸 게 아니라 사업에 뛰어들기까지 감수한 위험이나 기술적으로 기여한 부분에 대한 적절한 보상이라는 반론도 가능하고요.
반론 이야기는 뒤에서 다시 하고 마르크스의 이야기를 이어가 보죠. 앞서 애덤 스미스에게는 자본주의 사회가 문명의 가장 높은 단계였다고 했잖아요. 마르크스 역시 자본주의 사회가 현재로선 가장 문명화된 사회임을 부정하지 않았습니다. 특히 인간의 자유를 극도로 제한했던 고대 노예제나 중세 봉건제 사회에 비하면 훨씬 진보된 사회라고 했죠.

이 부분은 또 의외네요. 자본주의는 무조건 나쁘다고 말했을 줄 알았는데.

문제라고 여긴 부분은 자본주의하에서 발전의 결실이 소수에게 집중된다는 거였어요. 그 격차에서 오는 분노가 마르크스로 하여금 더 나은 사회를 상상하게 했는데, 그게 바로 **사회주의**입니다. 인류 역사가 고대와 중세를 거쳐 근대 자본주의 사회로 진화한 것처럼 자본주의 이후 단계가 찾아올 거라 믿었죠.

과거에 그랬듯 자본주의는 최종 단계가 아니라는 논리군요.

맞아요. 마르크스가 전망한 미래는 이랬습니다. 자본주의가 고도화될수록 인력을 대체할 기계가 발전하기 때문에 수많은 노동 인구가 실업에 직면할 수밖에 없다. 그럼 생산력은 높아지는 반면 가계의 구매력은 줄어들 테니 과잉 생산, 과소 소비로 인한 공황이 주기적으로 찾아올 수밖에 없다. 이런 경제위기에서 더 강력한 자본가가 상대적으로 약한 자본가를 흡수하면서 자본과 부는 점점 더 소수에게 집중된다. 이 과정이 반복되다 보면 자본주의 체제는 한계에 도달하고, 마침내 차별에 분노한 노동자들의 혁명에 의해 붕괴될 것이다.

비관적이긴 하지만 들어맞는 점도 있는 것 같아요. 최근 들어 인공지능이 사람의 일자리를 빼앗을 거라는 이야기가 계속 나오잖아요.

맞아요. 기계가 사람의 일자리를 대체하는 건 어제오늘의 문제가

산업혁명 초기, 영국에서 경기가 침체하고 일자리가 줄자 노동자들이 기계파괴 운동을 일으켰다.

아니죠. 특히 자본주의 초기에는 반발이 더욱 심했기 때문에 기계파괴 운동 같은 일도 일어났고요.

확실히 많은 사람의 마음을 건드렸을 이론 같아요. 선동적이네요.

맞습니다. 시대의 문제를 예리하게 짚은 마르크스의 이론은 많은 사람의 마음을 움직일 수밖에 없었어요. 실제로 19세기 말부터 유럽 사회 곳곳에 마르크스의 영향을 받은 정치 세력들이 등장했습니다. 그중에서도 1차 세계대전에서 크게 패하고 재정 위기에 봉착한 러시아에서 사회주의 혁명이 발발하면서 '소비에트 연합', 줄여서 소련이라고 하는 사상 최대의 사회주의 정치체제가 들어섰어요. 이후 사회주의의 영향력이 일파만파 커지면서 한때는 전 세계 인구 절반이 마르크스 이론에 기반한 정치 세력의 통치를 받았습니다.

사상의 힘이란… 새삼 대단하게 느껴지네요.

네, 물론 마르크스와 그의 학파가 만든 이론에는 몇 가지 치명적 문제가 있었습니다. 무엇보다 마르크스가 예언한 자본주의의 붕괴가 일어나지 않았죠. 자본주의가 가장 발달한 서구 선진국들이 끝내 사회주의를 받아들이지 않은 사례는 자본주의가 진화하면

사회주의 혁명가인 블라디미르 레닌이 혁명을 통해 봉건적 제왕, 성직자, 자본가 등을 청소한다는 내용의 1920년대 정치 포스터. 소련은 자본주의 세계와 완전한 단절을 선언하며 약 70년 동안 냉전 체제를 유지했다.

사회주의가 등장할 수밖에 없다고 본 마르크스 이론의 허점을 보여줍니다.
그럼에도 불구하고 마르크스의 사상은 지난 백여 년 동안 자본주의를 이해하는 방식에 중요한 기초를 놓았고, 경제학을 포함해 수많은 학문, 노동조합, 사회단체, 국가 제도, 예술 등에 압도적인 영향을 미쳤습니다. 이론의 타당성 여부는 차치하더라도, 마르크스가 근대 인류사에서 손꼽히게 중요한 인물임은 부인하기 어려운 사실일 거예요.

현대 경제학의 틀이 만들어지다

마르크스가 애덤 스미스의 자유방임주의를 맹렬히 비판하는 동안 다른 한편에서는 애덤 스미스의 이론을 보완하고 정교화하는 작업이 한창이었습니다. 바로 고전학파의 계보를 이은 '신고전학파'였죠.

애덤 스미스를 추종하는 사람들이 반격했나 본데요.

그렇다고 볼 수도 있죠. 같은 신고전학파 안에서도 학자마다 생각이 조금씩 다르지만 그럼에도 공통이라고 할 만한 특징 위주로 살펴볼게요.

신고전학파는 기본적으로 개인의 이기적 선택이 사회 전체에 이익을 가져온다는 애덤 스미스의 생각을 받아들였습니다. 나아가 사회의 모든 정보가 시장에 즉각 반영되며, 개인은 가장 합리적인 선택을 한다는 가정을 전제로 경제학 이론을 발전시켰어요.

확실히 고전학파를 이어받은 것 같네요. 그렇다면 왜 그냥 고전학파가 아니라 '신' 고전학파인가요?

고전학파와 구분되는 점이 있었어요. 애덤 스미스를 비롯한 고전학파의 관심은 국부의 증진, 즉 성장이었습니다. 그런데 신고전학파는 자원을 배분하는 문제로 초점을 이동시켰어요. 예를 들어 소비자가 제한된 소득 내에서 효용을 극대화하려면 어떤 선택을 해야 하는지 분석하는 식입니다. 생산 영역을 중시한 고전학파와 달리 신고전학파는 소비 영역에 더 관심이 많았다고도 말할 수 있어요.

생산이 아니라 소비라… 아직 좀 어렵네요.

예컨대, 마르크스 이론의 주인공이었던 자본가와 노동자는 모두 생산 차원에서 다뤄집니다. 애덤 스미스도 생산성의 향상을 강조했고요. 반면, 신고전학파는 소비 대상인 상품의 가치를 측정하는 기준으로 개인의 주관적인 만족, 즉 '효용'을 강조하면서 고전학파와 결정적으로 거리를 두죠.

상품 가치를 효용 말고 또 다른 걸로 측정할 수 있나요?

마르크스는 효용이 아닌 노동이 상품 가치를 만들어낸다고 생각했어요. 노동자가 오래 일할수록 높은 가치의 상품이 나온다고 봤죠. 사실 애덤 스미스도 어느 정도는 이런 생각을 했어요. 이걸 **노동가치설**이라고 합니다. 바로 납득이 안 되실 수도 있는데, 이는 우리가 상품 가치는 투입된 노동량보다 쓰는 사람의 효용에 영향을 받는다는 신고전학파의 **효용가치설**을 받아들였기 때문입니다.

그러게요. 소비자에게 만족감을 주지 않으면 상품의 가치가 없을 것 같은데….

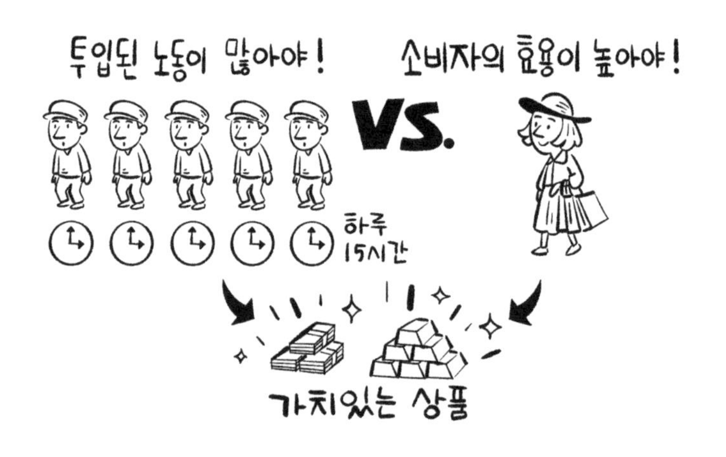

정리하면 고전학파는 노동가치설과 효용가치설의 단초를 모두 제

공했고, 노동가치설은 마르크스 학파가, 효용가치설은 신고전학파가 발전시켰습니다.
그런데 신고전학파에게는 쾌락이 곧 행복이며, '최대 다수의 최대 행복'을 추구해야 한다는 사상이 전제돼 있습니다. 제러미 벤담의 공리주의를 받아들인 거죠. 그런 만큼 개인의 효용, 즉 쾌락 증대에 관심을 두고 이론을 발전시킵니다. 대표적으로 한계효용이 있다는 사실을 밝혀냈습니다. 앞에서 잠깐 살펴봤는데, 소비가 한 단위씩 늘어날 때마다 효용의 증가 폭이 줄어드는 한계효용 체감의 법칙이 있었죠.

밥을 처음 한술 뜰 때는 만족이 아주 큰데, 갈수록 감소한다고 설명해주셨죠.

맞아요. 학자들은 한계효용 개념을 이용해 사람들의 선택이 어떤 의미를 갖는지 정교하게 분석하는 방법을 개발해냈죠. 이를 '한계혁명'이라고 부릅니다.

한계효용을 발견한 걸 혁명이라고까지 부르는군요.

충분히 그럴 만하죠. 자본주의 초기에는 그런 생각 자체가 존재하지 않았으니까요. '좋은 건 많을수록 좋다' 혹은 '투입하는 자본이 클수록 효용도 비례해서 커진다'는 식으로 아주 단순하게 생각했습니다. 그런데 한계효용을 받아들이면서 단위마다 편익과 비용이 어떻게 변화하는지 체계적으로 따져야 한다는 걸 이해하게 됐고, 이는 곧 개인의 효용을 계산하는 다양한 이론과 법칙으로 발전했습니다. 설악산 공룡능선을 청소해야 할지 같은 문제처럼 정책 결정에도 적용할 수 있었고요.

특히 신고전학파의 창시자이자 대표주자라 할 수 있는 앨프리드 마셜이 바로 수요 공급의 법칙을 이론화한 경제학자입니다.
마셜은 '자신의 이익을 극대화하려는 합리적인 개인'이라는 전제에서 출발해, 가격이 비쌀수록 수요량이 감소하는 수요곡선과 반대로 가격이 비쌀수록 공급량이 증가하는 공급곡선을 그래프 위에 구현했고, 더 나아가 두 곡선이 만나는 지점에서 균형가격이 결정된다는 모델을 만들어냈죠.

앞서 나온 수요 공급 곡선이 이때 세상에 나왔군요. 이런 뒷사정이 있는 줄은 몰랐네요.

앨프리드 마셜(1842~1924)

경제학에선 아주 중요한 진보입니다. 그때까지 보이지 않는 손이라고만 어렴풋이 알려져 있던 시장 원리가 수치화할 수 있는 객관적인 그래프 형태로 만들어진 거니까요. 이처럼 신고전학파는 자유방임주의를 긍정한 고전학파의 기본 이념을 체계적이고 정교한 이론으로 발전시켰습니다.

이들은 경제학에 수학의 방법론을 도입하는 걸 좋아했어요. 지금 우리에게 익숙한 경제학자의 이미지, 이를테면 복잡한 계산식이나 그래프를 두고 설왕설래하는 경제학자들이 이때 처음 등장했습니다.

경제학을 어렵게 만든 사람들이 바로 이 사람들이었군요…. 아무튼 접근하는 방법은 어려워졌지만 시장경제를 좋아했다는 점에서는 분명 고전학파와 비슷하네요.

그래서 마셜은 마르크스주의자와 자주 격렬한 논쟁을 벌이기도 했는데요. 대다수 마르크스주의 경제학자가 마셜의 경제학을 두고 시장경제의 절대성을 옹호하고 자본가 계급의 입장만 대변하는 학문이라고 비판했거든요.

흥미진진해지는데요. 마셜이 열받았겠어요.

물론 마셜 역시 가만히 듣고만 있진 않았습니다. 사회주의는 경제를 황폐화시키고 개인적인 삶, 가정 등 가장 아름다운 것까지 파괴한다고 반박했죠. 개별 소비자와 기업의 자유롭고 합리적인 선택이 사회의 조화와 균형으로 이어질 거라고 보았던 마셜로서는 당연한 반론이었습니다. 이런 마셜의 적극적인 대응이 이후 마르크스주의가 더 확산되는 걸 막았다고도 하죠.

그렇다면 마셜의 승리였던 건가요?

신고전학파가 주류 경제학의 위치를 차지했다는 점에서는 그렇죠. 마셜은 수요 공급의 법칙 외에도 수많은 경제 개념과 원리를 구체화하며 경제학의 발전에 큰 역할을 했습니다. 1890년에 출간된 그의 저서 『경제학 원론』은 경제학의 지침서가 됐고요. 마셜이 케임브리지 대학 경제학 교수로 취임할 때 '훌륭한 경제학자는 냉철한 머리와 따뜻한 심장을 가져야 한다'고 당부한 이야기는 오늘날까지 수많은 경제학자가 금과옥조로 삼고 있습니다.

인간을 사랑하되, 분석은 이성적으로 해야 한다는 뜻인가요?

네, 사실 마셜은 당대의 사회문제, 특히 빈곤 문제에 큰 관심을 기울인 학자였습니다. 대학에서 수학과 물리학을 전공했지만 경제

앨프리드 마셜이 몸담았던 영국 케임브리지 대학. 이곳에 세계 최초의 경제학과가 창설되었다.

학자가 되었던 것도 빈곤 문제를 해결하고 싶은 마음 때문이었죠. 대학 교수 시절에는 실제로 빈민가에 가본 학생만이 자신의 연구실에 들어올 수 있도록 허락했다는 얘기가 전해지기도 해요.

따뜻한 심장에 냉철한 머리라는 수식어가 딱 맞는 분이었네요.

마셜이 가장 왕성하게 활동하던 19세기 후반, 세계경제는 급변하고 있었어요. 국제 무역량이 크게 늘어 각국의 시장이 긴밀하게 연결됐고, 세계 자본주의 질서가 탄탄히 구축되어갔죠. 신고전파 이론이 널리 적용되던 시대였습니다.
한편으로는 경쟁이 치열해지면서 거대 기업이 등장하고 강력한 나라들이 본격적으로 제국주의적인 팽창 정책을 펴기 시작한 시대이기도 했습니다. 심각한 경제 공황도 종종 발생했고요. 마르크스가 주장한 대로 자본주의의 모순이 점차 심화하는 듯했죠. 설상가상으로 세계경제는 20세기 초에 1차 세계대전과 대공황이라는 전대미문의 위기에 연이어 직면했습니다.

대공황이 여기서 다시 나오는군요. 경제학자들이 좀 바빠졌겠어요.

무엇보다 신고전학파 학자들의 충격이 컸죠. 시장경제의 효능을 지나치게 확신한 탓에, 눈앞에 닥친 시장 붕괴 앞에서 아무런 효과적인 해법을 내놓지 못했습니다. 결국 역사는 자유방임을 지나 정부의 개입을 요구하는 혼합경제로 진입하죠. 이제부터 우리에게 익숙한 이야기가 나올 거예요.

경제 공황을 딛고 등장한 경제학자

1929년, 빠르게 증가하던 성장과 소비가 갑자기 멈추고 대공황이 시작됐습니다. 실업과 소득 저하로 소비 여력이 사라지자 순식간에 공급만 넘쳐나는 공급과잉이 찾아왔어요. '보이지 않는 손'에 의한 시장질서가 최고라고 믿은 신고전학파의 이론만으로는 출구를 찾을 수 없는 문제였습니다.

기껏 수요니 공급이니 그래프를 그리고 어렵게 경제를 설명해놨는데, 결국 그것도 정답은 아니었군요. 좀 허무하네요.

이때 20세기 가장 위대한 경제학자 중 한 명으로 손꼽히는 존 메이너드 케인스가 나섭니다. 결론부터 말하자면 케인스가 생각한 문제의 시작은 '지나친 저축'이었어요.

존 메이너드 케인스(1883~1946)

저축이 문제라니요. 보통 저축은 미덕이라고 생각하지 않나요?

맞아요. 경제가 어려워지면 불확실한 미래에 대비해 소비를 줄이고 저축을 늘리는 게 개인에게는 바람직하죠. 그런데 사회 전체로 보면 그렇지가 않습니다. 모든 사람이 돈을 쓰지 않고 모아두기만 하면 소비와 생산으로 돌아가는 경제에 누수가 생겨요. 소비자들이 제품을 사주지 않으니 생산자인 기업이 타격을 입고, 줄줄이 실업 증가, 경기침체로 이어지죠.

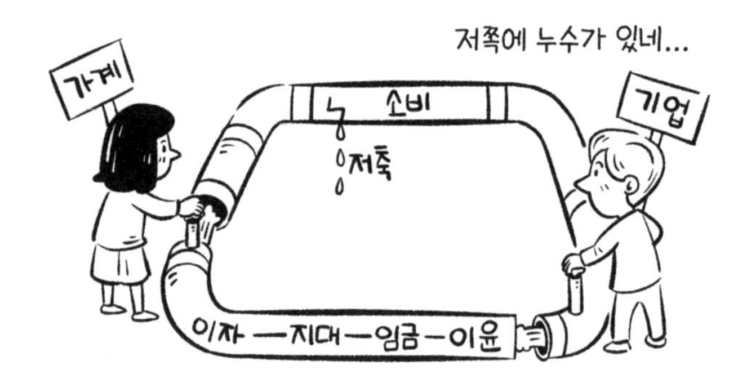

아하, 생각보다 간단한 이야기네요. 신고전학파는 왜 이걸 생각 못했는지….

당연히 생각은 했습니다만 일시적인 문제일 뿐 머지않아 '보이지 않는 손', 즉 시장의 자기 조절 기능이 작동해 경제가 회복될 거라고 여겼습니다. 하지만 한번 불황의 늪에 빠진 경제는 회복될 줄 몰랐고 고통받는 사람의 수는 나날이 늘어만 갔습니다.

케인스는 모든 것을 시장에 맡긴 채 마냥 기다릴 수는 없다고 생각했습니다. 당장 많은 사람이 고통과 빈곤에 시달리고 있는데 장기적인 균형과 회복이 무슨 소용이냐고 주장했죠. 이런 맥락에서 '장기적으로 보면 우리는 모두 죽는다'라는 유명한 말을 남기기도 했어요.

맞는 말이네요. 언젠가 회복할 수도 있겠지만 당장 사람들이 받는 고통은 현실이잖아요.

적어도 케인스는 그렇게 생각했어요. 한편, 케인스와는 전혀 다른 방식으로 일찍이 공급과잉을 예상한 학자가 또 한 명 있었죠. 앞에서도 한번 언급했는데, 누구인지 기억나시나요?

공급과잉이요? 벌써 학자가 여럿 지나가서 잘 기억이….

바로 자본주의 붕괴를 말했던 마르크스입니다. 마르크스는 시장에서 상품은 빠르게 늘어나는데 노동자는 자본가에게 착취당한 탓에 그만큼 임금이 빠르게 늘지 않으니 결국 과잉 생산, 과소 소비로 이어진다고 보았죠. 대공황으로 혼란에 빠진 세계의 모습은 일찍이 마르크스가 예언한 것과 상당히 일치해 보였어요. 그 덕에 마르크스의 이론이 다시 큰 호응을 얻었습니다. 덩달아 신고전학파의 이론을 비판했던 케인스 역시 마르크스주의자라는 이야기를 들었죠.

둘 다 신고전학파랑 사이가 안 좋았으니 친했을 수는 있겠네요.

하지만 둘의 입장은 전혀 달랐어요. 앞에서 말했다시피 마르크스는 자본주의 체제 자체를 문제 삼으며 노동계급의 혁명으로 자본주의가 무너질 거라고 예상했습니다. 하지만 케인스는 자유방임주의에 한계가 있을 뿐, 자본주의 자체는 고쳐 쓰면 된다고 생각했어요. 실제로 당시 케인스는 마르크스의 이론이 왜 이렇게 큰 반향을 일으키는지 이해할 수 없다며 비판하기도 했죠.

똑같이 위기를 예측했는데 그다음의 미래상은 전혀 달랐군요. 마르크스는 자본주의가 붕괴할 거라고 봤고, 케인스는 자본주의가 유지될 거라고 생각했으니 말이에요.

케인스가 자본주의를 보완할 방법으로 주목했던 건 정부의 개입이었습니다. 전 세계가 대공황의 수렁에서 허우적대던 1936년, 케인스는 대표 저작인 『고용, 화폐, 이자에 관한 일반 이론』이라는 책에서 위기를 벗어날 해법을 다뤘어요. 정부가 경제에 개입해 적극적으로 경기 부양책을 쓰면서 경제위기에 대처하라는 거였죠.

뉴스에서 자주 듣는 말이기는 한데 대체 경기 부양책을 쓴다는 게 어떤 식인지 잘 모르겠어요.

정부가 부채를 짊어지더라도 돈을 쓰라는 겁니다. 고용이 발생하도록 정부가 사업에 투자한다거나, 다양한 복지 정책으로 취약한 가계와 기업의 소비 활동을 지원하는 것 등이죠. 정부 정책을 통해 경기가 좋아지면, 그때 민간으로부터 돈을 회수해 진 빚을 갚을 수 있을 테고요.

아마 여러분도 정부가 경기를 활성화하기 위해 미리 다음 해의 예산을 더 크게 잡는다든가 하는 뉴스를 들어본 적 있을 겁니다. 이런 것도 다 케인스 경제학에 따른 조치라고 할 수 있어요. 오늘날 대부분 국가가 이런 식으로 경제를 운영하고 있습니다.

그냥 나온 정책들이 아니라 다 경제학 이론을 따른 거였군요.

가계, 기업에 이어 정부가 세 번째 경제주체로 등장해 중간자 역할을 본격적으로 하게 된 것도 바로 이 시기부터지요.

와, 진짜 케인스의 영향력이 엄청났네요.

맞습니다. 케인스가 누군지, 어떤 일을 한 학자인지 모르는 사람이 대부분이겠지만 20세기 중후반까지 전 세계 거의 모든 사람이 케인스가 짜놓은 경제 이론의 직접적인 영향을 받았습니다. 오늘날에도 그 영향력은 이어지고 있어요. 코로나19 위기에 대응하는 '국민 재난지원금' 역시 어느 정도 케인스식 이론에 기초한 정책이라고 볼 수 있죠. 여담이지만 케인스는 주식 투자로 상당한 성공을 거둔 몇 안 되는 경제학자로 알려져 있기도 합니다.

다른 경제학자들은 크게 재미를 못 봤나 보군요. 갑자기 케인스에 대한 믿음이 새록새록….

예상했겠지만, 케인스의 처방을 통해 1940년대 말부터 1970년대 초반까지 세계경제는 황금기라고 표현해도 좋을 만큼 눈부신 속도로 성장했어요. 미국, 서유럽, 일본 등에서 1인당 실질소득이 지속적으로, 그리고 가파르게 상승하며 케인스 경제학도 전성기를 누립니다.

다시 한번 찾아온 자유주의의 물결

하지만 1970년대 와서 상황이 다시 나빠집니다. 중동 지역의 분쟁으로 원유 공급이 갑자기 줄면서 국제 유가가 빠르게 올라간 '오일쇼크' 때문입니다. 그 여파로 원유를 사용하는 전 세계 모든 산업의 비용이 급증하고, 물가 역시 빠르게 상승했죠. 세계경제에 먹구름이 가득 끼었습니다. 그때 경공업에서 중공업으로 산업구조를 전환하던 한국도 높은 유가와 수출시장 침체로 심각한 경제난을 겪었고요. 경기는 침체하는데 물가는 올라가는 상황, 이른바 **스태그플레이션**stagflation이 찾아온 겁니다.

인플레이션이랑 이름이 비슷하네요.

네, 인플레이션inflation 앞에 경기침체를 뜻하는 단어 스태그네이션stagnation을 붙여 만든 말이에요. 경기가 과열되면 물가가 상승

미국 원유 가격 추이

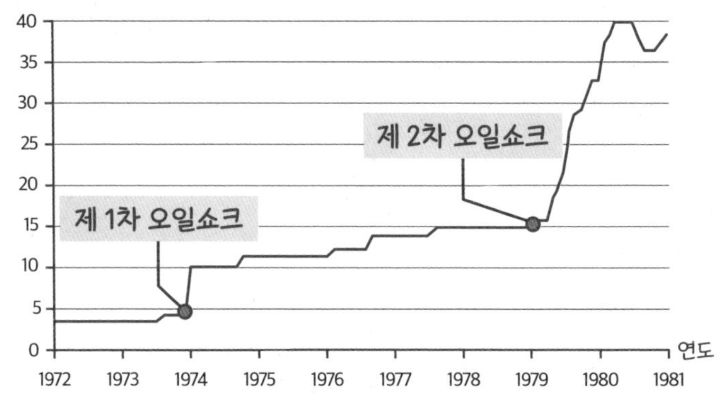

두 차례 오일쇼크 당시 미국 텍사스산 원유 가격이 폭등했음을 알 수 있다.

하고, 경기가 침체하면 물가가 하락한다는 기존의 경제학 틀로는 스태그플레이션을 제대로 설명할 수도, 해결할 수도 없었습니다. 케인스식 해법대로 경기를 부양하기 위해 정부 재정을 풀면 오히려 물가가 더 올라버릴 게 뻔했죠. 반대로 물가를 잡기 위해 긴축재정을 하면 경기가 더 후퇴할 거고요.

이번엔 케인스 이론을 믿었던 학자들이 엄청 당황했겠어요….

스태그플레이션 앞에서 케인스 경제학이 무용지물이 되자, 다시 정부의 개입 대신 자연스러운 시장질서를 강조하는 **신자유주의** 사

1970년대 미국도 오일쇼크를 빗겨가지 못하고 자원 부족과 스태그플레이션에 시달려야 했다. '가스 도둑 보아라, 총알이 장전되어 있다'라고 적힌 푯말을 들고 있는 아들, 총을 들고 있는 아버지의 표정이 비장하다.

조가 등장합니다.

신자유주의 이론은 케인스식 해법과 정면충돌했어요. 정부가 경제에 개입하면 문제가 당장은 해결되는 듯해도 결국 건전한 회복에 방해가 될 거라 봤거든요. 어렵더라도 시장에 맡기고 방임하는 게 좋다는 주장이었죠. 밀턴 프리드먼, 프리드리히 하이에크 같은 학자가 신자유주의를 대표합니다.

예? 그럼 결국 고전학파와 신고전학파 이론으로 돌아온 것 아닌가요?

왼쪽은 밀턴 프리드먼(1912~2006), 오른쪽은 프리드리히 하이에크(1899~1992)

큰 맥락에서는 그렇다고 할 수 있죠. 신자유주의는 1970년대 후반에 등장해 2008년 글로벌 금융위기가 발생할 때까지 근 30여 년간 세계경제를 주도했습니다.
신자유주의 경제학자들의 핵심 주장은 이거예요. 정부는 급변하는 경제 환경에 유연하게 대처하지 못하니, 가능한 한 정부 개입을 최소화해 시장을 자유롭게 두자는 거죠. 그렇다고 신자유주의자들이 정부의 개입 자체를 완전히 부정한 건 아닙니다. 적어도 정해 놓은 준칙에 따라 통화량 조절 정도는 해야 한다고 봤어요.

아이러니하네요. 수십 년 전에 경제를 망가뜨린 주범으로 여겨졌던 자유방임주의가 시간이 지나니까 문제를 해결해줄 대안으로 재등장했군요. 신자유주의는 결국 경제위기를 해결했나요?

신자유주의적 해법만의 영향은 아니었지만, 어느 정도는 그렇다고 할 수 있습니다. 미국과 영국을 보면 알 수 있죠. 1980년대 미국 로널드 레이건 행정부와 영국 마거릿 대처 행정부는 신자유주의 경제 정책에 가장 적극적이었습니다.

영국은 복지 관련 지출을 대폭 삭감했고, 에너지, 통신, 운송 등 주요 국영 기업들을 민영화했습니다. 덕분에 기업들의 경영 효율성과 경쟁력이 개선되었고 정부의 재정도 나아졌어요. 하지만 저소득층을 보호할 사회 안전망을 해체함으로써 경제 양극화를 심화시켰다는 비판을 받았습니다.

미국도 비슷했어요. 각종 정부 규제를 완화하고 재정 지출을 축소했습니다. 효과도, 부작용도 영국과 유사했죠.

신자유주의의 아이콘이라고 할 수 있는 두 인물, 미국의 로널드 레이건 대통령(왼쪽)과 영국의 마거릿 대처 총리(오른쪽)

2017년 영국 국민 보건 서비스(NHS)의 민영화 및 감축에 반대하는 시위대. 대처 정권이 들어선 이후 많은 공공 분야가 민영화되었지만, 의료 서비스는 국민의 생명과 직결되는 문제인 만큼 보수당도 함부로 건드리지 못했다.

전체 경제는 회복했지만, 개별 구성원들의 삶은 어려워졌네요.

때마침 1991년에 소련이 붕괴하면서, 신자유주의 경제 질서가 완전히 세계를 압도합니다. 일부 국가는 세계경제의 흐름에 발맞춰 자발적으로 정책 노선을 수정한 반면, 몇몇 국가는 외부의 압박을 이기지 못하고 반강제로 신자유주의 질서를 수용하게 되었죠. 한국은 후자에 가깝습니다. 1997년 IMF 외환위기를 극복하는 과정에서 신자유주의 경제 질서를 전면 받아들여야 했죠.

신자유주의 경제학의 대표적인 정책들을 한번 나열해볼까요? 익숙할 겁니다. 규제 완화, 민영화, 시장 개방, 노동시장 유연화, 자본시장 자유화, 세금 감면, 복지 축소…. 많이 들어본 거 같지 않나요?

그렇네요. 뉴스에서 자주 듣던 말들인데….

모두 IMF가 구제금융을 대가로 우리나라에 요청한 조건들입니다.

경향신문

1997.12.4

달라는 대로 다 줬다

1997년 12월 3일은 우리 역사에 영원히 기록될 '제2의 국치일' '경제의 국치일'이다. 자치능력을 상실한 채 국제통화기금(IMF)에 이날 경제 주권을 정식으로 이양, 금융·자본시장의 완전 개방과 대기업 구조 변혁 등을 일방적으로 수용해야 하는 수모를 당한 때문이다. IMF의 '신탁통치'가 시작된 것이다. (…)

IMF 외환위기 당시 우리 정부는 IMF라는 기관에서 자금을 빌려와 외화 부족 문제를 해결하려 했죠. 그런데 개인으로 바꿔 생각해보면 신용이 낮은 자식이 부모에게 돈을 빌릴 때 부모가 조건을 여럿 걸잖아요. 성실하게 일해서 돈을 벌 것, 수입의 얼마 이상은 쓰지 말 것 등등…. IMF가 한국에 요구한 조건들도 마찬가지였습니다. 명목은 재정 건전성을 갖추고 신용도를 높이라는 것이었지만 지금 보면 유달리 가혹한 요구가 많았어요.

IMF 외환위기 당시 심각한 부채 문제에 봉착했던 건 사실 가계나 정부가 아니라 기업이었습니다. 특히 정부의 재정 부채 비율은 GDP 대비 10% 초반 정도로 꽤나 건전한 상태였어요. 비슷한 시기에 OECD 국가들의 평균 채무 비율이 70%를 넘었으니 우리는 매우 양호한 수준이었죠. 지금 와선 오히려 그때 무리하게 재정 긴

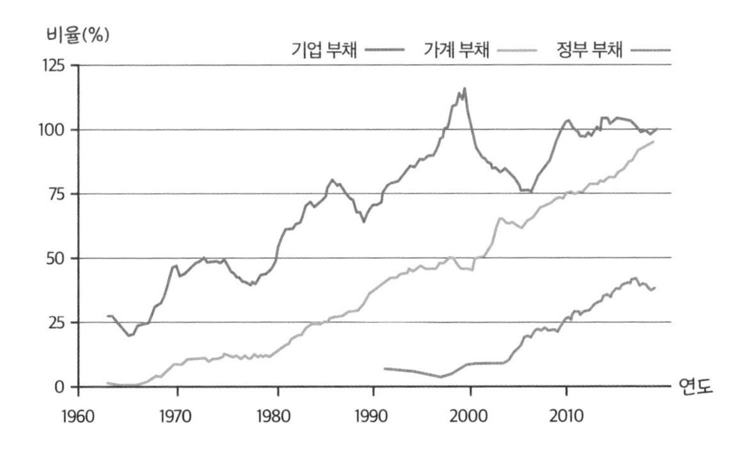

1997년 당시 정부 부채 비율은 10%대로 기업과 가계에 비해 건전하게 유지되던 상황이었다.

축 정책을 편 것이 독이 됐다는 평가가 많습니다. 정부 주도로 민간에 재정을 더 풀었더라면 경제 회복이 더 빨랐을 거라고 보는 거죠.
실제로 2008년 글로벌 금융위기 때 미국과 유럽 선진국들은 '헬리콥터로 돈을 뿌렸다'고 표현할 정도로 돈을 엄청나게 공격적으로 풀었거든요. IMF 외환위기 때 우리에게는 허용되지 않았던 정책이 서방 국가들의 위기 앞에서는 IMF의 묵인하에서 허용된 거죠.

완전 이중잣대 아닌가요? 왜 우리나라에만 그렇게 가혹한 대처를 강요한 거예요?

그래서 오죽하면 2010년에 IMF 총재가 직접 과거 우리나라에 요구했던 조건이 가혹했다고 인정하기도 했습니다. 무자비하고 일방적인 IMF의 구조조정을 지켜본 다른 국가들이 이후 IMF 구제를 피하려는 경향을 보였기 때문이지요. 그러고 나서 30여 년간 세계경제를 주도해온 신자유주의의 입지는 2008년 글로벌 금융위기를 거치며 크게 흔들렸습니다. 그 와중에 그리스에서 시작된 유럽의 금융위기가 이어지고, 부의 양극화 문제가 어느 나라 할 것 없이 갈수록 심화되자 신자유주의 경제 질서에 근본적인 의문들이 제기됐어요.

분배의 문제로 초점을 돌리다

2013년에 프랑스의 경제학자 토마 피케티가 『21세기 자본』이라는 화제작을 출간하면서 마르크스 이후 제대로 주목받지 못했던 소득과 부의 분배 문제가 본격적으로 조명받기 시작합니다.

분배 문제가 2013년에 와서야 제대로 다뤄졌다는 게 의외네요.

앞서 많은 학자가 경제적 양극화 문제를 다루긴 했지만, 이 책은 방대한 통계 데이터를 이용해 반박이 어렵도록 설득력을 높였다는 게 가장 큰 차별점입니다. 특히 복잡한 수식 대신 초등학생도 이해할 수 있는 정도의 간단한 수식만을 사용해요.

케인스의 이론이나 신고전학파 이론과는 뭐가 다른가요?

이 책에서 피케티는 19세기 이래 자본의 수익률이 항상 경제성장률보다 높았다는 사실을 통계 자료로 보여줬습니다. 그렇게 자본을 통해 얻은 부가 소득을 통해 얻은 부보다 항상 크다면 시간이 흐를수록 계층 간 불평등은 커질 수밖에 없어요. 당연히 피케티는 자본주의 체제하에서 점점 심해지는 양극화 문제 때문에 다가올 미래가 암울하다고 봤죠.

마르크스와 똑 닮았어요. 『21세기 자본』이라는 책 제목도 그렇고요.

하지만 마르크스와 다른 점도 있어요. 피케티는 자본주의 경제가 필연적으로 붕괴할 운명이라고 보지 않았습니다. 적절한 통제를 통해 불평등 문제를 풀어갈 수 있다고 생각했어요. 소득세, 글로벌 자본세 등의 정책을 국가 및 국제적 차원에서 실시하면 점점 분배가 공평해지고, 지속 가능한 자본주의 체제로 변할 수 있다고 했죠.

마르크스와 결론은 또 다르군요. 아마 살아간 시대가 다르니 고민의 결론도 다른 거겠죠?

피케티와 마르크스만의 이야기가 아니에요. 애덤 스미스의 자유시장경제에서 뻗어나간 신고전학파와 우리 시대 신자유주의 학파, 정부의 역할을 강조한 케인스 학파 모두 이전 시대 학자들의 연구를 보완해 자신이 살아가는 시대의 경제를 설명해내려 했어요. 그들에게 유일한 공통점이 있다면 '인간의 자연스러운 욕망을 어디까지 통제하고 허용할 것인가'라는 화두를 가지고 고민해왔다는 점 하나일 겁니다.
경제학이라는 학문은 시대의 변화, 그리고 인류의 욕망과 필요에 따라 끊임없이 변화해왔어요. 지금 이 순간에도 우리 인류의 삶을 부지런히 쫓으면서 계속 진화하고 있고, 앞으로도 쭉 그럴 겁니다.

필기노트 더 나은 경제를 상상한 사람들 ○○

인간이 직면한 문제를 해결하기 위해 경제학이 탄생했다. 경제학자들은 자신이 속한 시대의 문제를 고민하고, 때로는 해결하며 경제학을 발전시켜왔다.

애덤 스미스와 고전학파

애덤 스미스 경제에도 자연적인 규칙이 있을 거라 여기고 '보이지 않는 손' 주장. 포지티브섬 경제관.

제로섬	포지티브섬
부의 합은 일정	부는 증가할 수 있음

고전학파 데이비드 리카도(자유무역 옹호), 토머스 맬서스(『인구론』), 존 스튜어트 밀(자유주의 설파) 등

마르크스

18세기 산업혁명 이후 누적된 사회문제. 열악한 노동 환경과 빈곤 등 노동자들의 분노를 대변. 참고 『공산당 선언』

잉여가치론 자본가가 노동자를 착취해 자본주의를 지속.

신고전학파

효용가치설 소비자의 효용 중시. → 한계효용 정립.

앨프리드 마셜 수요곡선과 공급곡선 구현.

케인스

대공황 때 공급과잉 발생. 시장이 저절로 균형을 잡는다는 신고전학파 비판. → 시장이 균형을 찾기를 기다리지 말고 정부가 적극적으로 개입할 것을 주장.

신자유주의

스태그플레이션 경기가 침체하는데 물가는 상승. 케인스 이론으로 설명 불가능한 상황. → 정부는 경제에 함부로 개입해선 안 되고 시장 원리에 따라야 한다고 주장하는 신자유주의 학파 등장.

참고 밀턴 프리드먼, 프리드리히 하이에크

반론 2008년 글로벌 금융위기로 신자유주의에 대한 의문 제기. 소득과 부의 분배 문제에 주목.

참고 토마 피케티의 『21세기 자본』. 자본주의 자체가 소득 불평등을 심화. 재분배 정책이 필요.

비합리성은 존재를 부정하지 않으며,
오히려 존재하기 위한 조건이다.

| 프리드리히 빌헬름 니체 |

03 다시, 경제의 출발점에서

#경제학의 한계 #경로의존성 #행동경제학

경제학은 우리가 살아가는 복잡한 세계를 이해하기 위해 꼭 필요한 학문이지만, 그렇다고 세상 모든 것을 설명해주지는 못합니다. 하지만 시중에 나와 있는 책 중엔 경제와 직접 관련이 없는 사회 이슈까지도 전부 경제학으로 해석하려는 경제 만능주의적 태도로 쓰인 책들이 꽤 많아서 우려스러울 때가 있습니다.

경제가 인간 삶의 중요한 일부라는 건 분명하지만, 세계에는 경제학이 강조하는 가치 이외에도 여러 가치가 있다는 사실을 간과해서는 안 됩니다. 자유, 평등, 정의… 이런 가치관들은 경제적 가치와 충돌할 수 있고, 그럴 때 경제적 가치만을 최우선으로 생각할 수는 없어요. 이번 강의에서는 그와 같은 경제학의 한계를 짚어보려 합니다.

우리는 경제적 동물만은 아니다

예를 하나 들어보겠습니다. 쥐를 대상으로 실험한다고 가정해보죠. 쥐가 어떤 행동을 하면 먹이를 제공하고, 하지 않으면 계속 굶기는 식으로 훈련하는 거예요. 이 실험을 통해 경제적 동기에 따른 쥐의 행동 패턴이 어떻게 달라지는지를 살펴볼 수 있겠죠. 그런데 만약 인간을 대상으로 비슷한 방식의 실험을 한다면 어떨까요? 그런 실험을 해도 되는지는 차치하고서라도, 인간이 먹이를 위해 같은 행동을 반복할까요?

인간을 가지고 똑같은 실험을 한다라… 글쎄요. 아무래도 쥐와는 다른 결과가 나오지 않을까요? 인간은 단순한 동물이 아니잖아요.

그렇습니다. 인간은 경제적인 동기만으로 행동하지 않죠. 경제와 무관한 신념이 있을 수도 있고, 그래서 굶어 죽는 한이 있더라도 쥐와 다른 반응을 보이는 경우도 있을 겁니다. 그러면 쥐가 인간보다 더 합리적이고 경제적 사고를 잘하니 우월한 동물일까요?

아니죠. 꼭 합리적으로 살아야 하는 건 아니잖아요. 인간이 먹기 위해서만 사는 것도 아니고요.

바로 그 이야기입니다. 경제학이 추구하는 합리성만으로 이 세상 전체를 설명하기에는 너무 부족하다는 거예요. 가상의 먹이 실험을 예로 들었지만, 현실에도 비슷한 사례들이 존재합니다.
이를테면 일제강점기를 떠올려 보세요. 일제의 지시에 순응하면 혜택을 주고 그렇지 않으면 강하게 처벌하는 식으로 사람들을 교육하고 통제했잖아요. 먹이 실험과 마찬가지로 경제적 관점으로만 보면 순응하고 부역하는 게 자신의 이익을 극대화하는 방법이었죠.
하지만 '그것이 바람직한 선택인가'라는 질문에 선뜻 그렇다고 대답할 사람은 많지 않을 겁니다. 한 개인 혹은 공동체의 행복, 고유한 문화와 전통, 정의와 긍지 등 고려할 가치가 너무 많은데 전부

3·1운동 기념 벽화. 많은 사람이 일제의 탄압에 굴하지 않고 독립을 외치며 거리로 나섰다. 합리성만을 따진다면 압제에 순응하여 협력하는 것이 맞겠지만, 그 행위가 옳은 행동이라고 주장할 사람은 거의 없을 것이다.

논외로 하고 합리성 하나만으로 세상을 재단하고 판단하는 시각은 굉장히 편협한 거죠. 경제학은 유일무이한 정답을 제공해주는 학문이 아니에요. 다른 학문처럼 세상을 있는 그대로 이해하기 위한 도구 중 하나일 뿐이죠.

경제학은 정답을 제공해주는 학문이 아니다… 그렇게 말씀해주시니 오히려 부담이 좀 덜하네요.

경제학의 한계

경제학의 전제는 '제한된 조건에서 합리적인 판단을 통해 효용을 극대화한다'는 겁니다. 그런 원리로 작동하지 않는 현상에는 경제학적 설명을 제시하기가 굉장히 어려워요.
가까운 예로 어려운 사람을 돕기 위한 봉사활동은 개인에게 얼마만큼의 경제적 가치가 있을까요? 자원봉사에 임하는 사람이 스스로 대가를 받지 않기로 했으므로 어느 정도의 가치를 부여해야 하는지 애매합니다. '저 자원봉사는 최저시급 수준의 아르바이트를 세 시간 하는 것과 비슷한 정도의 노동이다'라고 말할 수도 있겠지만, 봉사함으로써 얻는 기쁨이나 보람, 타인을 사랑하고 존중하는 감정까지 경제적 가치로 환산하기는 어렵겠지요.

맞아요. 함부로 가치를 매길 수 없는 것들까지 돈으로 따지려 들면 안 되겠죠. 숫자로 설명할 수 없는 일들이 세상에 얼마나 많은데요.

네, 인간의 선의, 희생, 보람처럼 우리 삶을 구성하는 중요한 요소들을 경제학적 관점에서 해석하는 건 어려운 일이고, 조심스러워야 합니다.
또 하나, 경제학의 한계가 여실히 드러나는 분야 중 하나가 바로 환경과 생태 문제입니다. 20세기 중반까지 사람들은 소비를 많이 할수록 효용이 증가한다고 생각해왔어요. 그런데 이제는 그 전제

인도의 한 마을. 쓰레기를 먹는 코끼리들의 모습이 찍혔다.

가 의문을 사고 있습니다. 대량생산과 과소비가 미덕인 시대를 한참 겪고 보니, 환경 문제가 인류의 건강과 미래를 위협하는 수준에 이른 거죠.

쓰레기를 매립할 땅이 없어서 지자체 간에 분쟁이 일어난다든가, 발전소와 공장에서 발생하는 매연과 미세먼지 때문에 연간 몇만 명의 호흡기 질환자가 발생한다든가 하는 문제들은 이제 익숙합니다. 지구 온난화, 해수면 상승 등 기후위기도 인류의 생존을 위협하는 전 지구적 이슈로 떠올랐죠. 이러한 환경 문제는 기존 경제학의 틀만 가지고는 제대로 해결할 수 없는, 경제학의 한계가 극명하게 드러나는 분야라고 할 수 있습니다.

어떻게 보면 자본주의를 키운 이전까지의 경제학이 오늘날의 환경 위기를 초래했다고 볼 수도 있겠군요.

기존 경제학 자체도 한계가 있겠지만, 학문을 도구로 활용하는 것은 결국 인간이니까 우리의 문제라고도 할 수 있지 않을까요? 아무튼 경제학이 진단할 수 있는 영역, 합리성과 효율만 내세워서는 해결할 수 없는 문제가 점점 더 많이 발견되고 있다는 것만큼은 분명합니다.
그런가 하면 나름 합리적으로 행동하지만 길게 보면 합리적이지 않아 경제학적 설명이 잘 들어맞지 않기도 하는데요. 대표적인 예가 **경로의존성**입니다. 혹시 들어본 적 있나요?

경로의존성? 처음 들어보는 것 같은데요.

어떤 판단을 할 때 익숙한 경로에 의존하는 성향을 뜻합니다. 예컨대 귀가할 때 항상 이용해오던 길이 있는데, 20미터 정도가 단축된 새로운 길이 뚫렸다고 가정해봅시다. 경제학적 관점에서는 약간이라도 시간을 절약할 수 있는 새로운 길을 이용해야 합리적이에요. 그런데 직접 확인해보니 사람들이 그 사실을 알고 있음에도 꼭 그렇게 행동하지는 않더라는 겁니다. 오랫동안 이용해온 길이 이미 익숙해져 버렸기 때문에 굳이 다른 선택을 하지 않는 거죠.

저도 그런 경우가 많은 것 같아요. 확연하게 차이가 느껴지지 않으면 그냥 익숙한 게 좋은 거지, 하게 되더라고요.

경로의존성을 잘 보여주는 사례가 컴퓨터 키보드의 쿼티 자판입니다. 오른쪽 사진을 보면 순서대로 Q, W, E, R, T, Y가 있지요? 이런 배열로 만들어진 자판을 쿼티 자판이라고 부릅니다.
타자기 중에서도 구식인 기계식 타자기가 처음 발명되었을 때는 이외에도 후보군이 다양했어요. 지금의 쿼티 자판보다 훨씬 더 빠르고 효율적인 자판들이 여럿 출시되었죠.

그런데 왜 쿼티 자판을 쓰게 된 건가요?

그때만 해도 타자기 자판이 너무 효율적으로 배열되면 오히려 문제가 생겼어요. 사람이 자판을 누르면 가늘고 긴 금속 막대가 움직여 해당 활자를 찍는 원리였기 때문에, 한 타와 다음 타 사이의 간격이 너무 짧으면 금속 막대끼리 닿아서 엉겨붙고 말았던 거죠. 기계식 타자기의 한계였습니다. 결국 타자를 약간 더 느리게, 비효율적으로 치도록 쿼티 자판의 배열이 채택됐어요.

아이러니하네요. 더 느리게 치기 위해 만들어진 자판이라니…. 근데 지금은 아무리 빨리 친다고 해도 글자끼리 붙을 일은 없잖아요. 굳이 느린 쿼티 자판을 고집할 이유가 있을까요?

우리가 익숙하게 사용하는 쿼티 자판은 가장 효율적인 배열로 되어있지 않다.

바로 그 지점에서 인간의 경로의존성이 드러납니다. 전동 타자기가 개발된 이후 타자를 빨리 쳐도 글씨가 엉겨붙는 문제는 사라졌어요. 그럼 이제 빠르게 칠 수 있는 자판을 사용해야 합리적이잖아요? 그런데 현실은 그렇지 않았습니다. 자판 제작자들이 빠르고 효율적인 자판을 만들어서 시장에 내놓아도 사람들이 이미 익숙해진 쿼티 자판을 버리면서까지 새로운 자판을 익히려고 하지 않았어요. 그래서 지금까지도 세계 대부분의 나라에서 초기의 쿼티 자판을 그대로 사용하고 있는 거죠.

이럴 땐 인간이 합리적이라고 해야 할지 아니라고 해야 할지…. 참 어려운 것 같아요.

네, 그래서 아예 인간의 비합리성에 주목하는 경제학이 등장합니다. 대표적인 것이 **행동경제학**이죠.
예컨대 주식 투자자 중에서도 합리적으로 분석하고 공부해서 투자하는 게 아니라 남들이 하는 대로 그냥 따라 한다든가, 과학적이지는 않지만 자신만 좇는 기준을 따라 의사결정을 하는 사람들이 있잖아요. 기존 경제학에서는 단순히 예외 사례로 치부해버리는 이런 행위들에 대해서 행동경제학은 '사람들은 왜 합리적이지 않은 행동을 하는가?'라는 질문을 던지고 진짜 원인과 원리를 거꾸로 찾아가려 합니다. 실제 인간의 활동이 합리적인 선택보다 경험이나 권위에 의존할 때가 많기 때문이죠.

어쩐지 인간미가 물씬 느껴지는 경제학이네요. 경제학이라고 꼭 합리성이 전부인 건 아니군요.

네, 행동주의는 원래 심리학에서 사용되던 방법론이었는데, 경제학이 다루는 영역이 워낙 넓어지다 보니 사회학이나 심리학 이론까지 적극적으로 도입하게 된 거예요. 이처럼 인간과 세계를 있는 그대로 읽어내기 위해 기존 경제학의 한계를 인정하고 보완하는 경향이 현대 경제학의 일면이기도 합니다.

경제의 여정 앞 마지막 당부

지금까지 경제의 세계를 간단하게 살펴보는 시간을 가졌습니다. 가깝게는 우리 생활 속에서 마주하게 되는 경제 개념을 이해해보았고요. 경제학이라는 학문이 역사 속에서 어떤 진화를 거듭해가며 인류의 역사를 바꿔왔는지도 보여드렸어요.
그렇지만 이 내용도 경제의 세계 전체를 이해하기에는 사실 턱없이 부족한 양입니다. 무엇보다도 인류의 삶이 역사적으로 대단히 팽창하고 발전해온 만큼, 경제가 다루는 영역이 엄청나게 커졌기 때문이에요.

맞아요. 새롭게 알게 된 사실이나 개념도 있지만, 아직 어디 가서 경제를 안다고 말하긴 어려울 거 같아요.

당연합니다. 딱 한 권으로 정리하기엔 경제학이 다루는 지식이 너무 방대하니까요. 모든 사람이 전문적인 영역까지 알 필요는 없지만, 경제의 세계를 심도 깊고 정확하게 이해해 판단을 내리려면 이보다 깊은 이해가 필요한 것도 사실입니다. 앞으로 알려드릴 세부 분야들은 마치 집을 지을 때 쓰는 기둥과도 같아요. 어느 한 기둥이 부족하면 다른 기둥이 아무리 튼튼하게 세워져 있더라도 집 전체가 불안정해지잖아요?

그렇군요. 강의를 시작할 때 잠깐 소개해주셨던 것 같은데, 자세히 알려주세요. 그 기둥들이 뭔가요?

제일 먼저 시장과 교역에 대한 이야기를 하지 않을 수 없겠죠. 까마득한 옛날에 인간이 다른 사람과 무언가를 주고받으면서부터 본격적인 경제활동이 시작된 거니까요. 물물교환에서 시작된 교역이 점차 어떤 형태로 진화했는지, 그리고 오늘날 국가 간의 무역 분쟁이 어떻게 진행되고 있는지에 이르기까지 교역의 기본적인 원리와 시사점을 살펴볼 예정입니다. 교역이 이루어지는 시장의 원리도 함께 배우며 다른 주제를 심도 있게 이해하기 위한 밑바탕을 다질 겁니다.

그다음은 금융입니다. 실생활과 맞닿아 있어 많은 분이 알고 싶어 하는 분야이면서 동시에 이해하기가 쉽지 않은 분야죠. 신용과 금리, 화폐와 환율, 물가와 통화이론, 그 외에도 주식이나 채권, 보험 등 알아야 할 내용이 많습니다. 이번 강의에서도 약간 다루긴 했지만, 아직 맛보기에 불과합니다. 금융의 세계를 한 차원 깊이 이해하게 되면 우리가 살아가는 현대 자본주의 사회의 실체를 보다 뚜렷하게 파악할 수 있을 겁니다.

교역과 금융 모두 꽤나 묵직한 주제들이네요. 특히 금융은 더 심도 깊은 이야기를 해주신다니, 어떤 이야기일지 궁금해요.

그다음으로는 기업과 혁신에 대한 이야기를 통해 사업의 주체로서 기업의 역할과 변천사를 살펴볼 거예요. 사람들의 삶과 사회의 모습을 완전히 바꿔놓은 혁신가들의 도전을 엿볼 수 있을 겁니다. 만약 혁신이 없었다면 우리 삶은 여전히 500년, 아니 1,000여 년 전과 별반 다르지 않았을지도 모르죠.
마지막으로 정부와 재정, 세금에 대한 이야기도 빼놓을 수 없을 텐데요. 오늘날 정부의 역할과 역사적 변천사, 세금과 재정정책을 통한 소득과 부의 재분배까지 다루어보려고 합니다.

말씀만 들어도 정말 경제의 세계가 꽉 차는 느낌이네요. 교역, 금융, 화폐, 기업과 혁신, 정부와 재정까지…. 아직은 까마득하긴 하지만 경제의 세계를 알아갈 생각을 하니까 설레기도 해요.

경제의 여정을 본격적으로 떠나기 전에 준비 운동을 할 겸 기초 강의를 준비했던 건데 다들 어떠셨나요? 생각보다 경제가 가까이 있다고 느낀 분도 계실 테고, 어쩌면 경제를 더 알고 싶어진 분도 계실 겁니다.

저는 매일 경제 공부를 하며 살아가는 사람이지만 아직도 배워야 할 게 많다고 느낍니다. 경제는 현실을 다루는 학문이고, 현실은 매일매일 바뀌고 있기 때문이죠. 그렇다 해도 그 사실이 저에게는 기쁘게 느껴져요. 매일 배우고도 또 배울 게 남아 있기에 앞으로 남은 우리 강의에도 들려드릴 이야기가 무궁무진하니까요.

자, 준비 운동은 이 정도로 하고 이제부터 심화한 경제의 세계를 보여드리려고 합니다. 이미 예고한 것처럼 다음 권에서는 '시장과 교역'을 주제로 뒤이어 올 모든 내용의 토대가 될 만한 경제 이야기를 전달해드리겠습니다. 시장을 매개로 이루어지는 교환이라는 행위가 갖는 경제적 의미와 원리, 특화와 분업이 바꿔놓은 세상의 모습까지 많은 이야기를 하게 될 거예요. 우리의 삶과도 직결된 자유무역과 보호무역의 유구한 역사, 미중 무역 분쟁과 같은 현안도 빠뜨릴 수 없겠죠.

그 이야기들을 통해, 여러분이 오늘날 세계를 만들어온 경제의 큰 흐름을 스스로 그려볼 수 있다면 더할 나위 없이 좋을 것 같습니다.

필기노트 다시, 경제의 출발점에서

경제는 인간의 삶에서 중요한 부분을 차지하고 있지만, 인간의 모든 행동이 경제적 합리성을 근거로 삼지는 않는다. 인간과 사회를 이해하는 도구 중 하나로서 유연하게 경제학을 대할 필요가 있다. 경제학은 지금도 변화하고 있다.

합리성의 한계

인간은 항상 합리적으로만 행동하지 않음.

경제학의 가정에 어긋나는 사례들

가정 ① 제한된 조건에서 효용을 극대화한다.
↔ 봉사활동, 인간의 선의나 보람.

가정 ② 소비할수록 효용이 증가한다.
↔ 환경문제.

경로의존성 새로운 방식이 마련돼도 자신에게 익숙한 비효율적인 방식을 고수하는 것.

예시 쿼티 자판기

새로운 경제학

행동경제학 인간의 활동이 합리성보다 경험이나 권위에 의존하는 경우가 많다는 문제의식에서 시작됨. 기존 경제학에서 예외로 치부하는 인간의 비합리적인 행동을 연구.

시대에 따라 변하는 경제적 관심사

아래 그림은 대공황이 진행되던 1937년 미국 캘리포니아 풍경입니다. 두 남자가 짐을 든 채 흙먼지 쌓인 도로를 하염없이 걷고 있죠. 도로변 광고판에 '다음엔 기차를 이용하세요, 편안히'라고 적혀있네요. 이런 사람들이 꽤 여럿이었나 봅니다. 보행자들은 왜 기차를 타지 않았을까요? 한마디로 돈이 없었기 때문입니다. 대공황 시기에 일자리를 잃은 수많은 공장 노동자와 농민은 여건이 나은 지역으로 험한 여정을 떠나야만 했지요. 이 시기 가장 절박한 경제

문제는 ‘실업’이었습니다.

다른 시기는 어땠을까요? 애덤 스미스가 살았던 산업혁명 시대에는 ‘성장’이 가장 중요한 화두였습니다. 시간이 흐른 18세기 후반, 한계혁명이 일어나 이번에는 ‘효율’이 많은 경제학자의 관심을 받았어요. 이후 대공황을 거치고 20세기 중반이 되자 다시 ‘성장’이 주목을 받았습니다. 우리나라 같은 개발도상국과 서구 선진국 모두 경제성장을 이루기 위해 온 힘을 쏟았지요.

21세기에는 어떤 경제적 주제가 주목을 받을까요? 세계화 혹은 탈세계화, 불평등, 4차 산업혁명, 생태주의 등 급변하는 환경 속에서 또 어떤 경제 문제가 최대 과제로 떠오를지 참으로 궁금합니다.

QR코드를 인식시키면 퀴즈를 풀 수 있어요.
여기까지 배운 내용을 점검해보세요!

용어 해설 · 찾아보기

| ㄱ |

- **경로의존성** | 351p | 새로운 방식이 등장해도 자신에게 익숙한 방식을 고수하는 경향성
- **경제 순환 모델** | 79p | 가계와 기업이 소비와 생산을 교환하며 정부가 중간자 역할을 하는 세 주체 간 상호작용을 다룬 모델
- **경제주체** | 73p | 경제적 선택을 하는 주체. 가계, 기업, 정부가 대표적이다.
- **계몽주의** | 299p | 인간의 이성에 대한 믿음을 바탕으로 사회를 개혁하려 한 사상운동
- **고시환율** | 184p | 외환시장에서 통화가 거래되어 실시간으로 결정되는 환율
- **공급곡선** | 90, 320p | 상품의 가격이 변화함에 따라 공급량이 어떻게 변화하는지 보여주는 곡선
- **공급과잉** | 325p | 소비에 비해 생산이 늘어나면서 경기가 침체되

- **생산요소시장** | **76p** | 상품 생산을 위한 노동, 토지, 자본 등의 생산 요소가 거래되는 시장
- **서브프라임 모기지** | **250p** | 주택담보대출 상품 중에서 신용등급이 낮은 사람들을 대상으로 하는 대출 상품
- **수요 공급의 법칙** | **90, 186, 304, 320p** | 수요와 공급의 변화에 따른 가격의 결정과 변화를 설명한 법칙. 가격은 수요와 공급이 균형을 이룰 때 정해지며, 수요가 공급보다 많으면 가격이 오르고 공급이 수요보다 많으면 가격이 내려가게 된다.
- **수요곡선** | **90, 320p** | 상품의 가격이 변화함에 따라 수요량이 어떻게 변화하는지 보여주는 곡선
- **수출경쟁력** | **192p** | 국제 무역시장에서 수출 상품이 다른 나라의 상품과 경쟁할 수 있는 정도
- **스태그플레이션** | **332p** | 지속적인 물가상승과 경기불황이 동시에 일어나는 현상
- **시가총액** | **131p** | 한 회사 또는 주식시장 전체 규모를 나타내는 지표로, 특정한 회사의 시가총액은 발행 주식 수와 현재 가격을 곱해 구할 수 있다.
- **시장** | **84, 136, 161, 326p** | 거래를 원하는 참가자들이 자유롭게 상품을 교환하는 장소
- **시장경제** | **90, 98, 297p** | 시장 참여자들이 자유로운 의사결정과 경쟁, 시장 원리를 통해 자원을 분배하는 경제체제.
- **시중은행** | **152, 202p** | 예금과 대출 업무를 담당하되 화폐 발행권이 없는 영리 목적의 은행. 상업은행이라고도 부른다.
- **신자유주의** | **333p** | 1970년대 이후 등장한 사상운동으로, 정부의 시장 개입을 비판하며 자유로운 시장질서를 옹호한다.

| ㅇ |

| ㅈ |

- **자본주의** | 176, 197, 296, 309, 324, 328, 341p | 개인의 사적 재산 소유를 바탕으로 이윤 획득을 위해 상품을 생산하고 소비하는 경제체제
- **자유무역** | 307p | 관세 등의 규제 없이 다른 나라와 자유롭게 무역하는 것
- **자유방임** | 99, 299, 306, 328p | 시장에 대한 정부의 간섭과 규제는 최소화하고 개인의 경제활동의 자유를 최대한 보장해야 한다는 사상
- **자유주의** | 307p | 봉건제의 구속에서 벗어나 개인의 자유를 보장하고 존중해야 한다는 사상
- **재분배** | 78, 236p | 세금이나 복지정책을 통해 분배상의 격차를 줄이는 일
- **저당권** | 251p | 채무자가 빚을 갚지 않을 경우 담보로 한 자산을 처분할 수 있는 권리
- **제로섬** | 300p | 여러 사람의 영향을 받는 과정에서 총합이 0이 되는 상황으로, 한 참가자의 이익이 다른 참가자에게 손해가 되는 상황
- **주식** | 118, 122, 263p | 기업 투자에 따라 가지게 되는 기업에 대한 권리이자 지분
- **주주** | 124, 129p | 주식을 소유한 사람으로, 주식 지분에 따라 해당 기업의 자본과 이익, 의사결정에 대한 권리를 소유한다.
- **중상주의** | 303p | 16세기 이후 절대주의 국가의 특징을 이룬 사상 흐름으로, 한 나라의 부는 그 나라가 갖고 있는 화폐 또는 귀금속의 양에 비례한다고 본 것이 특징이다.

만든 사람들

구성·책임편집

노현지

대학에서는 정치외교학을 전공했고 책을 만들며 난생처음 경제를 공부해봤다. 살면서 이 정도로 많은 경제서를 읽어보게 될 줄 전혀 몰랐다. 초보 편집자로서 책과 경제라는 생경한 두 세계를 엿보며 놀라고, 당혹하고, 유쾌해했다. 책으로 바꾸고 바뀌는 사람이고 싶다.

강민영

대학에서 역사를 전공한 경제 초보이자, 월급 통장으로 주식을 거래할 수 있다고 생각했던 금융 초보. 『난처한 경제 이야기』를 편집하고 나니 이제는 경제신문을 읽어도 웬만큼은 이해할 수 있게 됐다. 더 많은 사람들에게 경제학의 재미를 알려줄 책을 편집하게 되어 기쁘다.

디자인

말리북 Mallybook

북디자인 중심의 디자인 스튜디오 말리북은 가묘장적 고양이 차돌의 집사 최윤선, 귀여움을 사랑하는 극INFP 정효진, 투명한 영혼의 소유자 민유리, 이렇게 세명의 디자이너가 모여 작업하고 있습니다. 서로 다른 디자이너가 모인 독막의 사랑방 말리북은 매일 새롭고 재밌는 작업과 신나는 이야기로 가득합니다.

독자 베타테스터
(가나다 순)

김정아, 김태주, 김호현, 박지연, 빈미숙, 성지현, 안지영, 유인영, 이경화, 장정주, 전지혜 외

사진 제공

수록된 사진 중 일부는 노력에도 불구하고 저작권자를 확인하지 못하고 출간했습니다. 확인되는 대로 적절한 가격을 협의하겠습니다.

저작권을 기재할 필요가 없는 도판은 따로 표기하지 않았습니다.

1부

만 원짜리 구권 ©James St. John
메흐메트 2세의 초상 ©AyselIsmayil
오늘날 주요 감자 생산지 분포도 ©AndrewMT
제프 베이조스 ©lev radin
설악산 공룡능선 ©Taewangkorea
산에 버려진 마스크 ©Alpegor | Dreamstime.com
1960년대 한국의 모습 ©국가기록원

2부

1980년대 한국 풍경 ©ALAMY
시가 메뉴판 ©ALAMY
성공적 투자사례인 방탄소년단 ©TenAsia
고용안정채권 ©증권박물관
한국은행 총재 ©한국은행
한정판 조던 운동화 ©ALAMY
제정 러시아 국채 ©ALAMY
고르바초프와 레이건 ©Yuryi Abramochkin / Юрий Абрамочкин
인민생활공채 ©증권박물관
소각되는 독일 화폐 ©BArchBot
벤 버냉키 ©Medill DC

3부

노던록 은행 ©Dominic Alves
그리스 은행을 지키는 경찰 ©Global Panorama
1920년대 미국 재즈클럽 ©Agefotostock
에투알 개선문 ©ERIC SALARD
케테 콜비츠의 판화 ©Agefotostock
아돌프 히틀러 ©Bundesarchiv, Bild 102-12922
우한 시내의 모습 ©TPG
페스트 희생자들의 그림 ©Fæ
19세기 영국의 방적 공장 ©duncan1890
러시아 혁명 포스터 ©Sunriseshore
국민 보건 서비스 감축에 반대하는 시위대 ©John Gomez
3·1운동 기념 벽화 ©Lucifer0525
대공황 당시 캘리포니아 풍경 ©trialsanderrors

| ㅊ |

| ㅌ |

| ㅍ |

상황

- **필수재** | 96p | 수요가 고정되어 있는 상품으로 소득 변화에 따른 수요 변화가 적다.

| ㅎ |

- **한계비용** | 55p | 어떤 상품의 생산량을 한 단위 늘렸을 때 증가하는 비용
- **한계편익** | 55p | 어떤 상품의 소비량을 한 단위 늘렸을 때 증가하는 편익
- **한계효용** | 55, 319p | 어떤 상품의 소비량을 한 단위 늘렸을 때 증가하는 효용
- **행동경제학** | 353p | 인간이 합리적이라는 주류 경제학의 전제를 비판하며 등장한 경제학의 한 분야로 인간의 실제 행동을 심리학, 사회학, 생리학적인 관점에서 규명하려고 한다.
- **호황** | 119, 247p | 경제가 성장하며 경제활동이 활발한 시기
- **혼합경제** | 99, 325p | 시장경제를 바탕으로 정부의 개입을 용인하는 경제체제
- **환율** | 183p | 한 나라의 화폐가 다른 나라의 화폐로 교환되는 비율
- **회사채** | 174p | 기업이 사업 운영을 위해 필요한 자금을 얻기 위해 발행한 채권
- **효용** | 48, 317, 349p | 어떤 상품을 소비함으로써 얻는 만족감
- **효용가치설** | 318p | 상품의 가치가 소비자의 주관적 효용에 따라 결정된다는 이론

성원에게 무조건적으로 지급하는 소득

- **기준금리** | 150, 202, 213, 255p | 중앙은행에서 결정하는 금리로 한 나라의 금리를 대표하는 금리. 정책금리라고도 불린다.
- **기축통화** | 189p | 국제간 결제나 금융 거래의 기본이 되는 통화
- **기회비용** | 46p | 어떤 선택을 내림으로써 포기하게 되는 효용 혹은 가치로, 실제로 지출하지 않았다 해도 비용의 성격을 가지고 있으면 모두 포함된다.

| ㄴ |

- **노동가치설** | 318p | 상품의 가치는 상품을 생산하는 데 들어간 노동량이 결정한다고 보는 이론
- **농노** | 285p | 중세시대 봉건 영주에게서 땅을 빌려 농사를 짓고 생산물의 일부를 바치던 피지배 계층

| ㄷ |

- **대공황** | 262, 279, 324p | 1929년 미국의 주식시장 붕괴로 시작된 전 세계적인 경제 공황
- **대항해시대** | 31, 296p | 15세기부터 17세기까지 서유럽 탐험가들에 의해 신항로가 개척되며 전 세계가 연결된 시기
- **독과점** | 95p | 한 기업 또는 소수의 기업이 상품을 생산해 공급하는 시장 형태